教育部人文社会科学“十五”规划研究课题

王梅芳 著

舆论监督与社会正义

WUHAN UNIVERSITY PRESS
武汉大学出版社

图书在版编目(CIP)数据

舆论监督与社会正义/王梅芳著.—武汉:武汉大学出版社,2005.2
(新闻学与传播学丛书)
ISBN 7-307-04617-2

Ⅰ.舆…　Ⅱ.王…　Ⅲ.舆论—监督—研究　Ⅳ.C912.63

中国版本图书馆 CIP 数据核字(2005)第 054024 号

责任编辑:王雅红　金诗灿　　责任校对:黄添生　　版式设计:支　笛

出版发行:**武汉大学出版社**　(430072　武昌　珞珈山)
(电子邮件:wdp4@whu.edu.cn　网址:www.wdp.whu.edu.cn)
印刷:湖北省黄冈日报社印刷厂
开本:880×1230　1/32　印张:12.375　字数:316 千字
版次:2005 年 2 月第 1 版　　2005 年 2 月第 1 次印刷
ISBN 7-307-04617-2/C·146　　定价:19.00 元

内容提要

舆论监督与社会正义，是新闻学与哲学、政治学的交叉研究范畴。本书将新闻界以及社会公众关注的热点问题——舆论监督，纳入到价值传播系统，在伦理学、哲学和政治学的视野中加以考察，全面阐述了舆论监督对实现人的全面发展和社会的合理发展在目标、理念和实践意义方面与正义精神的高度一致性；分析了舆论监督作为现代社会的政治观念与中国传统价值观念的冲突；论述了舆论监督之于我国社会主义现代化的意义；揭示了舆论监督对于完善社会主义社会评价体系以及在价值传播系统中的作用；通过中西方舆论监督比较、舆论监督案例评析，试图解析舆论监督在促进中国法制建设、推进民主化进程中的作用和意义；探索舆论监督方法的规范化、合法化，从而寻找有中国特色的社会主义舆论监督模式，为构建有中国特色的新闻法制体系提供有益的理论参考。本书着重在理论上、观念上和实践意义上归纳和倡扬舆论监督的价值意义，希望能够促进民众的舆论监督意识，使舆论监督提升为一种文化力量，成为人类在追求全面自由发展过程中自觉的行为方式，成为通向社会正义的桥梁，成为一种文明标志。

本书适用于新闻传播学研究者和学习者、新闻教育和新闻传媒从业者以及新闻事业管理者，是开启现代观念、拓展学术视野的有益参考。

目　　录

序

罗以澄*

义利之辨，在中国传统文化中由来已久。圣人的谆谆教诲是“舍利取义”，认为两者如鱼和熊掌，不可兼得。靠着对“义”的孜孜追求，中华民族从远古蛮荒时代顽强、艰难地行至现代文明的门槛之前。但轻视“利”，也让古老的中国付出了不应有的代价，难以数计的社会财富在一次次王朝更迭中灰飞烟灭、白白流失了。社会发展过程就这样一次次被打断，又一次次重新回到起点。

社会主义市场经济体制的建立，从某种意义上说，正是对困扰中国数千年的义利关系难题的破解。邓小平同志明确指出“贫穷不是社会主义”，并一再强调物质文明和精神文明要“两手抓”、“两手都要硬”。可见，社会主义市场经济是利与义的协调统一、共同发展，不存在孰重孰轻、孰取孰舍的问题。当然，社会主义市场经济体制在构建新的经济运行秩序的同时，也在进行着价值观念的重塑。这是因为过去的所谓“义”，多指仁义、道义，是为适应小农经济、封建等级制度而存在的；而我们今天所追求的是正义和公平，是适应市场经济体制的思想观念和价值标准。

改革开放二十多年来，我国在经济建设方面取得的巨大成就，举世瞩目。但在精神文明建设和观念转型方面相对来说则

---

* 罗以澄先生现为国务院学位委员会新闻传播学科评议组成员，中国新闻教育学会副会长，武汉大学新闻与传播学院院长、教授、博士生导师。

要艰难许多。新闻工作者作为历史的记录者、见证者，也参与了创造历史的过程。作为新时期的新闻人，他们勇敢地揭露错误、鞭笞丑恶，有力地弘扬了正气、彰显了公义。舆论监督之所以较一般新闻报道更具社会影响力，之所以虽然充满风险却仍然吸引着无数新闻工作者，原因正在于它不仅守望社会环境、记录重大新闻事件，而且时时告诫人们在思想观念和行为举止上荡垢除污，排除社会发展阻力，从而推动历史进程。

以上所言，是读了王梅芳同志的《舆论监督与社会正义》一书之后的一点感想。该书展示了近年来我国新闻舆论监督的众多精彩案例，又从价值观念、社会转型等理论层面进行深入分析，是我国舆论监督研究的一项新收获。值得特别指出的是，该书独辟蹊径，将舆论监督与社会正义联系起来，准确地把握住了舆论监督在历史发展中的脉络；其间新意迭出，令人回味。

舆论监督是我国新闻实践的焦点，也是我国新闻理论研究的一大热点。在这一领域中已经积累起了为数可观的学术成果，其中不乏有相当分量的作品。王梅芳同志的这本书相信将会占有一席之地。不管是作为一名老新闻工作者，还是作为一名新闻理论研究者，我都乐意向广大读者推荐这本书。

2005 年 2 月 20 日

前　　言

历史的发展总是由应然走向必然，应然需要开创、需要付出；而必然则是历史的选择和见证。舆论监督亦是如此，起初人们几乎不敢确定它之于社会、之于党和政府、之于人民群众是乌鸦还是喜鹊，是祸害还是福音，实践领域几乎是禁区，理论探讨更是缺乏。而近几年来随着市场经济的发展、政治及法制文明建设的强化，舆论监督的话题已不显得那么沉重。首先，党和政府高度重视舆论监督，从党的十三大到党的十六大，"舆论监督"的概念连续四次出现在党代会的政治报告中，不断强调要加强舆论监督、发挥舆论监督的作用；其次，媒体广泛开展舆论监督活动，目前似乎没有哪个报纸没有舆论监督版块，没有哪家电视台没有舆论监督栏目，舆论监督实践异常活跃；再次，专家学者正在逐步深入、系统化地研究舆论监督，已经取得了很丰富的理论成果；最后，公众已经更成熟、更理性地参与着舆论监督。应该说，舆论监督的观念已经在中国社会得到了相当程度的培养。但是，关于舆论监督的话题依然那么沉重！因为在舆论监督的道路上有太多的鲜血、太多的泪水和太多的羁绊。即便在理论上对舆论监督的理解也有很大的差异。有人把舆论监督作为行政权利的延伸，有人认为舆论监督是人民的民主权利，也有人视舆论监督为万能武器、包打天下。那么，到底什么是舆论监督呢？舆论监督的本质是什么？意义在哪里？它在价值传播系统中具有怎样的作用？对这些问题的探讨不仅有理论意义，也有现实意义。

在实际生活中，“舆论监督”通常被有关部门作为指导或解决某项工作的宣传工具，或是被大众作为对某些社会现象发泄不满情绪的通道。我想，这样理解舆论监督是远远不够的，作为政治体制和意识形态的一个重要部分，舆论监督对社会公众的价值指导作用将超出其对现实生活的批评作用。舆论监督不仅意味着批评，同时也包含着对事物的正确评价和建设性意见。舆论本身就是具有“道义”力量的价值评价，它具有社会控制的力量，黑格尔有一句话大家已经非常熟悉：“舆论并不是铭刻在大理石上，也不是铭刻在铜表上，而是铭刻在公民们的内心里：它形成了国家的真正宪法；它每天都在获得新的力量；当其他的法律衰老和消亡的时候，它可以复活那些法律或代替那些法律，它可以保持一个民族的创制精神，而且可以不知不觉地以习惯的力量代替权威的力量。”舆论监督是舆论的重要功能，舆论监督的健康发展、正义观念的深入普及，最终将使舆论监督提升为一种文化力量，甚至成为一种文明的标志。

舆论监督的前提是社会的不平等和权力的越界。批评社会的不平等、追求社会公正是舆论监督的现实目标，它在根本上是人类为了追求社会均衡、社会发展而设置的价值前提。这种前提所要达到的是一种政治、文化和人性的和谐境界，这种境界我们称之为“社会正义”。正义之于个人是德性之善，正义之于社会是制度之美。舆论监督对实现人的全面发展和社会的合理发展在目标、理念和实践方面都与正义精神有着高度的一致性。可以说，社会正义是一种引导人类生活和谐化、完美化的价值向度，亦即舆论监督的价值向度。

舆论监督是一种现代观念，是现代社会政治的产物。舆论监督所提倡、所强调的公正观念、平等观念、法制观念等在一定程度上必然与中国传统的价值观念产生对立和冲突。因此，舆论监督的实施将在文化的层面上、在实践的环节上，以惩治腐败和丑恶、张扬美好与正义的姿态，维护执政党的地位，维护人民利益，并在现代化进程中促进社会评价体系的完善。

舆论监督在文化的意义上，在价值传播系统中，对于推进中国政治民主化、促进中国法制建设，对于建立多元文化观念、调节社会价值冲突和建设动态平衡的和谐社会具有深刻的影响力。亨廷顿说："新世界的冲突的根源主要的将不是意识形态上或经济上的，人类的巨大分化以及冲突的支配性根源将是文化上的。"① "文化是制度之母"（埃通加·曼格尔语），什么是文化？亨廷顿说：从纯主观角度来定义，文化是"指一个社会中的价值观、态度、信念、取向以及人们普遍持有的见解"②。我国价值哲学专家王玉樑先生把文化心理分为三个层次：风俗习惯、道德风尚、宗教信仰等为表层结构；哲学、政治、经济、艺术等观念积淀是中层结构；而深层结构是文化的核心，主要是思维方式、价值观念。③ 我们之所以说，舆论监督可以成为文化的力量和文明的标志，就在于舆论监督观念与实践深深地影响着人们的思维方式和价值观念。美国学者劳伦斯·哈里森说："文化价值观和态度可以阻碍进步，也可以促进进步。……我相信，将改变价值观和态度的因素纳入发展政策、安排和规划，是一种很有意义的办法，会确保在今后50年中世界不再经历多数穷国和不幸民族群体过去50年来陷于其中的贫困和非正义。"④ 本书正是基于这种文化意义的思

---

① 塞缪尔·亨廷顿：《文明的冲突》，见香港《二十一世纪》1993年10月号。

② 塞缪尔·亨廷顿、劳伦斯·哈里森主编：《文化的重要作用——价值观如何影响人类进步》，新华出版社2002年版，第3页。

③ 参见王玉樑著《当代中国价值哲学》，人民出版社2004年版，第22页。

④ 塞缪尔·亨廷顿、劳伦斯·哈里森主编：《文化的重要作用——价值观如何影响人类进步》，新华出版社2002年版，第24页。

考，将舆论监督作为社会价值体系的构成部分加以分析；把舆论监督作为现代社会运行机制的一个核心环节来加以界定；在伦理学、哲学和政治学的视野中加以考察；着重在理论上、观念上和实践意义上归纳和倡扬舆论监督的价值意义。因此，希望本书的出版能够为提升人们对于舆论监督的价值意义的认识，为普及社会正义的观念和构建和谐社会提供有益的思想启迪。

第一章
舆论监督与社会正义

舆论和舆论监督是新闻与传播学的概念，同时也是社会学、政治学关注的热点，它是社会现代化的民主理念，是社会民主政治制度、政治运行机制和社会控制机制不可或缺的践行手段和实现途径。而正义问题是伦理学的概念，是伦理学的核心话题，同时也是哲学、政治学、法学和经济学关注的热点和焦点，它是人类社会理想选择中既抽象又具体的价值标准。舆论监督与社会正义在其价值取向上具有强烈的一致性，那就是对于非正义的否定性反映。舆论监督是社会公众运用舆论的力量制衡权力的越界、纠正社会偏差使之沿着法制的符合社会共同准则的方向亦即社会正义的方向运行，舆论监督从根本意义上说就是追求社会正义，即一种政治、经济、文化和人性的和谐境界。正义是理想的美德、理想的境界，而舆论监督是对实现理想美德、理想境界的践行，因此 社会正义的实现离不开舆论监督，它们的共同基础是“公正”、“平等”、“自由”、“正当”。舆论监督与社会正义是人类社会发展史中相伴相生、相依相随的精神文化现象，二者对实现人的全面发展和社会的合理发展在目标、理念和实践意义方面有着高度的一致性。在现代文明社会运行中舆论监督不仅仅是工具的，它所谋求的社会正义的境界也不仅仅是政治的、经济的或法律的、道德的，同时它更是一种文化的状态和精神的秩序，是一种引导人类生活和谐化、完美化的价值向度。

第一节 社会正义

正义是人类社会具有永恒意义的基本价值追求和基本行为准则，它是人类弥久常新的文化精神现象，可以说，人类社会发展的历史就是人类不断追求社会正义的历史，是构成人类社会制度建设的精神指向。

一、正义观念考察

正义是西方哲学、政治学、伦理学、法学和社会学的重要概念。那么，什么是正义？有人说正义是“一张普洛透斯式的脸”①，变幻无常。可历史实践中正义的魅力却是无穷尽的，它是人类自诞生以来一直孜孜以求的理想境界，是对社会目标及其实现手段的追求和选择。

（一）古代正义观

“正义”（justice）一词源于拉丁语“jus”，具有公正、正直、法、权利等多种含义。古希腊人认为正义是一种永恒的，不可逾越的界限和限度，是为了实现事物与人际的平衡关系。荷马诗史中“dike”（狄克，正义女神）一词是一个预先假设的前提：宇宙有一种单一的基本秩序。这一秩序既使自然有一定的结构，也使社会有一定的结构，若要成为正义或实现正义，就要按照这一秩序来规导自己的行为和事物。当然，支配这一秩序的是宙斯。荷马史诗中描绘的人与神的生活画卷，使我们可以感受到的是原始的正义，正义观念中包含了对法、惯例、秩序的维护和对勇敢、节制、勤劳等个人美德的推崇。

“正义”在古希腊哲学家毕达哥拉斯和赫拉克利特那里被

① 博登海默：《法理学法律哲学与法律方法》，中国政法大学出版社1999年版。

看成是一种和谐。毕达哥拉斯的著名观点是：正义就是一种数的平方，即公正是同次相等的数。“数”是万物的始基和本质，整个宇宙，一切事物都是按照“数”的和谐关系有序地建立起来的。事物的发展就是“数”的发展：由点而线，由线而平面，由平面而立体，由立体而物质，由物质再到灵性乃至理性。整个宇宙秩序都显示在“数”的和谐之中，布数的和谐便是正义。而赫拉克利特则认为“正义就是斗争”，对立物存在于同一东西之中，一切都由对立而产生，一切都是通过斗争而产生和消灭的。正义是相对不正义而言，“如果没有那些不正义的事情，人们也就不知道正义的名字”。因此，正义就是斗争，通过斗争找到彼此的界限与和谐。①

梭伦和伯里克利是希腊民主政治的领袖，他们通过政治改革建立了奴隶主民主制并使雅典达到辉煌。他们提出了公民本位的城邦正义观：公民在政治地位上完全平等，公民自主决定社会共同体的方针政策，公民在法律面前人人平等。伯里克利说：“民主政治的基本特征是政权在全体公民手中，而不是在少数人手中”，民主政治有三条原则：“自由、法制、法律面对所有的人都同样的公正”。梭伦和伯里克利所建立的雅典民主制及他们所倡导的主权在民、人人平等、法律至上的正义观对希腊及西方近代的社会政治和价值观产生了深远的影响。近代西方文艺复兴运动所提出的自由、平等、天赋人权等口号就是对这种希腊古典精神和正义理念的倡扬和恢复。它使正义理念由天上降到人间。

苏格拉底，这位西方世界的“孔夫子”，提出“正义是一种美德”。雅典经过了伯里克利时期的辉煌之后，逐步走向衰落：社会道德处于无序、混乱和堕落状态。苏格拉底对雅典城

---

① 汤玉奇等编著：《社会公正论》，中央党校出版社 1990 年版，第 7 页。

邦民主制的道德基础问题进行了深刻的反思，认为：城邦民主制要健康发展，其公民必须具有主体意识，要自觉地承担起维护城邦法律的责任。由此，他把正义与德性结合起来，认为正义是一种美德，这种美德就是在特定环境中知道如何行动是“最好的”，而“美德与知识同一”，知识是“善”的充分条件，正义作为一种美德源于知识和智慧。他个人不惜失去生命也要服从国家法律的做法正是他坚守美德的正义践行。

柏拉图在《理想国》中把正义问题作为中心问题加以阐发，正义论是柏拉图思想的出发点和归宿。他认为：正义包括个人正义和国家正义，对于国家来说，正义就是各个等级各守其位、各司其职、各得其所。他把社会成员分成三个等级：统治者、武士和劳动者。他们分别代表了三种美：智慧、勇敢和节制。三个等级各尽其职，各安其分，那么，这个国家就有了正义的美德。而个人正义则表现为个人中心的三个部分各尽其职、各安其分，即理性及美德智慧、意志及美德勇敢、欲望及美德节制，当三者和谐地发挥其职能时，个人就表现出正义的美德。也就是说，个人正义就是灵魂各组成部分和谐的、协调的一种内在精神状态。柏拉图的个人正义与国家正义的各司其职、各守其分的观念，实际上表达了他对社会强调秩序、和谐、稳定的理想渴望。苏格拉底从个人美德角度阐述正义，试图对民主制有所补救；而柏拉图提出国家正义的理念，则是从根本上倡导道德立国的社会正义模式。

亚里士多德是古希腊思想集大成者，他在对古希腊传统正义观进行总结的基础上，根据当时的社会状态和奴隶主阶级统治的经验教训系统地提出了自己的正义观，并使之成为整个伦理学和政治学的基础。他把正义当作各种德行的总称。在他看来，行为之中庸就是正义，各种德行都可以囊括于正义的范畴之中。“正义为百德之总。”亚里士多德首先在正义的表现形式上把正义分为普遍正义和特殊正义。普遍正义亦即政治上的正义，它是从社会的每一个成员与整个社会的关系而言的，它要求全体社会成员的行为都必须合乎法律，这种法律不仅包括国家颁布的成文法，而且还包括不成文的道德法典。特殊正义又有分配正义与纠正正义之分。分配正义是指社会财富、权力及其他可以在个人之间进行的分配的东西的分配原则。它又分为两类：一类为平均的正义，即在平等人之间个人的所得在数目和容量上都相等；一类为比值的正义，即在不平等人之间，根据个人的价值的不等，按比例分配与之相称的事物。亚里士多德认为，比值的正义是真正的正义，正义的真正含义在于给予道德上的优等者以较好的待遇，而对道德上的劣等者则分配给较少的报酬。纠正正义也称算术正义，是指人与人之间经济上的交往和制定契约所遵循的原则，它表现为一种平均和平等的关系，即“利害均平”。

亚里士多德还认为：正义在其具体内容上有相对正义和绝对正义之分。相对正义即法律上的正义，它是人们相互协定的结果，这种正义原则可能因时因地而有所不同；绝对正义也称“自然正义”，它是一种普遍的、永恒不变的原则，它不受时空的限制，具有绝对的性质。这种永恒不变的“自然正义”可以作为相对变化的“法律上的正义”的一种平衡力量。因此，正义无时不在、无处不有，“自然正义”是人们必须绝对遵守的。此外，亚里士多德还认为，正义以公共利益为依归，人类的一切活动都以追求共同善为目的。亚里士多德关于正义是平等的、是适当的比例的思想对以后的正义观产生了巨大的影响。

古希腊正义观虽然有多种阐述，但是其共性特征表现为：

1. 正义的永恒性和普遍性。作为古希腊伦理学、政治学的核心价值观念，“正义”是必须尊重的自然秩序，宇宙万物都要遵守自己被规定的位置，保持人与人、人与事物之间的平衡与和谐。荷马时代的正义是一种永恒的普遍原则，体现着宙斯的意志——法、惯例、秩序与合度、合适，这种“正义”具有理想的属性，人类以后的“正义”理想都一以贯之地追寻着这种理想，只是越来越具体、越来越世俗化、越来越效率化而已。

2. 正义的理性精神。古希腊正义观从总体上意在寻求一种比例、秩序和原则，即力求使社会生活接受理性的规范。他们推崇智慧、和谐与理性。在比达哥拉斯看来，正义就是布数的和谐，事物的发展就是“数”的发展，它可以由物质到灵性乃至理性；排斥激情和欲望，推崇“中庸”和“中道”，“中庸”被亚里士多德看作是正义的最高境界，是寻求比例与均衡、协调人与人和人与社会之间矛盾冲突、实现社会和谐的理想选择。特别是古希腊荷马时期以“神”作为道德的最高权威，使正义的理性精神达到至高无上的位置。

3. “民主、法制”、“自由、平等”是正义的基本内容。从荷马史诗中预先假设的前提：宇宙的“单一秩序”并要求正义必须是按“秩序”来规导行为和事物，我们就可以感受到古希腊人对“法”的尊崇。梭伦和伯里克利关于民主政治的三条原则，“公民本位”和“主权在民”的提倡，集中体现了古希腊“民主”、“自由”、“平等”的正义理念。法制的规范、自由平等的追求使古希腊正义观具有了人类文化精神的永恒意义。

4. 正义包含着个人美德与社会规范既不相同又相互联系的属性。在古希腊正义观念中，有两种既不相同又互相联系的因素，那就是作为个人美德的正义和作为社会规则的正义。其哲学常常涉及道德和政治的社会宏观构成，从而决定了其正义所具有的社会规范的特性。古希腊人推崇个人道德和美德，但是已经认识到单纯依靠道德的说教难以完全保证正义的实现，因此，他们十分尊重法律。自梭伦立法到雅典民主制的最终确立，梭伦以及雅典的民主领袖们为确保正义的实现而致力于制定严整的法律和规范。柏拉图和亚里士多德尽管对雅典民主制度持批评、否定的态度，但是他们都没有放弃建构正义的社会制度和规则的尝试。古希腊人重视法律、规范与正义的联系，从而奠定了西方法治传统的基础。同时亚里士多德等先哲们一再强调人不仅要认识正义的规则而且还要有实现正义的自觉意识。无论是荷马、苏格拉底还是柏拉图，他们对正义的理解绝不只是一种对外客观秩序和规则的了解，而更重要的是对其背后隐含的人之主体因素的了解，从而把社会规则同个人美德联系在一起。

古代正义观念的起点是宇宙秩序，尊重自然法则，虽然荷马诗史中诸神与人同行，但其正义追求无不具有思辨力量，具有非常可贵的理性光芒，因此，正义的视野由天上降落到人间，古希腊正义观的主题是探究如何建立稳定的、和谐的社会秩序以及人怎样完善自己去适应这种秩序。表现了古代正义理论的实践特性和对人与人类社会关系和谐的渴望与维护，具有真理性与永恒性。这里之所以如此详细阐述希腊正义观，是因为它代表着人类正义观念的起源，希腊的正义精神都贯穿在人类发展的每一步脚印之中，以后哲学家们的正义理念无不从希腊找到源头，它可以作为人类正义追求的普遍精神。

古希腊后期，斯多葛学派的兴起对西方正义理论做出了重要贡献，它以自然法与人类法的二元划分为理论基础，认为自然法代表正义，且自然法只有符合理性才能代表正义，而人的理性的法律化即是人类法。因此，人类法只有符合自然法时才是正义的，只有正义的人类法才会被人们普遍尊重。斯多葛学派将正义与理性、自然法紧密相连，让原来抽象的带有纯粹思辨色彩的正义、理性等观念，通过自然法这一桥梁找到了其现实世界的化身——人类法，使理性与现实在一定意义上“统一”起来，由它开创了理性正义论的历史先河。①

（二）罗马及中世纪正义观

理性正义论在古罗马时期得到进一步发展，其中西塞罗和乌而比安的思想尤为典型。西塞罗认为正义是自然法与理性的体现。他说：“法不是别的，就是正确的理性；它规定什么是善与恶，禁止邪恶。”在西塞罗看来，人类法所依据的准则就是永恒的自然法。人类法的“正义”体现出自然法的“永恒正义”。西塞罗认为，整个大自然都是受正义统治的，自然是正义的本源。由于“事实上存在着一种符合自然的，适用于一切人、永恒不变的，真正的法，即正义的理性”，因此，我们彼此共享正义的观念。西塞罗认为，现实的人类之所以恶习成性，首要的原因是把功利和正义分割开，成了一切伤害的根源。那种建立在功利基础上的法是不正义的。法是正义与非正义事物之间的界限。人类法是“自然与一切最原始的和最古老的事物之间造成的各种契约，它们与自然的标准相符构成了对邪恶予以惩罚、对善良予以捍卫和保护”，现实的正义意味着共同拥有国家的法律，相互承认权利和义务，以维护自然的秩序。有理性人的特征就是按照理性给予每个人以应有的东西，这种态度就是正义。

罗马法时代，各得其所的分配正义原则被进一步肯定，在乌而比安和查士丁尼的《法学阶梯》中，法被解释成善良和公正的艺术，书中明确提出：正义就是给每个人以各得其所的坚定而恒久的愿望。这种分配正义原则在此之后，一直是西方哲学的主流。到了中世纪，宗教取得了绝对统治地位，一切学科都被并入神学之中，人是神的造物，社会是上帝意志的体现。正义问题也被纳入到神学的视野，理性之光被上帝“绝对信仰”所笼罩，“自然法”被纳入到上帝的永恒法之下。奥

① 陈池：《西方正义观念略论》，《四川师范大学学报》2003年第2期。

古斯丁认为，法来自神意，是上帝意志的体现和上帝一切安排和命运的总和。而正义是对法的服从以及通过对法的服从而体现对上帝的服从。总之，正义就是合乎神的意志。

显然，中世纪的正义观被罩上了“上帝”的光环，正义视野由“人”道转为“神”道，扭曲了人性。当然，这种转化我们也可以看作是人类对正义追求所付出的痛苦的努力和在追求正义道路上所承受的磨难，正因为有如此曲折而迷失人类主体的经历，所以，后来在近代文艺复兴之后，人们才勇敢地抛弃了神的信仰而寻找人的尊严，人的自由、平等和权利。

（三）近代正义观

经过了“罗马法复兴”、“文艺复兴”及“宗教改革运动”之后，西方正义观念发生了重大转变。首先，第一次提出了自由、平等、博爱的人权理念，从“神”学的桎梏下解放出来，确立了人的主体地位，把社会、国家制度看成人性得以实现的条件和形式。斯宾诺沙认为，正义与非正义是具有社会性的道德观念，起源于人们的利益要求，它们是随着人们为保护自己的利益，通过订立社会契约而建立的国家产生的。在自然状态下，无所谓正义与不正义，唯有在社会状态下，才有所谓正义与不正义的观念。“如果一个人具有恒久的意志，把每个人自己的东西归于每个人，他就被称为正义的；如果企图将他人的东西占为己有，他就被称为不正义的。”① 霍尔巴赫认为，正义是社会美德的最高原则，正义维持社会成员之间的均势。没有正义社会就不能生存。然而，正义和人的一切美德的基础一样，是对自己的文明的爱。他认为，正义是社会权力的权威的真正基础。利益的结合给正义以力量，正义的目的是人们的幸福。这种观点无疑表明了以人为主体的意识觉醒。

康德认为，善良一直就是正义。它是一个力求达到而永远

① 斯宾诺沙：《政治论》，商务印书馆 1999 年版，第 22 页。

也不能达到的目标。他提出了“永久和平与一个永久性的民族联合体的思想”，他认为，这是一个历史发展的必然趋势，但是，它是一个不可能实现的理想，不过，不断地追求这个目的，不断地接近这个目的，却是现实的，人们能够在可知的现实世界中，在依德性分配幸福的精确比例中实现正义。

卢梭的正义观是人民主权、社会契约。卢梭说：“人是生而自由的，但却无往不在枷锁之中。”如何解决这一矛盾呢？他提出只有通过互相订立契约的方法，建立民主的国家制度才能达到。什么是人民主权？卢梭认为，人民主权是公意的运用，公意是人民主权的体现。在此卢梭提出了“公意”和“众意”这两个政治概念。公意是人民的共同意志和公共利益的集中体现，众意只是许多个人意志和利益的总和。卢梭认为人民主权绝不是个人意志和力量的堆砌聚合、机械总和，而应当是根据公意建立的集中权力。根据契约建立的国家，就是具有公意的公共人格，既然公意是人民自己的普遍意志，它要求政治体各成员之间必须是互相平等的，永远以公共利益为目的和归宿。因此，公意永远代表正义。

另一种正义倾向是以休谟、葛德文为代表的功利主义正义观。休谟认为，正义是一种人为美德，利己心是正义的根源。人性中不仅有同情心，还有自私心，它影响我们自然地践行美德，有益于他人，于是就需要公正等美德人为地对此因素加以约束和规范。从这个意义上来说，“利己心才是正义法则的真正根源”。从人类幸福、社会利益来说，“公共利益是正义的唯一源泉”。因为人的强烈欲望超过了他自身所具备的满足欲望的能力。人只有结合成社会才能弥补这种不足。社会对于人类是有益的，社会功利是个人私利的前提，但是人性中利己心却阻碍着这种结合，财产的不足和占有的不稳定，也是社会动乱之源，所以，必须厉行正义，约束私心，稳定财产，以维护社会和社会利益。葛德文认为，正义要求产生最大限度的快乐和幸福，实现政治正义的前提是人类生而平等。他在《政治正义论》一书中说："一个人对于另一个人的行为的真正标准是正义。正义这个原则本身要求产生最大限度的快乐或幸福。正义要求我们站在正义的旁观者的立场来看待人间关系，而不对自己的偏爱有所留恋。正义是一个最具有普遍性的原则，它在一切可能影响人类幸福的事情上都规定出一种明确的行动方式。"① 总之，功利主义正义观主张，利己心是正义的根源，人必须在互相交往中彼此促进利益。道德就是人们在不利己动机的影响下为了增进普遍福利而产生的效果。如果一个人的行动的效用最有利于社会普遍幸福，那么这个人就获得最高尚和最持久的快乐，成了最有道德的人。

近代西方资产阶级正义观冲破了中世纪神学的枷锁，高唱"幸福在人间"的主旋律，张扬人的主体意识，以自然法和社会契约理论为基础，不仅复归了古希腊、罗马的理性正义精神，而且把正义、自由、平等、博爱联系起来，把理性、民主、法制联系起来，关注人与社会的关系，提出社会正义的拷问，从而引导和激发人们深刻批评封建社会，积极设计和建构资本主义社会，为资产阶级革命的准备、上升、发展提供了丰富的精神养料。当然，资产阶级的产生不仅仅体现了个人的独立和主体意识的觉醒，更重要的是它预示着人类通过对正义的追求，逐步明确了对于自己未来的把握。

（四）现代正义观

自人类步入现代社会以来，关于正义的探讨可以说是"百家争鸣"，观点甚多，体系甚众。其中影响最大的是罗尔斯 1971 年发表的《正义论》，在伦理学、社会学、法学、政治学、经济学等领域引起巨大反响。随着资本主义自由市场经

---

① 转引自汤玉奇《社会公正论》，中央党校出版社 1990 年版，第 54 页。

济的发展，其制度内部固有的矛盾逐渐显露，过度放任和自由导致贫富悬殊和社会不公，从而进一步影响了弱势群体的政治自由和民主权利，西方社会陷入危机之中，此时罗尔斯的正义论探讨的中心是分配正义，即如何处理公平与效率的关系。罗尔斯的一句名言是："正义是社会制度的首要美德。"罗尔斯的正义观基于对西方社会本性的深刻理解，将人们从空洞的学究幻想拉回到洛克、卢梭和康德的理论世界中来，其根本目的是为现代西方的市场经济秩序和政治制度提供新的道德和理性论证，引出适用于一切社会的抽象道德原则——正义原则。罗尔斯的正义理论是以社会的基本结构，即用来分配公民的基本权利和义务、划分由社会合作产生的利益和负担的主要制度为对象，以"人的权利"（如平等、自由）为核心概念，以制定社会公共道德规则（公正与秩序）为理论宗旨，以自由平等与行为规则、个人权利与社会公正、正当合理与公共秩序为基本范畴，以虚拟和抽象为论证特征的规范性正义理论。罗尔斯两个著名的正义原则是："第一个原则：每个人对与其他人所拥有的最广泛的基本自由体系相容的类似自由体系都应有一种平等的权利。第二个原则：社会的和经济的不平等应当这样安排，使它们：A. 在与正义的储存原则一致的情况下，适合于最小受惠者的最大利益；B. 依系于在机会公平平等的条件下职务和地位向所有人开放。"① 在罗尔斯的正义观中规则是道德生活的首要概念。人的生活的正当、社会秩序的正当和人生的根本意义、终极价值、人的本性和存在方式具有客观属性，对制度的道德评价和选择优先于对个人的道德评价和选择。针对罗尔斯的观点，麦金太尔提出异议，认为前者对个人道德重视不够，他提出："在美德与法则之间还有另一种关键性的联

① 罗尔斯：《正义论》，中国社会科学出版社 1988 年版，第 292 页。

系，因为只有那些具有正义美德的人才有可能知道怎样运用法则。”① 二者的观点可以互补，正如康德所言：正义既不是个人的德行也不是人们之间的理想关系，而是一种体制，它意味着对关系的调整和对行为的安排，以便人们生活得更好。罗尔斯的正义复归继承了亚里士多德的分配正义和纠正正义，针对现代社会的具体问题，提出了更为具体的正义原则，个人正义成为社会正义的制度正义。罗尔斯的局限在于：在西方美国式的自由民主制度范围内，努力把个人理想与社会理想、个人道德与制度化理想联系起来，但他的制度伦理决定个人道德不能回答是什么决定制度伦理的问题。这一点只有马克思的唯物史观才能够给出了明确的答案：物质生活的生产方式制约着整个社会生活、政治生活和精神生活的过程。②

（五）马克思主义正义观

如果说资产阶级是在抽象的人性平等的基础上论述正义的普遍性和永恒性，那么马克思主义则是站在唯物主义的立场上揭示了正义的本质：正义无论是作为一种构成社会秩序的内在模式，还是作为一种道德评判标准都是历史的、具体的，都是受到一定经济基础的制约并最终决定于物质生活条件的。

马克思主义认为人的正义观念、法的正义观念、伦理的正义观念都是社会存在的反映，特别是社会经济结构、阶级结构的反映，不同的阶级有不同的正义观念，对于无产阶级来说，消灭私有制、消灭阶级、消灭压迫和剥削才是真正的正义，正义就是人类的解放、人性的全面自由发展和人的自由平等的充分实现。马克思认为自由是人在社会实践中对必然的认识，即指人们对社会发展规律、自然发展规律的正确认识，从而使人

---

① 麦金太尔：《德性之后》，中国社会科学出版社 1995 年版。

② 施惠珍：《罗尔斯正义论中的制度伦理观》，《伦理学》2002 年第 3 期。

自己掌握自己的命运，获得个人的全面发展和真正自由。那么，这就要首先成为自己的社会关系的主人，成为自然人，完全克服由私有制和人类自身认识的局限性造成的自己生存条件偶然性的统治。而做到这一点就要有真正的民主、自由、平等，使每一个社会成员能够全面地自由地发挥自己的才能，实现“每个人的自由发展是一切人的自由发展的条件”。在西方正义思想史上，马克思的主要贡献表现在：一是分析了在私有制社会里，穷人和被压迫者所遭受的极端不公正；二是提出了社会主义的正义原则，即经济分配方面的“各尽所能，按需分配”原则和在政治经济和社会生活各领域的“自由平等和民主”原则。

马克思主义正义观对一个多世纪以来的人类生活质量产生了极为深刻的影响。马克思主义不但改变了一系列社会主义国家的人民生活方式，而且在一定程度上影响了资本主义世界人民的生活。马克思主义的社会正义观从揭示财产私有制必然阻碍生产力发展的客观规律出发，以批判资产阶级形式正义掩盖下的实质上的不正义为逻辑起点，抨击私有制社会“几乎把一切权利留给一个阶级，把一切义务推给另一个阶级”，大力张扬全体社会成员的权利和义务相统一的社会主义正义……他关于社会主义正义的本质性论断，例如消灭剥削、共同富裕以及民主、自由、平等观念，是人类现代文明的结晶，同时也是中国推进现代化进程、实现小康、构建社会主义和谐社会的正义目标和理论指南。

二、正义的基本含义及本质属性

（一）正义的基本内涵

通过以上对正义的考察，我们知道自古以来正义一直是人类社会活动的中心话语，正义观念由古代和近代形态转化为现当代形态，随时代背景和主体的变化而不断变化，是“一张普洛透斯式的脸，变化无常，并且具有极不相似的面貌”。最初古希腊的正义之神手拿“丈量土地的二脚规”，代表着公正和平等。古希腊先哲们强调人人的美德、宇宙的秩序、理性精神，强调正义的普遍性和永恒性。随着社会的发展，人类理性对自然法的发现，伴随着契约的订立、法律的颁布、公共权力的创设，人的生活秩序建立起来，对于社会、人及行为是非、善恶、美丑，正义与否的评价也就自然产生。尽管对正义说法不一，描述有别，但正义的内涵指向是共同的：

1. 正义之于个人是道德之善，之于社会是制度之美。

从实践的层面来看，自人类有记载以来，无论是希腊神话还是中国神话，都塑造出了让人们热爱、敬仰及至不断模仿、万代相传的完美的神。且在这些神的身上都表现出了勇敢、友善、勤劳、孝道、智慧等美德，这些神是人类理想美德的化身，人类崇敬的偶像也是人类自身塑造的具有永恒意义的价值向度。以此为标准，从古至今、由内而外出现了多少可歌可泣的人类优秀的先驱者，他们一方面践行着正义精神，一方面为正义而奋斗，不惜以生命来换取正义。

制度之美，体现在制度之于人的意义。人类社会由原始社会到奴隶社会，再到封建社会、资本主义社会、社会主义社会乃至共产主义社会，无不体现了人在争取自身解放、平等、自由和全面发展过程中的正义追求和理想选择。每一种制度都是对前一种制度是否正义的否定和扬弃。

从理论的层面上看，正义问题本是伦理学和哲学的核心范畴，亚里士多德主要用它解释人的行为，在近现代西方思想家那里，正义概念越来越多地用作社会政治制度的一种道德标准，被看作是社会制度的首要价值，其研究中涉及体制构想、法律建设、经济结构与分配制度等问题，因此，也成为政治学、法学、经济学的重要范畴。古希腊的正义概念中最多的是关于美德的正义，苏格拉底把正义看成是基于智慧的一种德行，“正义和一切其他德行都是智慧”①。柏拉图认为，正义与智慧、勇敢、节制一起并称为“四主德”。亚里士多德则直截了当地指出：正义是一种美德。他说：“正义是一种完全的德性。它是尚未分化的、相关于他人的德性。有了这种德性，人们就不但能以德性对待自己，并且以德性对待他人。所以，正义不是德性的一部分，而是整个德性。”② 卢梭认为正义和善是分不开的，换句话说，善是一种无穷尽的力量和一切有感觉和存在不可或缺的自爱心的必然结果……凡是因为有极大的能力而成为至善的人必然是正义的人。③ 正义是向善性，正义是以人类的利益或善为基础的。善之于个人是对自身行为进行自我调节和自我约束的基本准则；善之于体制和法律则是人们评价其是否正义的依据，善是正义体制和正义法律所体现的价值观念，是体制正义和法律正义所寻求的理想标准，柏拉图的“理想国”，孔子的“大同世界”和马克思的共产主义社会无不追求制度之于个人的完美性。罗尔斯《正义论》中最为人熟知的一句话是“正义是制度的首要美德”。所以，美德既是个人的，也是制度的。个人美德指个人公道、正直等善的品质；制度美德指社会制度的优秀和完美，其概念包括自由、平等、公正、合理、正当和应当等。

2. 正义既是人类秩序，也是宇宙秩序。

秩序是一定物质的、精神的生产方式和生活方式的社会固定形式，因而是它们相对摆脱了单纯偶然性和任意性的形式。人类秩序需要现实法律规范秩序和法律社会秩序的设计与维护；而宇宙秩序是人类秩序的象征，是人类正义的向往和永恒

---

① 色诺芬：《回忆苏格拉底层》，商务印书馆 1984 年版，第 117 页。

② 亚里士多德：《尼各马可伦理学》，中国人民大学出版社 2003 年版，第 38 页。

③ 卢梭：《爱弥尔》，商务印书馆 1978 年版，第 403 页。

意义的精神指向。在荷马史诗中，正义作为最基本的美德之一就是宇宙中有一个统一的基本秩序。后人把这种宇宙秩序作为正义的理性精神比照社会生活中正义的普遍性和永恒秩序。世界在人类出现之前，处于一种自在的和谐与平衡之中，自从有了人，特别是有了不同的人群与人群组织及至社会——人群管理机制，便出现了贫富差距、阶级的分化，于是这种和谐便被各种差异及分化的冲突所打破。赫拉克利特说得好："如果没有不正义，人们就不知道正义的名字。"① 也就是说，正义是产生于非义。"正义起源于人类惯例"②，人类的正常、正当的惯例被破坏，于是人类开始追求正义，对各种破坏社会惯例和关系的非义行为予以否定，并在追求正义的过程中，努力恢复并创造着一种和谐，这种和谐包括人与人、人与社会、人与自然之间的和谐有序。现实社会人们追求正义原则便是为了促进社会的良性运行，使现实社会有更好的秩序，这种秩序使社会处于稳定、有序、不断发展的过程中，处于一种合理的符合每个人愿望的正义状态。

3. 正义是理论设想，也是实践准则。

罗素在《西方哲学史》中说道：古希腊人的正义观就是把正义看成是有某种超人类的力量所维持的宇宙万物之间的平衡、和谐、稳定的关系。③ 随着古希腊思想家们把思考的重心从宇宙转向人类社会，正义就逐渐演变成了人与人、人与社会之间的合理关系与和谐秩序的概念。这种关系和秩序的基本特征是各司其职、各守其序、各得其所，即每个人和集团都履行

---

① 北京大学哲学系编：《西方哲学原著选读》，商务印书馆 1982 年版，第 24 页。

② 休谟：《道德原理探究》，中国社会科学出版社 1999 年版，第 121 页。

③ 罗素：《西方哲学史》，商务印书馆 1963 年版，第 154 页。

自己的规定义务，享有自己的规定权利，从而使人与人、人与社会之间保持平衡与和谐的理想状态。无论哲学家们对于正义的理论建立了多少个体系和流派，都是基于社会实践的发展，是实践的变革推动着理论设想的不断更新与完善，同时，理论的预设和理想的选择鼓励着人生实践在否定之否定中寻找发展。正义原则作为实践的准则，不断使人类社会走向完善，纠正不合理的行为与制度，从而建立合乎人性发展的新制度和新秩序。正义没有定论，它是一种理论设想，而实践必须以正义为价值标准，因为它是人类“至善”的理想选择。

（二）正义的本质

通过对正义的历史考察和基本内涵的概括，我们明白，正义是人观念地把握现实世界的一种方式，是人基于实践对自身生存与发展的理性构想与陈述。从根本上说，正义是对理想的抉择。

古希腊面对不可知的自然力量，希望一位完美的宇宙与人类共有的神——宙斯——来主持人类正义，设想人类必有永恒的正义精神，除恶扬善，保证人神幸福平安。这种比照性论证，是以理性的普遍性特征为中介来论证社会生活的。孔子从人生的意义上提出“仁”、“义”的正义原则，设想了美好的大同世界：“大道之行也，天下为公，选贤与能，讲信修睦，故人不独亲其亲，不独子其子，使老有所终，壮有所用，幼有所长，鳏寡孤独废疾者皆有所养。男有分，女有归。货，恶其弃于地也，不必藏于己力，恶其不出于身也，不必为己。是故谋闭而不兴，盗窃乱贼而不作，故外户而不闭。是谓大同。”①这是孔子的正义理想。柏拉图从国家的意义上提出了维护人的等级和国家秩序的正义理想。罗尔斯则从社会意义上把所有价值都应平等分配作为正义追求的理想。而马克思则在深刻批判

① 《礼记·礼运》。

资本主义社会制度违反人性的基础上，提出实现生产力高度发展，物质产品极大丰富，人们之间平等合作，各尽所能、各取所需，每个人都将获得自由全面发展的正义思想。康德对自由的推崇，卢梭对平等的偏爱，基督教伦理学对博爱的倡导，功利主义者对效率的向往以及霍布斯、黑格尔等人对秩序的尊重，都表明他们对其中某种价值目标的追求。不同的时代有不同的正义理想，不同的正义理论有不同的正义原则，正义是历史的，也是具体的，都是为满足人的存在和发展而构想的新世界。但是，正义作为人及社会的价值标准、理想准则，具有普遍性和公共性，在不同的利益群体的冲突中，具有超出双方利益的更高的正义存在。正义是相对的，也是绝对的。绝对正义是人类普遍正义，它是一种超越和发展的选择。

正义的理想性特征来自于人类实践的能动构建，它是关乎人应该如何生活的价值向度。现实中人的关系以及人的价值追求往往处于彼此外在的、孤立的状态，人及社会是在不断扬弃和超越自身孤立、矛盾、冲突的过程中追求统一、平衡与和谐的。正义与效率、竞争与合作、平等与差别、权力与自由、交往与独立、美德与规范等，在现实中呈现出异常复杂的关系，正义追求就是要在这个意义上对这些关系作出理想的抉择。如果按现实性而不是理想性的方式加以选择和处理，人们永远摆脱不了片面化的纠缠与烦恼，无论如何也无法走出何者优先的困惑。正义追求的理想性是正义理论的基本倾向。康德曾经说过："正义是一个力求达到而永远不能达到的目标。现实世界中只能在依德性分配幸福的精确比例中实现正义。"这里，我们抛开康德"至善"的先验性不论，它至少在某种程度上表达了"正义"所具有的无限完美的品格。人在社会实践中不断对自身生存方式及社会关系的是非、善恶、美丑进行追问和反思，正义成为人类理想选择的价值向度，因此，人类发展的漫长历程成为人类追求正义不断抉择的历程。理想的抉择意味着正义的追求，所以，它弥久常新，所以，它没有边界和限定。正义的本质就是人类存在与发展的理想性准则。

三、社会正义

从理论上说，正义是理想的选择或理想选择的准则，在这个选择的过程中自然离不开价值评价，因此，正义也可说是人们对某种社会关系或某种社会现象所作出的价值评价，其实质是对人们生存方式及社会关系是非、善恶、美丑的追问。既是评价，那么，正义就是一种认识形式，它关涉的主体和客体都是人和社会，因此，个人与社会相互认识、评价就形成了所谓的个人正义和社会正义问题。

个人正义问题关注的是个人是否合乎社会秩序的要求，意义在于规范个人行为、维持社会秩序，社会利益和秩序是追问个人正义与否的尺度。社会正义问题关注的是社会体系是否合乎人性的要求，意义在于变革、建构社会合作体系，为人的幸福生活提供条件和保证，即以人为主体的社会价值追求。个人正义拷问的是个人“善”的向度，如何使个人成为一个趋于完美的公民，从而促进社会稳定、生活安宁、人生幸福。社会正义问题探讨怎样建构一个“美”的社会，从而使人类不断向美好境界发展。在个人正义的拷问中，个人是客体，是被关注的对象；社会是主体，是判别个人正义与否的尺度。在社会正义的探讨中，社会体系是客体，是被认知的对象；个人是主体，是评判社会体系正义与否的尺度。

我们在对正义的历史考察中发现，社会正义的提出是以个人主体意识觉醒为前提的。古希腊人尊崇的是宙斯神，原始社会是以氏族首领、图腾、禁忌为矫正尺度，奴隶社会依赖于奴隶主和城邦，其正义观主要探讨个人如何适应城邦和他人才是有德。柏拉图是第一个追问国家正义的智者，但是他不是站在人的立场上设计国家制度，而是以城邦为标尺限定人的行为。

“中世纪将社会的禁令系统完善到无以复加的地步，个人不仅失去了外在的独立性，而且也失去了内心的自由。个人在世俗与宗教的双重压迫下苟延残喘。这一时期神学家在神学正义论的框架内探讨了社会政权的正义问题，但目的不在于使政治权力合乎人性而是要求君权从属于神权。”① 事物都是相反相成的，当人的生存受到外部和内部压抑达到极端的时候，人就要寻求自身解放。文艺复兴运动在文化与精神意义上对人性的启蒙、人性的歌颂和张扬，资本主义生产方式的产生与发展在经济意义上对人的个体意识的培养和人的创造能力的肯定，终于充分唤醒了人的主体意识，由此，哲学家们开始站在人的立场、以人为主体的意义上提出了社会是否正义的问题。“社会被看成人的创造物，人建立社会的唯一目的是保证人的安宁和幸福。如果无助于人的幸福，更有甚者给人带来祸患，社会就是非义的，就应该废弃。这种理论以其特有的虔诚、热忱和主宰历史的博大胸怀影响了几代人，并最终指导了资产阶级革命。从此以后，社会正义问题作为一个独立的领域成为正义观的重要内容之一。”②

每个时代、每个民族、每种具体制度规范下的社会以及每个人，都有正义的理想或都在正义精神匡正下选择生活及生存方式。不同时代有体现不同时代的正义追求。当代人类生活的理想关注人与人、人与社会、人与自然之间的和谐生存关系以及国家与国家、民族与民族之间的和谐关系，而在具体生存环境的选择中最为关注的是社会制度的理想选择和制度安排。

事实上个人与社会的划分是相对的，人与社会是密不可分的。人是社会的存在，离开社会人就不成其为人，而社会是由人组成的，是人生活与发展的结构形态。从这个意义上说，任

---

① 倪勇：《社会正义论》，中共中央党校出版社 1998 年版，第 77 页。

② 倪勇：《社会正义论》，中共中央党校出版社 1998 年版，第 77 页。

何正义问题都具有社会性，因而都可以称之为社会正义问题。因此，我们所说的社会正义问题就是指这种广义上的社会正义，一种超越了工具理性并且相互作用的社会关系，一种社会的个人在肯定意义上的、保障肯定自由的实现的相互关系。这种关系所要求的是政治、经济、文化精神的理想境界，是人类在相对满足了物质需求之后的文化精神的渴望，也就是人的本质的追求。“秋菊打官司”要的只是一个“说法”，这种要“说法”的追问，事实上体现了人在经济、政治、文化等各方面的进步和成长，落后的政治经济环境是不能培育出独立意识和自由精神的。社会正义所给予的、所体现的就是一种理想的境界、一种理想追寻的精神，说的更高一点可以称之为是人类灵魂的精神指向 。记得有个美国故事片叫《小鬼当家》，表现的内容是，一家人热热闹闹地外出旅游，偏偏丢下了一个小男孩儿，影片中称之为“小鬼”。有一天有两个大强盗偶然发现小鬼一个人在家，于是商量到天黑时来小鬼家偷袭他。当时小鬼正在窗户那儿，听见了这番对话，立刻吓得跑出家门。在圣诞之夜，一个人孤独地在外边游荡，不敢回家。后来他被教堂的歌声吸引过去，碰见了神甫，神甫努力地与这个小鬼拉着家常……突然，小鬼恍然大悟说了一句：“那是我的家！”于是勇敢地、飞速地跑回到自己的家，到家后他兴奋地想出了许多绝招。当夜晚两个强盗来到小鬼家企图骗小鬼开门时，小鬼用他的勇敢和智慧，以一对二、以少对多、以小对大狠狠地惩治了两名强盗……“那是我的家！”何以让小鬼力量倍增？因为“那是我的家！”意味着正义！意味着正当！意味着“我”所具有的合理性、合法性以及不可侵犯的正当性！正是这种正义的精神或是正义的标尺鼓励了势单力薄的小鬼。正义精神包含了人类无限趋向于完美的价值向度，它在人类实践意义中呈现出神圣的光芒，这种光芒照耀着人类从原始蒙昧状态走向现代文明、从惶惑初民成为理性、自由的社会主体。这种光芒中包含着理想、力量以及由此导向的智慧。我们在这里所强调的社会正义是一种文化状态和精神状态。个人的善和道德，社会的选择和安排，事实上都是以人的文化状态、精神状态为指向的。我们以这样一种状态或精神指向激励人的行为规范、设计安排社会的运行方式。因此，从这个意义上说，社会正义是一种引导人类生活和谐化、完美化的价值向度。

第二节　舆论监督

如果说社会正义是在理想和精神的意义上引导人类社会向善向美，那么舆论监督就是在现实的层面规导和匡正社会的非义与不谐。舆论是公众的意见，具有社会整体意义和整体影响，舆论的背后潜藏着公众对社会价值尺度和运行方向的内在要求。舆论监督是公众用舆论的方式监督社会。许多情况下，人们习惯于把舆论监督看成媒介监督，把舆论监督看成政府部门用以指导工作的宣传工具或大众对某些社会现象发泄不满情绪的通道。其实，舆论监督不等于媒介监督，媒介监督只是舆论监督的一部分；舆论监督也不仅仅是揭露和批判的宣传工具，舆论监督作为政治体制和意识形态的重要组成部分，其对社会的价值指导作用超出其对现实生活的批评宣传作用。舆论监督是关乎社会的文化精神发展、关乎社会的物质文明与政治文明建设的重要环节，它在监督过程中普及正义观念，传承正义精神，净化社会环境，在实践的环节上发挥着文化的力量，成为文明的标志。

一、舆论

什么是舆论呢？就像我们追问什么是正义而正义像斯芬克斯的脸难以定论一样，美国政治学家 V. O. 基（key）曾调侃地说：“想准确地说清舆论就像要抓圣灵（Holy Ghost）一样地不可能。”① 的确，学者们的探索是求真的，也是多方面的。我国著名舆论学家陈力丹先生说：由于观察舆论的角度不同，关于舆论的定义有时差距较大，政治学和历史学的定义着重点在于舆论对于决策的影响方面，心理学注重公众意义表达的心理过程，社会学注重舆论的社会化生产过程，社会心理学则从知觉、感触舆论来界定舆论。② 如果我们接着陈力丹的话往下说，则价值学强调的舆论是人类在追求社会正义过程中的价值评价。

（一）舆论的基本含义

在中国史籍中，“舆论”的概念是先有“舆”，然后有“舆人”，“舆人之论”成为“舆论”。其中“舆”所指的对象是下层百姓。如《说文·车部》：“舆，车舆也”，“舆为人所居”；“舆”还指轿子，《辽史·仪卫志一》：“舆：以人肩之，天子用，络臂绾。”后以“舆”指代造车的人，轿夫及职位低贱的吏卒等，如《周礼·考工记·舆人》：“舆人为车。”《左传·昭公七年》：“人有十等，下所以事上，上所以共神也。故王臣公，公臣大夫，大夫臣士，士臣皂，皂臣舆，舆臣隶，隶臣辽，辽臣仆，仆臣台。”这里将人分为十等，而“舆”居第六。从中我们知道“舆”是泛指下层百姓，自然其中也包含了“众”、“多”的含义。《广雅·释诂三》：“舆，多也。”《国语·晋语三》：“惠公入而背外内之路，舆人诵之。”韦昭注：“舆，众也。”因此，“舆”、“舆人”是指普通百姓。古人的“舆人之论”，亦指除统治阶层以外的老百姓的言论抑或众人的言论，所以在初始意义上说，舆论就是指权力之外的众人的议论、意见和看法。

---

① 潘忠党：《舆论研究的新起点》，《新闻与传播评论》2001 年卷。

② 参阅陈力丹《舆论学——舆论导向艺术》，广播电视出版社 1999 年版。

在西方，“舆论”（Public Opinion）一词起初作为“公众意见”来使用，主要体现的是公民共同决断、治理国家以保证政治清明的政治理念。古希腊、古罗马在奴隶社会时期，就在城邦定期召开民众大会，大会职权广泛，涉及立法、选举、罢免等。法国启蒙主义思想家卢梭在《社会契约论》中提出“舆论”的概念，他说：“在全世界一切民族中，决定人民爱憎取舍的决不是天性而是舆论。”1651 年，霍布斯出版了向教会和君主宣战的著作《利维坦》，详细论述了“舆论”、“公众意见”。他说：“会议的公众意见就是舆论所得的决议和一切审议的目的”，对于劝说者而言，“他们在说话时更注意人们的公众情绪与舆论，并运用直喻、隐喻、例证和其他讲演的武器，征服听众”。① 黑格尔说：“公众舆论是人民表达他们意志和意见的无机方式。”② 卢梭和霍布斯阐述了舆论的作用和威力，而黑格尔则指出了舆论的性质是自在、自然的公众意见，是公众表达意见的无机方式。

我国当代舆论学研究者的观点众多，其代表性的主要有：

刘建明在《基础舆论学》中说：“舆论是显示社会整体知觉和集合意识，具有权威性的多数人的共同意见。”

项德生在《舆论与信息》中认为：“舆论就是社会公众或集团对人们普遍关心的事态所做的公开评价。”

孟小平在他的《揭示公共关系的奥秘——舆论学》中阐述道：“舆论是公众对其关切的人物、事件、现象、问题和观念的信念、态度和意见的总和，具有一定的一致性，强烈程度和持续性，并对有关事态发展产生影响。”

喻国明在《中国民意研究》中指出：“舆论是社会或社会群体中对近期发生的，为人们普遍关心的某一争议的社会问题

① 霍布斯：《利维坦》，商务印书馆 1985 年版，第 199 页。

② 黑格尔：《法哲学原理》，商务印书馆 1961 年版，第 331 页。

的共同意见。”

陈力丹先生在其力作《舆论学——舆论导向研究》中概括道：“舆论是公众关于现实社会以及社会中的各种现象、问题所表达的信念、态度、意见和情绪表现的总和，具有相对的一致性，强烈程度和持续性，对社会发展及有关事态的进程产生影响。其中混杂着理智和非理智的成分。”

从以上关于舆论的阐述中，我们大体可以把“舆论”划分为如下几个层次：

第一个层次：“舆人”、“公众”、“多数人”、“社会群体”等，指舆论的主体。虽然称谓不同，但是其主体指向是一致的，即舆论主体是与权力组织、社会统治者相对而言，它强调公民的自主性。当然我们从这些不同的主体称谓中也可以感知到舆论所具有的群众性、广泛性和社会性。

第二个层次：“现实社会”、“社会中的各种现象和问题”、“人们普通关心的事态”等，指舆论的客体，阐明了舆论对象的社会意义，它是现实存在的，同时又是有争议的问题，它是形成舆论的前提，正如苏辙所言：“事之当否，众口必公。”公众舆论对社会制度、社会利益、社会秩序的追问，表明社会公众在把握和追求人生目的、价值终极以及存在真实的过程中的性智觉悟或意识自觉和理性向往。从伦理角度看是一种道德追求，从政治学角度看是制度追求，从社会学角度看是秩序追求，这就赋予舆论作为社会控制机制的当然属性。

第三个层次：态度、意见、情绪、知觉、信念等，是指舆论的本体。它表明舆论本身是一种价值评判，虽然意见、态度与信念等有不同的内涵，如意见是态度和信念的表达，但是它们都是舆论主体针对社会现象、社会问题所形成的看法、所表达出的倾向性的评价，是舆论的本体。李普曼曾说：“舆论基本就是对一些事实从道义上加以解释和经过整理的一种看法。”舆论的精神内核是群体意识。

第四个层次："具有相对一致性，强烈程度和持续性，对社会发展及有关事态的进程产生影响"，这是指舆论的特性与功能。舆论本体具有影响客体、调节社会关系的功能，因此被称为"社会天气的晴雨表"。

以上四个层次中，前三者概括了构成舆论的三项基本要素，即舆论本体——意见，由信念形成意见，由意见传达态度进而构成倾向鲜明的舆论。舆论的客体——社会现象，即与人们的现实利益密切相关的、能够引起人们热切关注并认真对待的事情。舆论主体——公众，即与权力相对应的未经组织却具有一致倾向意见的社会大众。

第四个层次是说舆论本身所具有的功能，舆论是有力量的！舆论的力量在哪里呢？首先，舆论来自于公众——人类社会的自在主体，且形成强大的群体力量；其次，舆论所关注的是与人类社会息息相关的一切可争议的事态，社会秩序中的一切不谐之举、不正之为，均逃不过舆论的"眼睛"；再次，舆论本身就是具有"道义"力量的价值评价。所以说，它具有社会控制的力量。梁启超曾高度肯定了舆论的功能："舆论者，天地间最大之势力，未有能御者也。……舆论一成，则虽有雷霆万钧之力者，亦敛莫敢发"，"凡欲为国民所尽力者，苟反抗于舆论，必不足以成事"，若成事必借助于舆论的力量："其始也，当为舆论之敌；其继也，当为舆论之母；其终也，当为舆论之仆。敌舆论者，破坏时代之事业也；母舆论者，过渡时代之事业也，仆舆论者，成立时代之事业也。非大勇不能为敌，非大智不能为母，非大仁不能为仆，具此三德，斯为完人。"①

在此我们归纳舆论的定义为：

舆论是公众的意见，它是一种自然、自在行为，是公众自

① 《梁启超选集》，上海人民出版社1984年版，第199页。

愿、自由表达的意见和看法，舆论的背后潜藏着公众对社会价值尺度和运行方向的内在要求。

（二）舆论的“道义”力量

1. 舆论的起源

舆论起源于劳动，起源于劳动中的沟通、协调与合作，人类社会一出现，舆论便产生了，劳动是社会舆论的摇篮。恩格斯说：“劳动的发展必然促使社会成员更紧密地互相结合起来，因为它使互相帮助和共同协作的场合增多了，并且使每个人都清楚地意识到这种共同协作的好处。一句话，这些正在形成中的人，已经到了彼此间有些什么非说不可的地步了。”① 当然，初民由“兽群意识”到“人群意识”需要一个过程，语言的产生、思维的发达以及氏族与部落的形成使人开始有了相对稳定的社会结构，与此同时也就有了相对完整的维持社会生活秩序的习俗、禁忌以及原始宗教，并以此来调节社会生活，这应该是最初真正意义上的社会舆论。

值得提出的是：舆论既源于劳动中的沟通与合作，又源于劳动中的斗争与复仇，同时也源于劳动中对“善”、对“美”的追求、向往和颂扬。刘建明教授在他的《舆论传播》一书中曾这样阐述原始舆论的内容：“原始舆论的内容围绕氏族成员的生存斗争，揭示了先民的生存的艰难和团结奋斗的精神。氏族成员之间紧密团结，相互爱怜，生则同存，死则同亡，愿为同伴的遇害舍身成‘仁’成为当时社会舆论的支柱。一旦一个氏族成员被他氏族所杀其他成员会群起而攻之。在人们的观念中为同一氏族报仇成为崇高的理念和义务。原始人把自己看成部落社会中有机的组成部分，个人受到屈辱就变成部落的凌辱，复仇变成部落成员集体自卫的冲动，成为人人遵奉的舆论。阿富汗有一则谚语说：‘复仇虽至百龄，乳齿乃存。’这

① 《马克思恩格斯选集》第3卷，人民出版社1972年版，第511页。

个国家的古代民族崇尚把其父之仇追讨其子，以至其孙，仇之未报，复仇之火总是不会熄灭的。人们天天、月月、年年议论仇恨，将仇火一代一代熊熊燃烧下去。复仇的意识几乎是古代社会中世界各民族祖先的普遍舆论。”① 我们知道有一种观点说，正义精神是起源于复仇，这就是说社会舆论的产生是伴随着人类“正义”精神的产生而产生。原始舆论之中早已包含着“正义”素质。

“在同大自然和其他部族的斗争中，先民们日益感到没有杰出的首领，就很难保持部族的安全稳定，渴望氏族内部有一个好领袖。于是在原始部落之中出现了歌颂、赞赏英雄主义的社会舆论，各种各样的传说一直流传下来。传说借助故事表达人们对勇敢、力量、健壮、创造性的赞美，是初民的重要道德舆论……人们热恋讲故事，表达追求的向往，构成原始人的精神。舆论形态是指舆论行为的群体方式，英雄传说在那个时代风靡起来，成为普遍的舆论样式。在我国远古传说中，各氏族的英雄人物拯弱救危的无畏气概，带领群众向自然和其他部落进行斗争，成为先民心目中的明灯。女娲‘炼五色石以补苍天，断鳌足以立四极’，黄帝向‘铜头铁额、吞食沙石’的蚩尤展开恶战，以及关于羿、尧、舜、鲧、禹的传说，统一了氏族社会中人们的态度。在世界各国远古的历史中，崇尚勇武、强悍、忠烈的舆论，使人们服从酋长与部落首脑的统领，既是人类社会化的最初表现，又是维持社会关系所必须的早期的意识形态。……远古的传说就是远古的民心，人们歌颂正义、勇敢、智慧的带头人，反映人类善良的本性，这种舆论就是当时社会的写照。”② 其实，这些传说不仅反映人们的善良本性，同时还反映人类初期对“正义”最朴素、最感性的追问和选

① 刘建明：《舆论传播》，清华大学出版社 2001 年版，第 7 ~ 9 页。
② 刘建明：《舆论传播》，清华大学出版社 2001 年版，第 7 ~ 9 页。

择，舆论的肯定性倾向是给予那些正当的、美好的、善良的和足以保持社会稳定、人群和谐友善、生活合理有序的事物与人物的。因此，传说得以感召心灵而代代相传，正义精神也就像种子一样在人类的意识形态中生根发芽。

2. 舆论的精神内核与道义力量

集合意识是社会舆论的精神内核。所谓集合意识，就是说舆论并非个人的言论，也非个人言论的相加，而是一种社会知觉，是一定社会群体内相当数量的成员具有的倾向一致的意见，具有整体特征。舆论由个体意识交汇形成群体意识，并最终产生集合威力。社会舆论大于个人意见之和。所谓“千夫所指”，所谓“唾沫星子淹死人”，所谓“背后骂皇帝”，等等，都是指舆论的普遍性和舆论的公众性以及舆论的集合性威力。

正因为舆论具有这种集合性，能够形成广泛影响的舆论场，所以，我们说舆论本身蕴涵了强有力的“道义”力量。

舆论的力量一方面来自于集合威力，另一方面来自于舆论自身的社会评价本质。因为舆论是社会评价客体与评价主体之间的价值关系的意识，任何社会舆论都反映出那一特定社会公众的主体意识，即反映出那一特定社会公众的特殊利益、立场和观点。舆论是由公众的一系列的价值判断组成的，比如是赞成还是反对，是肯定还是否定，是颂扬还是谴责，是拥护还是抗议等，公众的议论和评判形成了舆论的基本倾向和基本精神。P. A. 萨法罗夫说道：“社会舆论是社会共同体对他们关注的问题持有的评价态度，这种态度表现在他们的看法及行动中，它具有相对的普遍性，强烈性和稳定性。”①

舆论具有两极性，那些反映社会发展规律、维护公众利益、坚持真理的舆论是积极舆论，本身蕴涵了巨大的道义力

---

① 转引自前苏联 M. C. 奥舍罗夫、Л. N 斯皮里多诺夫《社会舆论与法》，新华出版社 1991 年版，第 10 页。

量，对社会、历史及人生起着积极的推动作用，而那些违背真理的舆论则对社会产生破坏作用，我们称之为消极舆论。舆论的产生源于道德意识伴随着“正义”追寻，代表着民心。不同性质的舆论时有消长，但是舆论的“道义”精神、“道义”力量是不会消失的，民心是不会永远被遮蔽的。积极舆论在逐渐集合的过程中终将溶解或消散着消极舆论。

法国历史学家丹纳说：“形成舆论的方式证明舆论的可靠。”① 原始社会人们依据习俗、禁忌来调节社会生活，所议所论，成为调节人与人、人与社会群体之间关系的工具。私有制社会个体意识和阶级意识得到发展，社会舆论在个体的大量的议论、争论、辩论中形成，成为公众的社会评价形式。古希腊民主政体时期是社会舆论自由发展的最光明灿烂的时期，它使后人常常心向往之。中国古代的社会舆论形式主要是民歌、民谣和讲学游说，曾出现过“百家争鸣”的舆论空气。现代社会舆论形态得到空前发展，个体意识更为彰显，群体舆势易成螺旋，大众传播媒介迅速发展，这一切使社会舆论活动更趋于自由、趋于理性。正如丹纳所说：“大众像个人一样有时会有错误的判断、错误的理解，但也像个人一样，分歧的见解互相纠正，摇摆的观点互相抵消以后，会逐渐趋于固定，确实，得出一个相当可靠相当合理的意见，使我们能很有根据很有信心的接受。”“可以用判断的过程证明判断的可靠。……有多少不同气质，不同教育，不同思想感情共同参与；每个人在趣味方面的缺陷由别人的不同的趣味加以补足；许多成见在互相冲突之下获得平衡，这种连续而相互的补充逐渐使最后的意见更接近事实。”② 可以说，它在形成的过程中集中了社会的理智，这使舆论具有了一种力量，形成了强大的压力。它虽然不

① 参见丹纳《艺术哲学》，人民文学出版社 1963 年版。

② 参阅丹纳《艺术哲学》，人民文学出版社 1963 年版。

是法律，但可以说是它是一种文化力量，一种道义力量，一种精神力量，有时它比法律更有生命力。卢梭认为，舆论“并不是铭刻在大理石上，也不是铭刻在铜表上，而是铭刻在公民们的内心里；它形成了国家的真正宪法；它每天都在获得新的力量；当其他的法律衰老或消亡的时候，它可以复活那些法律或代替那些法律，它可以保持一个民族的创制精神，而且可以不知不觉地以习惯的力量代替权威的力量。我说的就是风俗、习惯而尤其是舆论”①。因此，我们可以理解恩格斯的话：“世界历史就在于公众舆论。”

二、舆论监督

（一）舆论监督的界定

关于舆论监督的界定，专家学者们有不同的阐述，这里我们择其要者加以比较辨析。

顾理平认为：“舆论监督是指新闻媒体运用舆论的独特力量，帮助公众了解政府事务、社会事务，并促使其沿着法制和社会生活共同准则的方向运作的一种社会行为。”② 这种界定把舆论监督看作媒介监督，突出媒介运用舆论的力量帮助公众了解政府事物，其监督的主体是“媒介”，这种观点具有一定的代表性，但是却未能反映舆论监督的本质。因为“媒介”只是公众的代表或代言者，真正的监督主体是社会公众，在社会主义国家舆论监督的本质是人民群众的监督。

陈力丹说：“舆论监督意指公众通过舆论这种意识形态，对各种权力组织和其工作人员，以及社会公众人物（包括记者）自由表达看法所产生的一种客观效果。是一种自然存在

---

① 卢梭：《社会契约论》，商务印书馆 1987 年版，第 73 页。

② 顾理平：《新闻法学》，中国广播电视出版社 1999 年版，第 239 页。

的、客观无形的监督形式，其特点如马克思和恩格斯所说，是‘广泛的无名的’公众表达的意见可以是表扬、批评，形式和渠道也是多样化的，因此，舆论监督往往体现为正、反两种效果。”① 陈立丹的阐述明确了舆论监督主体是公众，是公众通过舆论这种意识形态自由表达看法而行使的监督，并且指出了监督对象主要是权力组织及其工作人员。特别是他明确阐述了舆论监督所包含的批评与赞扬的两种特性，这一表述符合舆论监督的本质性特征，从根本上确定了舆论监督自然自在、自下而上的监督属性。不过“监督”是一个表示动作的概念似乎不能直接代表一种客观结果。

刘建明先生认为：“舆论监督包括工作监督、政策监督和道德监督，是指公众对某人某事发表批评和揭露性的意见。前两种监督是为了纠正错误，防止官僚主义。道德监督具有正义立场，是对‘丑与恶’的曝光，具有巨大的心里惩治威力。他的基本原理是 社会心理压力理论。”② 刘建明的定义把舆论监督划分为两种类型，体现了他作为学者对科学定义所追求的严谨性与涵盖力。在这个定义中，刘建明先生揭示了舆论监督的众多属性：第一，舆论监督的多种类型；第二，舆论监督的本质性主体是公众（而非媒介）；第三，舆论监督具有正义立场和惩治威力；第四，舆论监督的力量源于社会心理压力理论。但是，若把舆论监督只看成是“对某人某事发表批评和揭露性的意见”，又似乎不能充分表达“舆论”的内涵和“监督”的广泛性社会意义。

孙旭培说：“舆论监督从广义上说，是指通过传媒对党务政务的公开报道，对国家机关和国家工作人员施政活动的公开

① 陈力丹：《论我国舆论监督的性质和存在的问题》，载《新闻与传播》2003 年第 9 期。

② 刘建明：《舆论传播》，清华大学出版社 2001 年版，第 267 页。

报道和评论，以及对各类坏人坏事，特别是腐败行为、腐败分子的披露和批评。"① 在这个定义中舆论监督的属性有所延伸，不仅仅指批评、披露，同时包含了对权力者的评价，对政务公开即知情权的强调等。但是，应该指出的是在这个定义中舆论监督的主体模糊或主体丢失。是谁"通过传媒对党务政务的公开报道……"？抑或作者是指"传媒"？主体模糊便无法确定舆论监督的本质属性。当然，在这个定义的表述中我们可以清楚地感觉到，这里的舆论监督是指党政工作监督。

综合以上几种定义，我们感到理论界对舆论监督的认识并不一致：

1. 对舆论监督的主体理解不同。有的指党的工作监督，有的指媒介监督，有的指政治意义上的监督，有的指学术意义上的监督 。

事实上，人大的立法监督、政府的行政监督（检察、审计）、司法机关的法律监督（检察、审判）等都是国家监督，具有法律与行政的强制力，是硬监督。但国家监督是内部监督，具有一定的封闭性和局限性，容易造成监督的失控。而舆论监督是公众自由表达的意见，是客观存在的无形而有力的舆论倾向，是一种软监督。它所具有的不是法律与行政的强制力，而是来自于公众舆论所形成的压力。舆论监督是外部的社会监督，主要是对权力组织及其成员的监督。媒介监督也不同于舆论监督，媒介的对应形式是新闻报道，舆论的对应形式却十分丰富：流言、民谣、书籍、文告甚至民歌、笑话等都是舆论的范畴。舆论，每时每刻都在以不同方式传播着公众意见。舆论监督是公众对社会表达意见的一种方式，它是一种自然、自在、客观无形的监督形式，它以公众舆论这种无形的压力监

① 孙旭培：《舆论监督的必要性和可行性》，《同舟共进》1999 年第 7 期。

督公共权力，对公共权力形成制衡和约束的威力。这是权利对权力的监督，以防止权力异化。媒介监督只是舆论监督的一种主要形式。在现代社会，常常是以大众传播媒介作为舆论的载体表达公众声音。但媒介不可避免带有自身的主观倾向，不可避免地依赖其背后的政治势力以及经济势力。当它真正代表舆论时“力量会显得十分强大，其作用等于‘媒介的影响力 + 现实舆论’”（陈力丹语）。但是，我们知道，媒介在不同文化、政治、经济背景下会表现出不同的舆论姿态。在我国，因为大众传播媒介归党、国家和政府所有，而我们的政府是人民代表选举制，党和政府在根本利益上代表着广大的人民群众，因此媒介被形象地比喻为党和人民的“喉舌”，因此我国媒介监督在某种程度上成为党政权力的延伸。当然，从根本上说媒介监督的威力不是来自媒介或者媒介新闻，而是来自新闻背后所代表的民意或公意。它的有效发挥对于行使公民民主权利、促进政治体制改革、维护公平正义原则以及保持社会稳定团结等方面都具有重要意义，因而受到新闻传播学界的高度关注、党和政府的重视、人民群众的欢迎。

2. 对舆论监督的属性认识不同 。在我国相当大的范围内，舆论监督被等同于批评报道或叫负面报道，其实，舆论监督还有比批评报道更为广泛的外延：一些针对某种不良社会组织状态、现象以及公众人物所表现出的具有纠正意义的积极倾向的或建议性的舆论也是一种监督；对那些在腐败、丑恶的氛围、事件中依然表现出坚定的、正确的、优秀品质的公众人物或行为方式的歌颂和赞扬也是舆论监督。如 2004 年 12 月 1 日中央电视台《焦点访谈》节目报道：上海曙光医院成立了伦理委员会，纠正以往不正确的做法。如，过去医院称呼病人都只叫“×床”“ ×号”“ ××病”，忽视人的概念，伦理委员会要求，医院不仅仅要做到治病，还要做到人文关怀，提倡“治病从尊重开始”，提倡病人与医生平等的观念，因此，改称×床、

×号为“××先生”，病床之间还设置隔断。那么，曙光医院如此体现人文关怀，如此尊重病人，不正是对许多医院不尊重人、不关心人的做法的批评与警示吗？还有，一段时间里，电视台、报刊、网络铺天盖地地谈论着牛玉孺，人们传诵着他如何廉洁奉公、勤俭执政的事迹。这种舆论的传播不也是对那些贪污腐败的权力者的镜照，甚至是批判吗？陈力丹先生在《论我国舆论监督的性质和存在的问题》一文中就表述说：“公众表达的意见可以是赞扬、批评，形式和渠道也是多样的，因此，舆论监督往往体现为正反两种监督效果。”① 应该说，凡是能够触动人类灵魂、引导人的精神指向、匡正人的意识及行为偏差的舆论行为和舆论方式都可称之为舆论监督。我国第一部诗歌总集《诗经》不就是统治者采集民歌用以“观风俗、知得失、自考正”的舆论监督手段吗？

什么是监督？“监”在古汉语中是照视之意。《诗经·小雅·大东》：“监亦有光。”《新书·胎教》：“明监所以照形也。”既是照视便就镜照、关照、反照无不可也，只要照出丑陋或照出美丽都已实现了“监”之“照形”的目的。“监”后又引申为监视、监察之意，因此正反皆可督察、督促和敦促 。中国的语言具有象形和内涵丰富等特点，用中国式的的语言加以表述，可以帮助我们很好地理解监督之意。

“督”自古即为监察、处罚之意。《史记·李斯列传》：“夫贤主者，必且能全道而行督责之术者也。”司马贞索隐：“督者，察也，察其罪，责之以刑罚也。”另外，古汉语中“督”字还有中央、中间之意，《庄子·养生主》：“缘督以为经。”郭象注释说：“督，顺中以为常也。”那么， “监”与“督”连在一起，“监督”一词我们可以理解为：一方依照一定的准则监察、督促另一方，使之合乎规范不偏不倚。“合乎

① 《新闻与传播》2003年第9期。

规范不偏不倚”与正义的根本精神相一致。人类社会在其发展过程中，需要不断调整和维护秩序，舆论监督即在正义精神引导中以各种方式纠正偏差行为、镜照丑恶、敦促美好、张扬正义，因此说舆论监督是社会制衡的力量。除此之外，更重要的是舆论监督还对社会（公众）具有价值指导作用。它同时也是一种文化力量，一种文明标志。如 2004 年 4 月 12 日，《央视论坛》请了几位专家做节目嘉宾，以贪官李真的物品拍卖为话提，进行了讨论。专家认为，这是市场行为，但是一旦操作起来其行为的结果就不仅仅是经济价值的增长与否，而且影响了人的价值观念和道德选择。有位专家说：“希特勒的物品就不流传。”这个节目就起到了舆论监督应有的作用，即对公众价值观的指导作用。它预警似地告诉人们不能只看钱，钱的主人是社会的罪人，是破坏公共秩序、践踏社会公正原则的犯人，他的物品、他的钱财不应当载着他的思想、他的观念传承给社会和公民，更不能成为特权者的榜样，而应当加以鞭挞和谴责。陈力丹说：“什么时候大家都能用法治的、理性的心态看待舆论监督，什么时候全社会都能意识到舆论监督是公民参与社会活动、保证社会公正的不可缺少的手段，那时，我国的舆论监督便真正走上了正轨。”① 不错，我想正确界定舆论监督的属性，就是为了使我们明白，舆论监督不等同于媒介监督，舆论监督也不等同于批评报道；舆论监督不仅仅是管理者的宣传工具或政府部门开展工作的某种手段，也不仅仅是党政权力的延伸；舆论监督对社会（公众）的价值指导作用将超出其对现实生活的批评作用；舆论监督是宪法赋予公民的权利，公民有知情权和自由表达意见的权利，当我们的公民都能认识到自身权利并自觉行使自己的权利的时候，舆论监督便自

① 陈力丹：《论我国舆论监督的性质和存在的问题》，《新闻与传播》2003 年第 9 期。

然升华为一种文化力量，成为一种文明标志。

综合以上论述，我们对舆论监督进行了如下定义：

舆论是公众的意见，它是一种自然、自在行为，是公众自愿、自由表达的意见和看法，舆论的背后潜藏着公众对社会价值尺度和运行方向的内在要求。而舆论监督就是公众通过舆论这一意识形态方式对社会各种权力组织及其成员的行为及行为方式施行评价和约束，使之符合社会正义的运行要求。

如刘姝威在研究如何识别虚假会计报表时，发现××股份公司已经成为一个空壳，于是在《金融内参》发表了一篇600字的文章，她以一个学者的良知明确指出：银行应立即停止对××股份公司发放贷款。此事在社会上引起了强烈反响，包括网络在内的各种大众媒体纷纷参与报道、发表见解。刘姝威只是个学者，她以一个学者的身份自由表达自己的看法和观点，不代表任何组织和上级意图，但其公正言论及其产生的反响对××公司形成了强大的舆论压力，并最终促使××公司受到制裁。这就是舆论监督，舆论监督是社会强有力的制衡力量，是最具有广泛性、道义性的监督形式。

（二）舆论监督的意义

原始社会的舆论监督在一定程度上可视为“法律”。民族部落通过意见表决的方式制约人的恶德、恶行，达到一定范围的“天下大治”。

古希腊城邦用召开民众大会演讲或在陶片上、贝壳上签名的方式监督领袖的言行，并决定那些不得人心的领袖是否引退或流放。

中国古代的舆论监督形式较为丰富，有采诗、谏诤、朝议等，当时统治者派出采诗官采集民歌、民谣、街谈巷议，“以观风俗、知得失、自考正也”。如《诗经》中相当多的一部分诗歌表达了民众对社会和政治问题的看法。《国语·召公谏厉王弭谤》记载了民众通过街谈巷议表达对暴政不满的故事，显示了舆论监督的力量。而谏诤、朝议，都是古代官吏向封建君主进言，规谏其过失的舆论监督行为。当然，这种监督的作用是与统治者对舆论的态度和自身的开明程度联系在一起的。

在现代社会，由于民主政治体制的出现，舆论监督作为社会契约的一种保障机制而越来越具有实质性的地位和功能。在西方甚至被称为在立法、司法、行政之外的“第四种权力”。改革开放以后的中国，舆论监督的实践活动引人注目，舆论监督工作受到党和国家领导人的高度重视。特别是最近十年来，舆论监督活动在中国人的政治生活和日常生活中发挥着越来越重要的作用，产生着广泛的影响，就连生活在边远地区的农民受了委屈也知道通过舆论机构帮助自己解决问题，这是中国社会的最重大的进步之一。从人治到法治，从带有封建色彩的因言得罪到言论自由，中国社会民主化、现代化进程已经有了质的飞跃。党的十五大报告指出：“要深化改革、完善监督机制，建立健全依法行使权力的制约机制，把党内监督、法律监督、群众监督结合起来，发挥舆论监督的作用。加强对宪法和法律实施的监督，维护国家法制统一。”党的十六大报告再次强调：“认真推行政务公开制度，加强组织监督和民主监督，发挥舆论监督的作用。”朱镕基到中央电视台视察时称《焦点访谈》节目为：“舆论监督、群众喉舌、政府镜鉴、改革尖兵。”有学者认为这“标志着中国新闻舆论监督开始走向理性化发展”①。同时，地方政府也对舆论监督给予高度关注，甚至制定相应的舆论监督法规，如珠海市颁布了《珠海市新闻舆论监督办法（试行）》、《珠海市新闻舆论监督采访报道的若干规定》，其中明确规定记者进行舆论监督时任何单位、部门和个人都必须接受采访；北京市检察机关规定各级检察院渎职

---

① 王闽京：《舆论监督新论》，载《中国广播电视学刊》1999 年第 3 期。

侵权，监察部门要积极与新闻机构建立联系制度，互相配合，并自觉接受新闻媒体对检察工作的监督；吉林省政府作出规定：行政机关不得阻碍新闻舆论监督；青海省委、省高级法院都表示支持新闻舆论监督，并提出新闻监督与司法监督相联系，互相协作解决问题；而安徽省更是明确表示，舆论监督的主要对象是权力机关和公务人员，2003 年 2 月 12 日安徽省政府还举行“接受新闻监督恳谈会”，省长王金生在会上提出：各级政府首先要转变观念，以高度的自觉性，树立监督就是支持的观念。① 与此同时，学者们对舆论监督的研究也形成热点。虽然我们现在所言“舆论监督”的概念在其内涵上差异较大，其中有实践意义和理论意义上的不同领会，有政治角度和学术角度的不同解释，但是有一个事实是共同的，那就是通过理论与实践的探讨，“舆论监督”的观念在社会公众中得到了普及，公众的权利意识得到增强，这是中国社会富有现代意义的重要标志。从这个意义上说，舆论监督也不仅仅是批判的工具，舆论监督对于增强公民意识，对于提倡公平、公正、平等观念，对于密切政府与公民的关系，对于促进政府决策的民主化、科学化，对于建立健全法律制度、促进司法公正，对于扬善制恶、推进社会正义具有重要的建设性意义。

（三）舆论监督的依据和理论基础

舆论监督的概念在现代社会才具有实质意义，进一步说舆论监督是一个具有中国特色的概念，是中国新闻传媒实践的产物。西方没有“舆论监督”的直接概念，或者说没有“舆论”（public opinion）和“监督”（supervision）固定搭配的词语，学界常常用“看门狗”（watchdog）解释西方的舆论监督，自然有众多的不同，近年来西方报刊出现了“supervisionbypublicopinion”一词，有学者认为这是较为符合中国实际的用语。

① 《光明日报》2003 年 2 月 4 日。

1. 中国舆论监督的依据是我国《宪法》中关于公民有言论出版自由的有关规定。我国《宪法》第 34 条规定："中华人民共和国公民有言论、出版、集会、结社、游行、示威的自由。"第 41 条规定："中华人民共和国公民对于任何国家机关和国家工作人员，有提出批评和建议的权利；对于任何国家机关和国家工作人员的违法失职行为有向有关国家机关提出申诉、控告或者检举的权利。"同时，《宪法》第 27 条中与之对应的条款规定："一切国家机关和国家工作人员必须依靠人民的支持，经常保持同人民的密切联系，倾听人民的意见和建议，接受人民的监督，努力为人民服务。"这些条款包括了几个互为联系的基本内容：第一，是公民的自由表达权，即通过各种形式公开发表意见、表达思想的权利，这是对人民民主国家公民的基本权利的保障。第二，是公民的知情权，即对社会公共事物有了解、获知的权利。公民对于社会的发展变化、对于公共事物的管理与政策操作的了解知情是保证言论自由的前提和基础。第三，是公民有提出批评和建议的权利。这就意味着舆论监督获得了法律意义上的权利保障。

中国的舆论监督是党和国家民主监督制度中的有机组成部分，是党和国家大力发展社会主义民主的重要手段，是我国现代化民主制度建设链条中的一个不可或缺的重要环节。因此，党和国家是支持和鼓励舆论监督的，但是，时有地方权力使舆论监督陷入困境，甚至举步维艰。由此看来，依法开展舆论监督还要完成许多建设工作，包括制度建设、法制建设、机制建设和素质建设。第一，要强化舆论监督的自律制度。第二，要完善保护舆论监督的法律条例。第三，要提供舆论监督的法制环境和社会共识环境。

2. 舆论监督的理论基础：实事求是。

舆论监督是马克思主义理论体系的一个组成部分。马克思、恩格斯、列宁、毛泽东等无产阶级革命领袖都曾经对舆论监督的性质、作用、意义给予过最深刻的界说，并且体现出一脉相承的思想精华，即“实事求是”。

马克思曾说：“报纸是作为舆论的纸币流通的。”精练而深刻地指明了报纸作为反映舆论、传达舆论的载体的天然权利与不可或缺。马克思说：当报纸匿名发表文章的时候，它是广泛的无名的社会舆论的工具，它是国家中的第三种权力。如果禁止报刊报道它所目睹的事情，如果报刊在每一个有分量的问题上都要等待法庭的判决，如果报刊不管事实是否真实，首先得先问一问官员——从大臣到宪兵——他们的荣誉或他们的尊严是否会由于所引用的事实而受到损失，如果要把报刊置于二者择一的地位：或是歪曲事实，或是完全避而不谈——那么，诸位先生，出版自由就完结了。自由报刊是人民精神的洞察一切的慧眼，是人民的自我信任的体现，是把个人同国家和世界连接起来的有声的纽带，是使物质斗争升华为精神斗争的，并且把斗争的粗糙物质形式观念化的一种获得体现的文化。自由报刊是人民在自己面前的毫无顾虑的忏悔，大家知道，坦白的力量是可以使人得救的。自由报刊是人民用来观察自己的一面精神上的镜子，而自我审视是智慧的首要精神。马克思在这里强调了报刊要尊重事实、不能歪曲实事，如果不能实事求是，报刊就失去了意义。更为可贵的是马克思不仅阐述了报刊是斗争的武器、是人民自我监督的一面镜子，而且还深刻表述了报刊这一舆论监督的载体是充满智慧的文化力量。

列宁态度鲜明地欢迎舆论监督。他说：我们愿意让政府时时受到本国舆论的监督。在他主持制定的俄共八大《党纲》中规定：“党的苏维埃报刊最主要的任务之一，是揭露各种负责人员和机关的罪行，指出苏维埃和党组织的错误和缺点。”他说：“我们的报纸是我党的一面镜子。它应当经常保持干净，摆放端正，它所反映的东西都不应失真。报纸由于具有严格的真实性和严肃的原则性，因而不仅在无产阶级和一切劳动人民的心目中具有很高的威望，而且甚至在我们最凶恶的敌人心目中也具有很高的威望。”①

毛泽东虽然未直接表达“舆论监督”的概念，但其关于“报纸批评”的论述，已经非常深刻系统地反映了他关于“舆论监督”的实事求是的态度和对舆论监督的重视。在毛泽东看来，舆论监督是在夺取政权、巩固政权过程中跳出“其兴也勃焉，其亡也忽焉”的历史“周期率”的新路子。他说：“我们已经找到了新路，我们能跳出周期率。这条新路，就是民主。只有让人民来监督政府，政府才不敢松懈。只有人人起来负责，才不会人亡政息。”② 这可以说是对舆论监督作用、意义所给予的最深刻、最具胸怀的概括。他说：党报要不断地揭发和克服党和政府工作中的缺点和错误，向一切离开和歪曲党的路线的现象做斗争。并提出“报纸上的批评要实行‘开、好、管’三字方针”。“开，就是开展批评，不开展批评，害怕批评，压制批评，是不对的。”“好，就是开展得好。批评要正确，要对人民有利，不能乱批一阵。什么事应指名批评，什么事不应指名，要经过研究。”“管，就是要把这件事管起来。这是根本的关键。”毛泽东不但以实事求是的态度指出了“报纸批评”的重要，报纸应当不断批评党和政府工作中的缺点错误，而且其“三字方针”系统地表明了毛泽东对待“报纸批评”的立场、观点和方法。

虽然舆论监督思想始终贯穿于马克思主义、毛泽东思想的理论体系之中，但是明确提出“舆论监督”这一概念的是邓小平。他在1987年主持通过的中共十三大政治报告中第一次提出“舆论监督”这一表述。报告指出“要通过各种现代化

① 《列宁论报刊新闻写作》，新华出版社1980年版，第18页。

② 薄一波：《若干重大决策与事件的回顾》（上卷），中共中央党校出版社1993年版，第156页。

的新闻和宣传工具，增加对政务和党务的报道，发挥舆论监督的作用，支持群众批评工作中的缺点和错误，反对官僚主义，同各种不正之风做斗争。”并要求：“重大情况让人民知道，重大问题经人民讨论。”这是中国共产党历史上第一次把“发挥舆论监督的作用”写入全国代表大会的报告之中，不仅如此，其中“重大情况让人民知道，重大问题经人民讨论”，更进一步强调了“党要受监督”的思想，并且在思想上、理论上以及党的执政观念上明确了舆论监督是自下而上的、公民对权力组织权力人物的监督性质。这一点十分重要。

邓小平基于中国革命和建设的历史经验，特别重视民主和监督的作用。他说：“我们党是执政党，威信很高。我们大量干部处于领导地位。在中国，谁有资格犯大错误？就是中国共产党。犯了大错误影响也大。”因此，对于我们党来说，更加需要听取来自各个方面包括民主党派的不同意见，需要接受各方面的批评和监督。“如果我们不受监督，不注意扩大党和国家的民主生活，就一定会脱离群众，犯大错误。”① 邓小平最痛恨的就是不讲真话，不实事求是，或极左或极右。他说：“因为民主集中制受到破坏，党内确实存在权力过分集中的官僚主义。这种官僚主义常常以‘党的领导’、‘党的指示’、‘党的利益’、‘党的纪律’的面貌出现，这是真正的管、卡、压。许多重大问题往往是一两个人说了算，别人只能奉命行事。这样，大家就什么问题都用不着思考了……”他历数思想僵化的危害：“思想一僵化，条条、框框就多起来了……思想一僵化，随风倒的现象就多起来了……其实随风倒本身就是一个违反共产党员党性的大错误。独立思考，敢想、敢说、敢做，固然也难免犯错误，但那是错在明处，容易纠正。思想一

① 《共产党要接受监督》，《邓小平文选》第1卷，人民出版社1994年版，第270页。

僵化，不从实际出发的本本主义也就严重起来了……一个党，一个国家，一个民族，如果一切从本本出发，思想僵化，迷信盛行，那它就不能前进，它的生机就停止了，就要亡党亡国。”① “一个革命政党，就怕听不到人民的声音，最可怕的是鸦雀无声。现在党内外小道消息很多，真真假假，这是对长期缺乏政治民主的一种惩罚。”② 因此，他提出：“解放思想是当前的一个重大政治问题。”③ “在党内和人民群众中，肯动脑筋、肯想问题的人愈多，对我们的事业就愈有利。干革命、搞建设，都要有一批勇于思考、勇于探索、勇于创新的闯将。”④ “当前这个时期，特别需要强调民主。因为在过去一个相当长的时间内，民主集中制没有真正实行，离开民主讲集中，民主太少。”⑤ “一听到群众有一点议论，尤其是尖锐一点的议论，就要追查所谓‘政治背景’、所谓‘政治谣言’，就要立案，进行打击压制，这种恶劣作风必须坚决制止。”⑥ “我们要创造民主的条件，要重申‘三不主义’：不抓辫子、不扣帽子、不打棍子。”⑦ 在后来的讲话中，邓小平继续重申了这一思想：“我们要广开言路，广开才路，坚持不抓辫子、不扣帽子、不打棍子的‘三不主义’，让各方面的意见、要求、批评和建议充分反映出来，以利于政府集中正确的意见，及时发现和纠正工作中的缺点、错误，把我们的各项事业推向前进。”⑧ “解放思想必须真正解决问题。我们的思想懒汉不少，讲现成话、空

---

① 《邓小平文选》第 2 卷，人民出版社 1994 年版，第 141 ~ 143 页。
② 《邓小平文选》第 2 卷，人民出版社 1994 年版，第 145 页。
③ 《邓小平文选》第 2 卷，人民出版社 1994 年版，第 141 页。
④ 《邓小平文选》第 2 卷，人民出版社 1994 年版，第 143 页。
⑤ 《邓小平文选》第 2 卷，人民出版社 1994 年版，第 144 页。
⑥ 《邓小平文选》第 2 卷，人民出版社 1994 年版，第 145 页。
⑦ 《邓小平文选》第 2 卷，人民出版社 1994 年版，第 144 页。
⑧ 《邓小平文选》第 2 卷，人民出版社 1994 年版，第 187 页。

话的多。真正仔细地研究新情况、解决新问题、切实地想办法使我们的步伐快一些、使生产力发展快一些，使国民收入增加快一些，把领导工作做得更好一些，这样的同志还不多。”①“我们在强调开展积极的思想斗争的时候，仍然要注意防止‘左’的错误。过去那种简单片面、粗暴过火的所谓批判，以及残酷斗争、无情打击的处理方法，决不能重复……绝不能以偏盖全、草木皆兵，不能以势压人，强词夺理。”②

从马克思、列宁、毛泽东、邓小平的阐述中我们看到他们作为无产阶级领袖所具有的一脉相承的思想观点：欢迎监督，相信人民，提倡民主，主张讲真话、不说假话，要求人民敢于批评，政党要乐于接受批评。邓小平概括说：“实事求是是马克思主义的精髓。”舆论监督的根本精神是：求实、民主、批评和法制。因此，在理论意义上舆论监督应以实事求是作为理论基础。

当代舆论监督所要求的“实事求是”内涵是：

1. 客观真实，坚持科学发展观，不回避矛盾。

过去在“左”的思想影响下，新闻媒介报喜不报忧，新闻宣传假、大、空。不能反映客观真实，从根本上丧失了舆论监督的作用，也割裂了党和政府与群众的联系。顾潜在《中西方新闻传播》中所举的一个例子，很好地说明了舆论监督坚持客观真实、勇于求真务实，主动了解事实解决矛盾，对于社会发展、人类进步的意义：1979 年 3 月 15 日，《人民日报》头版头条在《“三级所有队为基础”应该稳定》的标题下发表了一封读者来信，并加了按语，指责河南洛阳农村当时根据三中全会精神正在推行的“联产到户”责任制，说这样做是从“以队为基础”退回去，动摇了农村“三级所有制”。中央人

① 《邓小平文选》第 2 卷，人民出版社 1994 年版，第 279 页。

② 《邓小平文选》第 3 卷，人民出版社 1993 年版，第 47 页。

民广播电台也播送了这封来信。许多媒体随即出现了批判“大包干，大倒退”的报道和文章，提醒人们注意阶级斗争新动向。一时间宣传阶级斗争的舆论在新闻媒体上占了上风，在农村基层干部和群众中造成很大的思想混乱。但是，此时全国刚刚经历过关于真理标准问题的大讨论，人们的思想认识得到了空前提高，“解放思想”、“实事求是”的真理之光照亮了人们的心田。是从发展农村经济、让农民尽快摆脱贫穷状态，还是从资本主义自发倾向的反扑来看待问题，很快成为争论的焦点。

在这命运转折的关键时刻，中国的官方通讯社新华社走在了引导舆论、呼唤经济改革的前列。新华社的傅上伦等四位记者在总社领导穆青的支持下，于 1980 年 3 月到 9 月，去中国的晋北和陕甘宁地区农村，作了深入采访调查，一社社、一队队、一户户地了解至今人们讳莫如深的问题，了解农民们在解冻之初强烈的愿望和迈出改革第一步的艰难历程。他们的调查成果——“内参报道”，接二连三地发回北京新华总社，总社又及时送进中南海——中国最高决策层——那里。这一系列“内参报道”从各个侧面、各个层次，立体地反映出中国共产党人多少年来为之奋斗、谋幸福的农民兄弟依然一贫如洗的凄苦状况，反映他们为求生存、求发展与地方政府的尖锐冲突。形势之严峻，不仅是党的报刊电台从未报道过，就是省级以上党政领导也极难从下级的内部报告中了解到。毫不夸张地说，这些“内参报道”对于改变中国农民的前途命运，对于推动中国的改革开放，起了不可或缺的作用。其中不少“内参报道”，邓小平、万里等中央领导都作了批示，成为制定政策的可靠依据。

在中国主流媒体的促进下，在中央正确决策的指引下，人们开始取得共识，推动了中国农村深刻的经济改革。此后，有关的经济报道成了中国新闻媒体的主旋律。①

可以试想，如果当时四位记者没有求真的精神，如果当时穆青只为自己的乌纱帽戴得稳一点，如果当时他们也和其他媒体一样关注“阶级斗争新动向”，如果当时他们看到了“农民兄弟依然一贫如洗的凄苦状况”却因为当时那样一种社会氛围而不敢发回“接二连三”的“内参报道”，……那么，中国农村经济会是什么样？中国农民会是什么样？中国的改革步伐会是什么样？

2. 胸怀宽广，完善民主政治，不拒绝批评。

社会主义民主政治下的民主监督，包括党内监督、群众监督、法律监督、行政监督和舆论监督。舆论监督是建设社会主义民主政治的重要内容，又是社会主义政治文明进步的重要标志。我们知道，公民只要需要有组织的社会生活，就需要公共权力。公共权力要发挥作用，就需要构建一个体系完备的、分工细致的政治结构，并有被授权者的公职人员来掌握和使用这种公共权力。公共权力是国家支配社会的强制性力量，而公民则需要公共权力保障其参与政治生活的权利。但是，授权者与被授权者的利益并非在任何情况下都是一致的，而且授权者也不能保证每个被授权者的忠诚。当被授权者的公职人员有可能违背授权者的意志，或公共权力被公职人员的私欲所支配时，除了公共权力系统内相互监督外，舆论监督便作为体制外的约束力发生作用，防止公共权力的异化。舆论监督的现实意义就在于，保证人民当家做主的地位和权利，维护公民权利不受公共权力的侵犯，并依法行使对国家权力的监督。这实际上是体制外权利对权力的监督。

我们的执政党高瞻远瞩、胸襟宽广，坚持马克思主义的批

① 顾潜：《中西方新闻传播：冲突·交融·共存》，复旦大学出版社2003年版，第109页。

评与自我批评的精神，积极提倡舆论监督，并关注舆论监督的法制化建设。江泽民在继承了毛泽东、邓小平的新闻思想基础上，从健全党和国家民主生活，加强民主法制建设的高度，进一步提出了建立健全监督体系，使各种监督相互制约的思想。他曾明确强调："我们的宪法规定，言论、出版自由是中华人民共和国公民的基本权利。广大人民群众享有依法运用新闻工具发表意见、表达自己意志的权利和自由。"① 他在 1992 年十四大报告中强调："强化法律监督机关和行政监督机关的职能，重视传播媒介的舆论监督，逐步完善监督机制，使各国家机关及其工作人员置于有效的监督之下。" 1993 年，党的十四届三中全会通过的决议，又将"发挥法律监督、组织监督、群众监督和舆论监督的作用"列为建立社会主义监督机制和建立有效的权力制约机制的重要内容。党的十五大报告中，江泽民又进一步阐述："我们的权力是人民赋予的，一切干部都是人民的公仆，必须受到人民和法律的监督"，并特别强调"把党内监督、法律监督、群众监督结合起来，发挥舆论监督的作用"。党的十六大报告更加明确地表述为：发展社会主义民主政治，建设社会主义政治文明，必须"加强对权力的制约和监督。建立结构合理、配置科学、程序严密、制约有效的权力运行机制，从决策和执行等环节加强对权力的监督，保证把人民赋予的权力真正用来为人民谋利益"。这种阐述非常符合我国国情和全面建设小康社会的实际，符合人民的愿望，有利于促进社会主义民主政治建设，促进舆论监督的法制化建设。

中宣部常务副部长吉柄宣在全国高校哲学社会科学教学科研骨干研修班上透露，中央近期又制定了关于舆论监督的有关

---

① 江泽民：《关于党的新闻工作的几个问题》，《求是》1990 年第 5 期。

规定：明确了舆论监督的性质、作用、意义，提出了舆论监督的原则和要求，并明确规定各级政府要支持舆论监督，自觉接受舆论监督。他表示说：我们的党是支持舆论监督、欢迎舆论监督的，许多大案要案是我们主办的，中央电视台的《焦点访谈》很受群众欢迎，那个栏目也是我们办的。

这一切说明党和政府是倡导舆论监督的，并为舆论监督创造了良好的社会氛围和运行机制，表明了党和政府的胸襟和信心。事实上，近十年来，我国舆论监督实践十分活跃，深受百姓欢迎，在反对腐败、揭露黑暗、维护正义、健全法制等工作中显示出巨大成效。只是在操作层面，舆论监督仍有阻力，一些地方保护主义，基于狭隘的利益驱动，不欢迎监督，害怕监督、害怕批评，甚至阻挠监督。当然，这毕竟不是主流，且必将在逐步建立健全的法制化过程中予以规范和制衡。同时，还需要在全社会范围内强化舆论监督的法制意识。

3. 信息公开，保障人民的知情权。

舆论监督与满足公众知情权是分不开的。信息公开也是舆论监督。只有信息公开才有可能实现监督。在当代社会转型条件下，市场开放、观念多元、传播渠道通畅，公众的主体意识增强，自己掌握自己的命运选择和观念选择，所以依然用过去那种丧失监督的做法是不对的，也是不可能的。

艾尔波特和波茨曼曾经提出一个计算传闻流量的公式，并分析传闻流量与两个因素有密切关联：一个是所传事实与公众相关程度成正比；另一个是跟这一事实公开的权威渠道所发布信息的充分程度和清晰程度成反比。也就是说，传闻事实与公众的切身利益相关程度越高，传闻的流量越大；越是小道消息，越是政府的权威信息不畅，神秘朦胧，传闻的流量越高。应该说这个分析是准确的，它也从反面告诉我们，政府是信息控制和信息传播的权威力量，政府如果能及时信息公开，就可阻止流言、抵消传闻，从而更好地树立政府形象，更有效地实现舆论引导。典型的例子是，2003 年我国“非典”疫情事件中，前期百姓知情权的丧失所造成的社会恐慌以及疫情扩散，就说明了传媒管制和政府信息管制的局限。事件后期，政府对信息的充分披露，使得整个社会情绪稳定，并形成了众志成城的民族凝聚力，同时也树立了有信心、有魄力的政府形象和威信。

我们的政府是“执政为民”的民主政府，以胡锦涛为总书记的新一代领导集体强调“立党为公，执政为民”，强调“情为民所系、权为民所用、利为民所谋”，强调“必须以最广大人民的根本利益为根本出发点和落脚点”。他说：“相信谁、依靠谁、为了谁，是否始终站在最广大的人民立场上，是区分唯物史观和唯心史观的分水岭，也是判断马克思主义政党的试金石。”“马克思主义政党的理论路线和方针政策，以及全部工作，只有顺民意、谋民利、得民心，才能得到人民群众的支持和拥护，才能永远立于不败之地。”① 胡锦涛以人民利益为根本出发点和落脚点、一切为了人民的观点，深受百姓称赞，表明我们党的利益和人民利益的一致性。

信息公开既意味着对人民民主权利的尊重，对人民知情权的保证，同时也说明党和政府与人民的相互依存与密切联系。信息公开保障人民群众知情权的实现，是维护人民利益的具体体现。从舆论监督的角度来说，只有信息公开才有可能实现舆论监督，要实事求是地开展舆论监督就必须信息公开。

第三节　舆论监督与社会正义的关系

早期的社会公正观念更多地包含了道德因素，有较浓的理想主义色彩，资本主义的社会公正和社会正义观念则以私有制

---

① 胡锦涛：《在“三个代表”重要思想理论研讨班上的讲话》，2003 年 7 月 1 日。

及保护个人财产为基础，实际上侵害了弱小者的社会权利。当代社会主义制度所代表的社会正义则是以实现人的基本权利为基础的公平对待社会全体成员的一种政治准则。因此，社会正义的观念有利于彰显某些不平等的社会现象。舆论监督则是用舆论这一社会规范的力量对社会成员特别是对权力组织的社会行为所施行的评价和约束。舆论监督是最具有广泛性、道义性的监督形式。舆论监督的属性与人类社会发展和完善过程中的总体价值追求是一致的，它对实现人的全面发展和社会的合理构建在目标、理念和实践意义方面都与正义精神有着高度的一致性，因此说，舆论监督是社会正义的象征。批评社会的不平等，追求社会公正，只是舆论监督的一个现实目标，它在根本上是人类为了追求社会均衡、社会发展而设的价值前提。这种前提所要达到的是一种政治、文化和人性的和谐境界，这种境界我们称之为“社会正义”，它是一种理论假设，是一种无限趋于完美的价值向度，它不能完全和永久地实现，但却必须作为人类行为的尺度。舆论监督的意义在于人以这种方式向自己提出了一种为之奋斗的价值向度。

一、社会正义：舆论监督的价值向度

从根本上说，舆论监督的前提是社会的不平等性和权力的越界。

亚里士多德在《政治学》及《尼各马可伦理学》中阐述到：正义是社会性、政治性的品德，是树立社会秩序的基础。正义关系到他人。正义分为两类：一类是分配财富和荣誉，即分配的正义；一类是在交往中提供是非的标准，即纠正的正义。正义是中道、平衡、均等和相称，正义就是把个人应得的给个人。我们知道，社会是由不同的人类群体按照一定的原则、秩序和价值尺度构成的，不同的群体在社会中所得到的权力、地位和利益、义务通常会有显著的差异。某种程度上可以说社会的不平等性总是绝对的，而社会的平等性则总是相对的，比如城市人群相对于农村人群、受过高等教育的人群相对于只受过中等以下教育的人群等在享受社会利益、运用社会权力和提供改造社会的愿望等方面，可能都存在着几乎是先天的不平等。社会的不平等有时是先天性的，有时是制度性的，有时是观念性的，但不管其来源是什么，它所带来的后果则是一致的，这就是机会的不平等和利益的不平等，从而造成了人类社会发展的不平衡，同时也会带来人的精神生长的不健全。

为了修正人们先天的地位不平等所带来的后天发展的不平衡，舆论作为一种文化发展和社会发展的制衡力量，就在此时发挥它的重要作用。

“不平则鸣”是对舆论监督现象的文化属性的一种形象概括，但“不平则鸣”还只是一种“自在”与“自然”的反映，而不是自主的、自发的、自觉的社会文化行为。只有当舆论监督作为社会成员对权力及其代表的秩序结构提出质疑时，舆论监督才获得了现实的必要性。舆论监督就是当社会出现偏失、产生不平衡的时候，代表公众来表达一种倾向性的意见。这种倾向性的意见试图以公众的名义阻止社会出现重大的偏失，使社会尽可能地趋于全面的平衡。

当然，一个潜在的事实是，舆论并不总是“社会”或“全体”的声音。在通常情况下，舆论几乎总是一部分人——一个团体、一种职业、一个民族、一个地域，甚至一个临时性的利益同盟——的声音。然而舆论监督的意义也就在于，它恰恰是通过一部分的声音或对局部利益的关注，起到对社会偏失的校正和提示作用，从而促进社会在整体上更趋于完善。舆论监督的真实地位是，以部分或局部来代表整体，而不是以局部或部分来代替整体。社会的不平等性是舆论监督存在的前提。事实上，社会的不平等有些是先天的，有些是后天的。所谓后天的不平等，很大程度上是来自制度的不平等，即权力的无边界膨胀。

有一种说法是“权力导致腐败，绝对权力绝对腐败”（阿克顿爵士语），即是说，权力必须受到制度的制衡。现代社会的权力，不论出自哪种政治制度和经济制度，大都是经过严格的限定，是不同的社会力量和社会利益坚持、退让和协调的结果。也可以说，现代社会的权力都是处于监督和制约之下的有限权力。但是，权力自身具有扩张性。无论制衡的力量来自何方，权力总是倾向于无边界的膨胀，倾向于突破它最初所受的限定。如从我国舆论监督研究者所作的调查中可以看到，媒介批评曝光的对象及内容最多的是权力组织和权力者贪污腐败、滥用行政权力、执法犯法等问题。

权力的越界和无限膨胀必然会导致社会更大的和更深刻的不平等。在这种时候，舆论监督就自然地上升为社会公共意志的代表，成为权力的边界了。

事实上，舆论监督所追求的第一个目标是社会公正，即平等——出发点的平等、机会的平等和表达的平等。舆论监督的现实功能，也就是代表公众表达对社会公正的愿望。

社会公正是人类在历史发展过程中孜孜以求的愿望，只是在奴隶社会和封建社会公众没有相应的社会权利，哪怕仅仅是理论上的权利都不具备，所以，社会公正很难进入公众的话题。只是到了近现代社会，出现了君主立宪制、议会民主制和社会主义制度等政治文化体制之后，以平民百姓为事实主体的公众才有了理论上平等的权利、地位。也只有在这之后，公众才具备了追求社会公正的现实资格。在社会主义体制下，公民有充分的言论自由，普通的社会成员或社会弱势群体如果发现或感觉到社会存在不平等、不公正，他们可以通过有效的方式把自己的意见表达出来，以形成舆论的力量，促使社会在相应的方面、相应的环节上作出调整。舆论监督就是把个人或某种群体的感受、观点和意愿，转化为社会舆论，以社会舆论作为公众意志的载体，对现有的社会权力提出某种限定，从而推动社会向“公正”的方向调整。如引起全社会关注的孙志刚案件，最初是记者出于正义感介入此事，首先在新闻媒体曝光，把信息传播给社会公众，随之引起了广泛的社会舆论，于是有三位法学博士以“中国公民”的名义向全国人大常委会法制工作委员会上书，建议对《城市流浪人口收容遣送办法》进行违宪检查；有五位法律专家联合上书，提请对收容遣送制度启动特别调查；还有互联网上众多公民对制度的反思、对争取宪法权利的呼唤，由此形成了强大的社会舆论压力。这样，媒介的影响力加上现实社会舆论的监督力，孙志刚案件最后终于得以解决并在中国社会引起了一系列相关制度的反思和一系列相关政策的调整，充分体现了舆论监督追求社会公正的实践意义。

批评社会的不平等，追求社会公正，只是舆论监督的一个现实目标，它在根本上是人类为了追求社会均衡、社会发展而设的价值前提。这种前提所要达到的是一种政治、文化和人性的和谐境界，这种境界我们称之为“社会正义”。事实上，它是一种理论假设，是一种无限趋向于完美的价值向度。它不能完全和永久地实现，但却必须作为人类行为的尺度。

有学者说：“正义所提示的是一种自然秩序，而社会的秩序由法治来规定。正义最初的含义就是指宇宙中单一的秩序。”① 那么，什么是“自然秩序”或“宇宙中单一的秩序”呢？就是和谐，是世间万物之间关系的协调。把自然之中的正义精神引入人类的社会生活，那就是合理，即合乎人性。具体而言，正义表示人与人、人与社会之间关系的一种理想目标和价值准则，即“人与人之间利益关系的合理化、人的权利和义务的对应化、人的付出和获取的对称化、人对效率与公平的

---

① 李风圣：《公平还要兼顾吗》，《读书》2003 年第 5 期，第 47 页。

正当需求和满足的刚性化”，它“侧重于制度、秩序、法则、权力、整体的角度来把握人的行为选择的合理性和正当性，无论人们道德境界高下都必须服从正义的要求”①。可以说，正义之于个人是德性之善，正义之于社会是制度之美。舆论监督对实现人的全面发展和社会的合理发展在目标、理念和实践意义方面都与正义精神有着高度的一致性。社会正义观念多是从政治学、经济学的角度考察，以政治和法律为手段的社会秩序是承认“社会公正”这个价值尺度的。更早以血缘、亲情和道德为链条的社会秩序也在一定程度上接受“社会正义”的观念。但不管是在现代社会还是在传统社会，人们对社会公正的追求都包含着太多的私欲：权力组织担心权力被弱化，强势群体不愿意把既得利益拿出来与人共享，而小团体或边缘人群则渴望在社会的变革过程中得到特殊的关照。由于每一个人、每一层次的人都有各自的特殊利益，于是在面对社会整体的发展平衡时，所谓的社会公正就加上了浓重的现实功利色彩。舆论监督在实践中努力追求的正是让公众在观念上跳出现实功利的追逐，把社会公正作为全社会都应当坚守的价值前提，从而使人们获得一种超越的眼光和一种开放的姿态，能学会从人类整体利益和人类与自然界和谐相处的愿望出发，去谋求或塑造我们所追寻的社会正义的境界。在追求这种境界的过程中，人们当然会依靠法律、政治和经济乃至科技的工具，但这些工具的运用在人的理性层面将不再是社会发展和人类发展的本质性目标。人的发展将是人性的完善和精神的生长，而社会的发展就是为了使人与人更加和谐地相处，人与自然更加和谐地相处。从这个意义上说，社会正义是一种文化的状态和精神的

① 刘可风：《略论经济正义》，《马克思主义与现实》2002 年第 4 期。

秩序。

这种界定和描述通常与政治学、经济学或哲学的观点会有所不同。这是因为以往的论述多侧重于社会正义的法律地位和道德地位，而这里则更多地关注了社会正义的精神地位。因此，我们要强调说，社会正义是一种引导人类生活和谐化、完美化的价值向度。

回到现实生活的层面来看，由于人性本身的弱点和社会结构的弱点，以及社会发展的不平衡，人们所追求的地位平等、社会公正和社会正义，随时都面临着主观的障碍和客观的干扰。这些来自不同层面的干扰，使人类自我完善的努力充满曲折，备加艰难。从世界与人类整体的角度看，有国家之间的利益冲突，有种族与民族的冲突，有宗教观念的冲突，有社会政治制度的冲突，也有地区性和国际性组织间的冲突。从一个国家内部看，则有党派、阶级、阶层、地区、民族、社会行业甚至男女性别之间的冲突。这些冲突无论程度如何，都源于对现有社会不平等的强烈否定。这时，就凸显出舆论监督的特殊价值。

比如 1976 年清明节北京天安门广场的群众性运动，就是社会舆论对持续十年的社会发展方向的迷茫和价值观迷失的一次强力纠正。而 2003 年春天世界各地爆发的大规模反对美国单方面发动对伊拉克战争的游行，也是舆论为保持人类良知而做的自我规范。

就事论事地看，有时舆论监督所起的作用似乎只是提醒社会管理者关注某件事或某一社会现象，这种作用有时显得过于琐碎，所以社会管理者也常常把它看得若有若无，甚至排斥、拒绝。在乔云霞教授主持的“对安徽省媒介从业人员和受众对新闻舆论监督认知状况的调查分析”中有这样的数据：

从业人员在搞批评报道的过程中遇到的阻力来自（选项不限）①

阻　力	上级部门领导	本单位领导	当地领导	当地不明真相的群众	其他
从业人员	51.5 %	22.7%	50 %	10.6 %	12.1 %

从业人员认为批评报道难搞的原因是（选项不限）

难搞原因	缺乏法律保护	地方保护主义	被批评者纠缠不休	本单位领导不支持	考虑媒介经济利益	裙带关系	其他
从业人员	43.9%	59.1%	30.3%	27.2%	15.2%	34.8 %	10.6%

从学者的社会调查中表明：媒介从业人员在进行批评报道时遇到的阻力主要来自上级部门的领导和当地领导，他们认为监督会影响政绩、影响稳定。其实，如果把舆论监督看作一种连续的人类行为和人类精神生长的一种文化策略，我们就会认识到，舆论监督不仅是现实政治行为，它也是人类自我完善的文化行为。作为公众、社会和人类整体利益的代表，舆论监督总是在现实的层面，通过对细节和局部的强调，来推动和促进社会的整体协调。通过对具体人、具体事、具体现象的价值评价，来协调和规范社会发展的方向。从这个角度来说，管理者不应该阻碍和排斥舆论监督，而应该欢迎和支持舆论监督，我们应该在全社会张扬社会正义的观念，正确理解社会心理承受力和社会稳定问题，让正义观念深入人心。

从社会公正到社会正义，舆论监督的意义并不在于告诉某位权力者或某个权力部门如何行事，而在于人以这种方式向自己提出了一种需要为之奋斗的价值向度。

---

① 转引自孙旭培、刘丹《从五个量化研究看加强舆论监督的必要性》，《新闻与传播》2003 年第 9 期。

二、舆论监督：正义共识的途径

共识是“一个用来表示社会与文化经由彼此认同（agreement）特别是那些集体层面的认同而形成的一致性。这种一致性是处于种种社会群体以及作为一个整体的广大社会中的人们通过论辩、努力与协商而形成的”。① 当代社会是一个多元社会，不同阶层、群体、个体有不同的利益要求和观念差异，表现出鲜明的个体特征。世界文化相互交融，西方文化的渗透造成话语侵略，传统逐渐消失或逐渐削弱。价值观念多元：提倡理想主义、爱国主义，但拜金主义、功利思想普遍存在；强调集体主义，团结友爱，但个人主义异常突出，英雄主义成为稀有。经济全球一体化给人们带来财富的同时也带来了理想信念的扭曲：追求豪华、追求享乐；权力者利欲膨胀，腐败滋生、蔓延；道德缺失，“我在马路边捡到一分钱，把它交到警察叔叔手里边”的歌声已经成为遥远的历史，捡了别人的钱要拿回扣，无偿归还失主的人就成了模范还要上电视。政治民主化、公民权利意识增强，这是市场经济带来的必然结果，个性突出，追求个性化个人化的理所当然，这一切使得人们的理想缺乏、价值观念功利、自我，传统集体主义、舍己为人的崇高品质在某种程度上成为神话。市场经济、多元社会造成个体意志和私欲的强化和突出，但社会发展需要有共同的价值目标、共同的理想选择和美好的正义追求，必须要建立正义共识。

哈贝马斯说：社会一体化“要通过价值和规范来保障某种社会生活世界的统一”。而舆论是推动文化、传播价值观最直接、最广泛、最有效的途径。如果说坚持马克思主义的科学发展观，努力实现“小康”水平，构建社会主义和谐社会是

① ［美］约翰·费斯克等编撰，李彬译：《关键概念·传播与文化研究词典》，新华出版社2004年版，第55页。

我们的正义共识的话，那么这种共识需要全社会多方面的努力，其中文化的推动、价值观的传播起着重要作用。舆论监督总是在具体的现实的层面纠正偏差、敦促理想的实现、维护社会正义，是价值传播的重要手段；它在实践的过程中揭露黑暗、鞭挞丑恶、高扬正义；它在实践的意义上告诉人们什么是对的、什么是错的、什么是需要传承的、什么是必须遏制的；它在实践的过程中使信息的传播、价值的传播集合为社会共识。记得有一位智者曾经说过："任何工具完成了它的用途以后就不再有用，而价值观却永远召唤我们攀登一个又一个高峰。"舆论监督不是工具性的，在文明冲突与文明共存中它起着重要的价值指导作用 。

我们的社会需要普及正义观念，多元社会的一体化、整体化要求，依赖于正义共识的生成。多元社会一旦形成正义共识，就能凝聚民心，振奋民族精神，确立社会价值标准和审视现实社会生活的价值尺度，从而有利于统一思想、协调行动，建立一元的价值导向，从而建立起多元共处的和谐社会。舆论监督是建立正义共识的有效途径。

三、舆论监督：社会正义的践行方式

社会正义从根本上说是人类社会理想的价值选择或价值追求，是人类社会制度建设的精神指向。当前中国社会正义的价值目标是构建社会主义和谐社会，即全体人民各尽其能、各得其所而又和谐相处的社会，它集中反映了中华民族各个群体意愿的价值取向，是当前社会正义的最高体现。但是和谐是建立在差异的基础上的，差异性和多样性是和谐的前提。随着改革开放和市场经济体制的逐步确立，社会经济成分、组织形式、就业方式、利益关系和分配方式日益多样化，社会阶级、阶层结构也正在发生着新的变化。这一切所带来的必然是价值取向的多样化。应该看到的是我国市场经济的历史不长，适应市场

经济的机制还不够完善，我们的许多观念是在计划经济体制下形成的，根深蒂固，这就不可避免地与原有的计划体制产生摩擦，出现社会不稳定、不和谐因素，其中有观念的摩擦与不和谐、有利益的摩擦与不和谐，如西方社会充分发扬了优秀的、积极的个人主义，同时有长期形成的相当完善的配套机制来制衡丑的、恶的个人主义。而我们一直是强调集体主义的，集体主义是好的、对的，但市场经济又是鼓励个人主义的，那么在市场经济条件下这种观念的冲突就成为一种必然。另外城乡差距、地区差距 、贫富差距都表现出越来越鲜明的利益分化和矛盾。我国公民在权利与义务的分配中缺少公平，弱势群体得不到优势资源，在政治、经济、文化等社会各个领域的地位较低，话语权缺失，没有与强势群体博弈的能力，不能与强势群体共同享受改革的成果。相反，某些强势群体则因所处的行业、地域、职位优势占有了更多的经济、政治、文化的优势资源。体制不完善就必然为腐败留下空间、机遇和条件。某些人借改革之机，滥用公共权力，为个人或小团体谋取不正当的利益。因此，构建社会主义和谐社会，要协调好社会个阶层间的利益关系，逐步建立起与社会主义市场经济体制相匹配的社会利益均衡机制。在这个过程中，实现社会公平、公正，追求社会正义自然成为构建社会主义和谐社会的首要选择。

舆论监督具有公开性、广泛性、评价性特征。

所谓舆论监督的公开性，即在民主化的体制下，公共决策、政府管理以及社会运行状态都在公众舆论的监督之下，犹如古希腊的阿耳戈斯神。阿耳戈斯神有一百只眼睛，不管什么时候都有一些睁着，即使夜间睡觉也有明亮的眼睛注视着。舆论监督就像希腊神话里阿耳戈斯的眼睛，随时都会关注那些违背社会准则、违背人类道德原则的任何丑陋的人和事，关注社会和谐发展中一切不和谐行为。

所谓舆论监督的广泛性，是说舆论是信息传播的途径，具有传播面广、传播速度快的特征，加上舆论监督是自下而上的公众监督，具有广泛的群众基础，舆论的背后潜藏着、反映着社会运行方向的价值尺度，所以能够形成广泛的舆论场、代表公民意志。

所谓舆论监督的评价性，是说舆论是公众言论，舆论监督是公众对现实生活中的失衡与矛盾、公共权力的越界、腐败、违法行为等的舆论评价。舆论监督的力量就在于把违背公意、违背正义共识的言行公之于众，引起社会舆论的共鸣，产生众意沸腾的社会影响，形成强大的舆论威力，对违背正义原则的监督对象造成舆论压力，从而使评价对象（无论是权力个人还是权力组织）及时调整自己的言行，使之符合社会的正义规范。

舆论监督是现代社会的产物，是基于现代化的民主理念。舆论监督的特性决定了它是影响社会政治、经济、文化运行的关键力量，舆论监督与舆论控制相互作用必将对一个国家的政权、制度、长治久安产生深刻的影响。从舆论控制的角度来说，要营造有利于社会和谐发展的舆论环境，影响舆论，提供构建和谐社会强有力的舆论支持；从舆论监督的角度，要用舆论的力量监督腐败，制衡权力扩张，化解社会矛盾，解决利益冲突。

哈贝马斯曾经提出一个“公共领域”理论，认为大众传媒是公共领域的重要组成部分和内在机制，它既是报道公共事物和公共政策的信息平台，又是人们自由发表对公共事物批评和评价的舆论平台。大众传媒的报道应该是公共讨论和批判的热点话题，它为公众批评与监督提供了材料，为公共舆论的形成奠定了基础。因此，大众传媒承担着对公众利益自始至终的关注和守候的任务。虽然我们说这是哈贝马斯关于大众传媒的“理想范式”，但是，从我国目前构建社会主义和谐社会的正义目标这个意义来说，我们确实需要建立这样的“理想范式”。事实上我国目前在某种程度上正在形成着这样的“范式”，一方面国家领导人高度重视和支持舆论监督；另一方面公民意识增强，积极参与舆论监督。2004年“两会”期间，温家宝总理以“知屋漏者在宇下，知政失者在草野”的古语来表达对媒体问责政府和党政官员的支持，对舆论监督的肯定。党的十六届四中全会提出拓宽和健全监督渠道，把权力运行置于有效的制约和监督之下。中共中央2004年颁布实施了《党内监督条例》，首次将舆论监督列为十种监督制度之一，条例对各级党组织和领导干部提出了明确要求：一要重视和支持舆论监督；二要自觉和主动听取来自新闻媒体的意见；三要根据舆论监督的要求，推动和改进各项工作。执政党如此主动地开展舆论监督是自我完善的有效手段，也是民主执政的基本保证，同时也是建立“公共领域”的有利条件。社会正义远不仅是反腐败，它是社会发展的理想选择，需要全体公民共同参与，舆论监督是实现社会正义的践行方式。

第二章
舆论监督与传统价值观念的冲突

中华民族有着悠久的历史并创造了辉煌灿烂的民族文化，中国文化是人类文化中的瑰宝。中国文化即包括传统文化，也包括近代文化与现代文化。而中国传统文化是一笔丰厚的历史遗产，作为世代相传的思维方式、价值观念、行为准则、风俗习惯，具有强大的遗传性和渗透力，制约着现今中国人的行为方式和思想方式，中国传统文化中，既有它的精华，又有其糟粕，是一个多元而复杂的结构。传统文化在历史的流变过程中不断发生分化，其精华部分逐渐为时代、为人类所认同而传承下来发扬光大，其糟粕部分也在历史的流进中逐步被认识、被淘汰，中国传统文化为开创今天中国的新文化、现代文化提供了历史的基础和客观依据。

价值观是文化的核心内容，传统价值观是中国传统文化的一部分。其优秀的传统价值观已经作为文化传统成为国家的和民族的精神，深深地影响着这个民族的心理结构、思维方式、生活习俗和道德情操。但随着社会的变革，随着我国现代化步伐的加速，某些传统价值观念已经不能适应社会发展的新变化，甚至成为现代化发展的障碍。正如亨廷顿所言："新世界的冲突的根源主要的将不是意识形态上或经济上的，人类的巨大分化以及冲突的支配性根源将是文化上的。"① 马敏在其《中国文化概论》中将中国文化的基本特征归纳为："（一）重

---

① 亨廷顿：《文明的冲突》，见香港《二十一世纪》1993年10月号。

人道，轻天道思想传统；（二）重礼治，轻法治的政治传统；（三）重群体，轻个体的伦理传统；（四）重直觉感悟，轻理性思维的认知传统。”① 这些传统中有其积极意义的一面，但同时也有消极的一面，甚至有给中国社会带来制约性影响的一面。其消极面已经构成中国传统文化与现代文化的冲突。

舆论监督是一种现代观念，是现代社会政治的产物。舆论监督所提倡、所强调的公正观念、平等观念、法制观念等，一定程度上必然与中国传统价值观念产生对立和冲突。因此，舆论监督的实施将在文化的层面上，在实践的环节上，以惩治腐败和丑恶、张扬美好与正义的姿态，维护执政党的地位，维护人民利益，推动社会进步。

第一节 关于中国传统价值观

一、天地君亲师

什么是中国传统价值观？这是一个很大的话题。而对应于我们所关注的舆论监督这个话题而言，则可以大大地简化，那就是“天地君亲师”。“天地君亲师”是中国传统价值观的一个核心，是传统价值体系的出发点，而这个出发点的背后则是一个伦理化了的自然秩序。

天地君亲师，这是中国人心中最尊贵的一种存在。为什么这样说呢?《史记·礼书》中有一段话可以作为解释：“天地者，生之本也；先祖者，类之本也；君师者，治之本也。无天地恶生？无先祖恶出？无君师恶治？三者偏亡，则无安人。故礼，上事天，下事地，尊先祖而隆君师，是礼之三本也。”

没有天地，就没有生命，没有自然万物，也就没有人类社

① 马敏：《中国文化概论》，华中师范大学出版社 2003 年版。

会；没有祖先，就没有后代；没有家族，也就没有具体的你我；没有君师呢？就没有人管理这个社会，没有人传授礼仪、文化，也就没有我们所见到的这种组织严密、为人类提供有效的生存保障和充分的文化经验的社会。所以，天地君亲师乃是使我们每个人成为“人”而不仅仅是一个有知觉的动物的先决条件。所以，旧时中国家庭的正厅里，几乎都供奉着写有“天地君亲师”几个大字的牌位。

读过中国古典名著《西游记》的人，可能会记得这样一个细节：唐僧师徒来到万寿山五庄观镇元大仙的清居之所，爱惹事的孙悟空首先看到一件不合理的事，原来这个道观里没有供奉“天地君亲师”，而是清清爽爽地供着两个大字：“天地。”孙悟空因此嘲笑这里的“道士”太狂妄自大，怎么竟把自己看得比帝王还尊贵！而那仙童却冷嘲热讽地笑孙悟空有眼无珠，说供奉“天地”两个字还是师父谦虚呢，因为我师父自己就是“地仙之祖”！言外之意也是告诉孙悟空：你还不配说三道四！这段故事说明，这种观念至少在《西游记》成书的明代已经是家喻户晓的常识了。

正像《史记》那段话所揭示的，“天地君亲师”这个词组既表示了中国人对自然事物和自然秩序的直观认识，又表示着中国人对现实社会政治结构的认可。按照“天地君亲师”所包含的内容来说，这个世界的秩序有三种层次：天，代表自然的秩序；帝王，代表社会政治秩序；父，代表家庭秩序。三者共生共补，异构同质。中国人必须在这三者的平衡协调中完成自己的人生价值。这就导致了伦理化的自然秩序的出现，导致了自然规律的道德化、人格化的“天人和德”观念的出现，也就形成了从家走向社会、从父亲的儿子变成君王的子民，即社会的特定角色的“修身、齐家、治国、平天下”的规范化的人生道路。

从历史的发展顺序来说，中国人的秩序观念发端于早期的自然崇拜，而完成于现代社会的典型崇拜。这其中从自然秩序观念向伦理化的自然秩序的观念转换，完成于夏、商、周三代，成熟于汉代。这种伦理化的自然秩序的基本标志是，以帝王为中心，以家庭为基础，以礼为向导，以天地君亲为象征，以模式化的秩序崇拜为归宿。① 我们通常所说的"家长制"，其实就是这种观念秩序的具体体现。它是以"父为子纲"的伦理关系，固化着"一家之长"的传统观念。这种观念与现代社会的平等观念、民主观念、法制观念是格格不入的。也就是说，中国传统的"天地君亲师"的观念与现代社会提倡人人生而平等的观念是相冲突的。

二、在人群中做人

中国传统社会是以群体形态而存在的，在这种社会结构中，个人总是群体中的一分子，所以，个人的成功与失败，个人的价值与理想，都附属于他所生活的那个群体。中国人一直是在人群中做人。人类学家费孝通曾经用一圈一圈的水波纹的形态来比喻中国传统的人际关系，意思是说我们每个人都生活在大大小小的人圆圈里面。②

在中国传统的社会结构中，在宗法观念下，人们生活在从"家"到"国"的圆圈里，"君为臣纲、父为子纲、夫为妻纲"层层统属，所以，个人在本质上只是国家的附属品。在"天地君亲师"的伦理结构中，人们最看重的品质是"忠信孝悌，礼义廉耻"。中国人最核心的人格理想是"忠君报国"。

由于封建制度下价值观的层次是自上而下的，一个人首先要忠于皇帝，"学成文武艺，货与帝王家"；其次才是光宗耀

---

① 参阅曾凡著《中国人的人生之道》第 3 章，河南人民出版社 1992 年版。

② 参见费孝通《乡土中国》，三联书店 1985 年版。

祖；最后才是当事者个人得到家庭、家族、乡邻的肯定。所以，在抽象的“国家”背后，人其实只是皇帝的附属品。

中国传统的以群体为中心的价值观深刻地影响了当代中国人的生活。在“文革”十年乃至更长一段时期，以群体为中心的价值观被强调到无以复加的地步。“灵魂深处爆发革命”、“斗私批修”“狠斗私心一闪念”等等，个体的存在已经完全消失，于是，个人不但在政治结构中失去相应的地位，而且从精神心理的层面被彻底清除。个人权利和个人意志被排除在正常的思维和正常的行为之外。

在这种文化氛围和精神背景下，舆论监督显然是毫无必要的。因为，社会是以混沌的整体状态存在的，社会的利益区分和古代一样是自上而下一圈一圈的水波纹形态。那么，下层是上层的附庸，个人是集体的附庸，没有监督的主体，也没有被监督的客体。所谓的舆论监督为何而存在呢？人们常说，1957年的反右派斗争和后来的“文化大革命”，是因为极左路线，是因为毛泽东个人的思想方法错误造成的。但是，试想，如果在那时候我们有健全的政治平衡、文化平衡等方面的制约机制，有舆论监督的意识观念，有独立个体的生存意识和文化自主意识，我们是否能看到不同的文化景观呢？

只有到了中国共产党的十一届三中全会以后，社会改革引出思想改革的风潮，政治改革引出民主的观念，加之以后更为深广的思想文化领域的开放，中国人才进入到“现代化”的过程中，成为一种真正意义上的当代人。当我们今天畅谈舆论监督、畅谈文化多元化等概念的时候，我们应该欣喜地看到，其实我们已经跨越了一段长长的历史。如今党和政府以开放的胸襟、睿智的远见提出“以人为本”的科学发展观，提出“情为民所系，权为民所用、利为民所谋”的执政思想，提出以法治国的执政方略，带领中国人民构建民主、公正、友爱的社会主义和谐社会，只有在这个意义上，在这个前提下，舆论监督才成为可能。

第二节　官本位与人本位

官本位是一种诞生在封建制度的思想观念，是与现代文明相悖的封建意识，其特征就是人们把“官”作为价值判断的标准，把“官”作为个人职业的最优选择，甚至把“官”的级别、大小作为衡量一个人社会价值的标准或尺度。随着社会改革和文化改革的深入，现代的民主观念、“人本”思想得到普及，因此，在社会现代化的进程中，在官本位的弊端和危害越来越凸显、越来越为人们所摈弃的当代社会，舆论监督则在文化的意义上成为社会发展的平衡机制。

一、官本位的存在

官本位形成于封建社会官员特权制度和社会等级制度，特权制度造成了特殊的利益导向，社会等级制则造成“为官则富”、“为官则贵”、“贵官贱民”的思想意识。在生活和社会管理运行中则表现出“为官独尊”的现象。当然“官本位”在一定历史时期作为激励机制有所偏重是符合事物发展规律的，但是，必须与生产力发展和社会的历史进程相适应。当现代社会形成文化多元化、价值多元化、利益诉求多元化、社会制度民主化、制度建设法制化的开放趋势时，官本位必然成为阻碍社会发展进步的不利因素，它以文化的形态渗透于现代生活的各个方面。

让我们先来看一篇新闻报道：

“民告官”，“官”就缺席

陈　芳

据新华社北京3月10日电　“只要是政府成了被告，

法庭的被告席上就常常不见人影，空空荡荡，法院很多时候只能缺席审判。”谈起在“民告官”案件审理过程中，“官”拒绝出庭的怪现象，出席“两会”的法律界全国人大代表说，“缺席审判并不影响法律效力，但却反映了我们一些地方政府和领导对法律的错误态度”。

据统计，人民法院5年来共审结行政案件近50万件，已受理的行政案件几乎涉及所有行政管理领域。一个常见的现象是，这些“特殊”被告常常不出庭。东部某市曾有一个统计，在全国2000多件“民告官”的案件中，无一名行政长官出庭。

全国人大代表赵仕杰说：“政府消极应诉的原因是，认为我是代表人民的政府，政府机关不可能做错事，做错事也不应该用这种方式对待。这是一种观念问题。”

全国人大代表公丕祥认为，长期以来，一些政府干部认为官与民的关系就是官管民、官为民，思想上很难接受被推上被告席的现实，觉得“民告官”破坏了自己的声誉，降低了政府的威信。我国已经加入世贸组织，无论是政府还是公民，都将面临更加刚性的行为规则。如果还是一味地靠“缺席”来保“面子”、护“威严”，对法律的广泛推行和国家的民主法制化进程都不利。

据介绍，近年来，各地披露的政府败诉事件越来越多，但这类审判结果执行起来往往难度较大，不少“被告”利用政府的职权与法律周旋，个别人甚至动用手中的权力打击报复原告，不但使许多“判决”不了了之，也让老百姓对法律失去了信心。

赵仕杰代表说，这说明政府机关的行政行为亟待进一步规范，同时也表明法院有能力通过行政审判保护公民的合法权益。

（《大河报》2003年3月11日）

这是第十届全国人民代表大会上代表们的意见。用这篇随手拈来的报道作为例证，只是想说明官本位思想的普遍性和顽固性。

官本位在当代中国仍然比较普遍地存在，尤其在基层地方政府或机关，这种存在不仅体现在制度层面，比如下级只对上级负责而不对公众负责，对干部的任免只听直接领导人的意见而不听公众的意见，对重要的思想问题、学术问题、技术问题、法律问题和文化问题的争议，领导永远有一票否决权等等，更重要的体现在文化层面，成为整个社会价值观的一部分，成为一种民族的心理积淀，这才是令人尴尬的现实。

官本位之所以至今仍对中国人的生活产生如此普遍如此深刻的影响，是因为它作为一种具体的社会运行机制，甚至作为社会评价体系，没有真正退出过中国人的生活。

在两千年的封建时代里，“普天之下，莫非王土；率土之滨，莫非王臣”，皇帝是老百姓的“天”，皇帝派出的官员则是老百姓的“父母官”，科举考试也是鼓励人们“学而优则仕”，整个社会评价体系都以当官为尊、当官为荣。

中华人民共和国成立之后，我们首先提出了“人民当家做主”的口号，提倡工农联盟，强调人民是社会的主人的观念，后来又提出“工人阶级领导一切”、“农民是无产阶级的同盟军”的口号，强化社会主义国家人民的中心地位。这些思想和措施确实具有观念上的革命意义，使中国人对政治的热情空前地高涨起来，也显示出党和人民血肉相连的密切关系。但是在相当长的一段时期里，口号和政策的提出，只是告诉人们“当家做主”了，但并没有从制度和法律的层面规定每一个人和“人民”的具体权利。所以，在真正的政治生活中，人民只是一个概念，而不是一种有实际意义的存在，因此现实生活中才有“我是为人民服务的，但不是为你服务的”这种典型的逻辑悖论。

二、官本位的当代形式

官本位本来是封建政治的产物，是古代“天地君亲师”社会结构的产物。但是，不可否认，由于历史的积淀和惯性渗透，有着几千年封建文化背景的官本位观念，仍然对中国人的精神生活、文化生活和政治生活产生着深刻的影响。

经过简单地梳理，我们认为官本位的当代形式，主要有下列几种：

1. 长官意志。

这是在现实中表现最广泛的一种官本位现象。比如，一个官员想要政绩，说在这里修一个广场，建一座雕塑，于是立刻就有了广场、有了雕塑。至于花了多少钱，扒了多少民房，对这个官员来说，那是无所谓的。一座在建的公路或桥梁或大楼，遇到某官员一激动，说一定要在某月某日竣工，于是，一切都以这个日期为标尺，到了日期必定请这个官员来剪彩。至于工程是否真的完工，是否偷工减料，是否造成了设计或施工漏洞，也是无所谓的。甚至一个乡镇、一个县区、一个大城市的发展规划，也搞一朝天子一朝臣，一个领导上任就搞一个新规划，三年以后换一个领导就立刻换一个规划。几百万、几千万、几亿、几十亿的资金就这样一次又一次地随着长官意志变成了图纸上的春梦。但因为我们的社会在发展过程中许多机制还有待完善，在过去的历史中还缺少公民意识，缺少民主意识，缺少代表民主与民意的舆论监督，缺少党和政府内的自我监督机制，所以这种泛滥着浓厚的封建气息的长官意志就得不到有效的制约。对于这类现象，人们似乎已经司空见惯，习焉不察了。但这种忽略或无奈并不意味着这类现象就是正常的、合理的，我们应该看到它的荒诞、它的危害。

2. 清官政治。

清官政治，就是在现实生活中人们对于官员权力的依赖。

中国古代有一个“包青天”，他刚正不阿，敢斗权贵，老百姓有了冤屈总能在他那里得到公正的判决。在当代社会则出现了人们相信和依赖官员个人的权力而不相信法律和政策的现象。比如打官司，如果长久得不到公正的判决，那么没有人寄希望于法律条文和公检法司法机关，相反，人们宁愿旅途劳顿甚至受尽白眼，也要到县委、市委、省委，甚至党中央、国务院去“告状”、“上访”。因为人们都坚信，在法院那里得不到的公道，一定会在上级官员那里得到。因为人们不止一次地看到听到，不管是多么曲折艰难的案子，哪怕是三年五年三十年五十年的案子，只要有一位掌握了足够权力的官员发话了，那么这件千古奇冤总还是有可能得到最终解决的。

所以，仍然是现实生活教会老百姓宁愿相信清官政治而不愿相信法治，不愿相信民主政治。我们都知道，中央电视台《焦点访谈》栏目是一个非常优秀、深受百姓欢迎的舆论监督专栏，在《焦点访谈》中人们看到了媒体的力量，被百姓视为“权力”，百姓感受到的是《焦点访谈》代表着政府、代表着权力和权威。因此，百姓一旦有冤，就在《焦点访谈》门前排起长长的队伍，等待着《焦点访谈》来解决问题。人们似乎忘记了《焦点访谈》只是一个传播媒介，他们应该到的地方是法院、检察院。其实，从根本上来说，这还是传统观念中的“唯官”意识或清官政治思维在做怪。

3. 奖励官员化。

这个说法有点绕口，我们这里想指出的是这样一种现象，即把做官当作奖品或荣誉奖励给某些人。这种现象最早是用在劳动模范或其他类似的先进工作者身上的。比如你是个技术能手、养猪专业户、模范护士、优秀售货员，那么用不了多久，你就可能成了科长、主任、人大代表、党委副书记之类。这个官职，和奖状、大红花是一个性质的，那只是对你的表彰，是对你以前的劳动的一个鼓励而已。

这种让劳模当官的做法主要流行于20世纪90年代之前。到了90年代之后，则又相继出现了企业家当官、学者当官和博士当官几种新型奖励模式。

改革开放之后，许多企业家发财致富，成为当地经济发展的强劲支柱。于是，为了表彰或感谢这些人对经济的贡献，鼓励他们继续好好干，就发给他们一个政协常委、政协副主席或某局副局长、某委员会副主任的官帽戴戴。有个别纳税大户，因为决定着财政局的钱包大小，所以也有可能直接被任命为副县长、副区长、副市长等职务。

随着新世纪信息化、知识化潮流的扩散，学者官员化、博士官员化也在这两年成为时尚。于是，在很多时候，当官成了对各种特殊人才的奖励。

通过上面所举官本位的当代形式的若干种例证可以看到，在当代中国人的价值判断、价值选择过程中，官本位依然居于价值链的核心地位。由此也可以看到，调整我们的价值判断体系，提高全民的平等意识、公民意识和民主意识是非常迫切和必要的。由此也可以看到，中共中央提出“执政为民，立党为公”的理念，是具有时代性、具有现实针对性的。

三、人本主义与公民意识

随着社会改革和文化改革的深入，一种“人本主义”的观念在本世纪之初开始进入中国人的视野。实际上，早在辛亥革命、五四运动和20世纪80年代的文化启蒙运动中，人本主义思想就已经被中国知识界、学术界作为强有力的思想文化的武器。

随着中国改革的深入，人们愈来愈认识到社会和谐的重要性，认识到依法治国、以人为本思想的积极能量。于是，不仅在政治、文化领域，而且在经济、科学和技术领域，一切“以人为本”也成为一种最具影响力的思想共识。“科学发展观”、“可持续发展”被作为国家、政府或地区性发展规划的指导思想；关注弱势人群，关注农民工，关注贫富差距在近两年成为舆论和官员最常提起的话题。在同样思想的指导下，一向以管理、监督和改造犯人为天职的监狱，自2004年起，陆续出现了给犯人发工资、为犯人安排夫妻客房、为犯人在监区修建购物超市、让犯人回居民社区接受监督改造等措施。而这些措施的出现，所依据的都是“以人为本”的思想。

这些新气象的出现，正是中国社会改革过程中逐渐增长的公民意识、民主意识的产物。

随着改革的深入，社会各个阶层和利益群体愈益发觉自身利益的特殊性，于是就愈加自觉主动地寻求自身利益。这种寻求自身利益的过程，一方面孕育和培养了人们对个人和团体利益的关注；另一方面则培养了人们脱离官本位的政治思维，开始有意识地关注社会各部分各阶层各利益群体的平衡发展，和谐共处。这种关注表现在文化层面，就是对人的主体性的肯定，对个人在社会中的地位、价值、权利和义务的肯定。随着“个人”从笼统的“人民”概念中日渐清晰、日渐独立，中国民众和政府共同培育了自身的公民意识和民主意识。譬如听证会制度的出现，各级各类党政机关监督机制的出现，人大、政协法律地位的提高，新的公务员考核制度增加的能级考核等，都展现出中国法制建设、民主建设和政治文明建设的进程。而只有当这种进程被社会普遍关注、普遍接受的今天，我们所谈论的舆论监督才具有了文化意义上的现实性与可行性。因为舆论监督现在不仅是作为一种政治姿态或新闻题材而存在，它已经开始作为一种文化发展机制和社会平衡机制而融入了整个社会发展的进程中。应当说，这是中国改革开放以来最重要的收获之一。

第三节 从观念冲突到利益冲突

舆论监督无论作为一种文化建设机制、社会平衡机制还是政治管理机制，它的基础都是社会平等，即不同的社会阶层、团体乃至个体都有平等的生存权、发展权。每个阶层、团体和个体都天然地具有在社会中表达自己的意愿、追求自己的利益的权利。只有在这样的前提下，才能出现整个社会的相互沟通、理解、妥协以及共同发展。也只有在这样的前提下，舆论监督才具有传递信息表达立场和协调各种利益冲突的功能。

显然，这种以平等为出发点的舆论监督机制，在本性上就与中国传统价值观中的以帝王为中心、以官为本位、以伦理化的政治秩序为社会规范的社会运行机制有着根本冲突。从表面上看，所谓舆论监督好像只是一种新闻写作新闻报道的形式，但是，回顾舆论监督曲折的发展历程，不难看出，其深层原因就在于文化观念、价值观念的冲突。

一、观念冲突

舆论监督是不同的个人或利益群体通过舆论向社会传达自己的立场、情绪和要求，由此达到与其他人、其他群体共同分享社会权利的结果。这种思想和这种机制的前提是平等，即社会多数成员和多数群体都承认相互间的权利，承认社会是由平等或基本平等的权利主体构成的。无论个人贫富差异、权力差异、地位差异有多大，彼此都拥有共同追求幸福的权利，这种对幸福生活的追求，并不因你我之间权力、地位、贫富、智愚的差异而改变。而且，每个个人都有权利通过自己的声音要求或推动社会作出某些改变，以使个人获得所期望的利益或权利。这就是舆论监督所代表的现代社会所接受的“平等”观念，这种观念在很多时候被表述为“人人生而平等”。

这种平等的观念在中国人的生活中所遇到的第一个冲突就是中国传统中的等级秩序观念。古代的中国人是由清官代表君王来“治理”的，是皇帝的“子民”，所以原本就不存在什么平等观念。充其量在吃不饱肚子的时候会想到“皇帝轮流做，明年到我家”。但即使真的推翻了旧皇帝，自己做了新皇帝，那也还是皇帝，从来没有统治者或被统治者想过，要人们平等地说出自己的要求，然后再商量着达成妥协。在个人与社会的关系上，中国人所坚持的是“忠”、“孝”二字：一个对国，一个对家。

在当代，中国人成了国家的主人，每个人都获得了平等的公民权利。但在观念层面，我们在很多时候并没有跳出传统的等级秩序观念的思维方式。

国家与个人之间如果不是相互独立的主体，领导者与老百姓个人之间也不是相互独立的主体，每个人都是国家的附庸，所以根本就不存在“平等”的任何前提。这样一种个人身份的缺失也就导致了没有舆论监督的逻辑基础。谁监督谁呢？谁向谁表达自己的权力意志呢？谁向谁呼吁平等权利地位呢？都没有。

从这个结果可以看出，舆论监督所赖以存在的前提是独立的社会主体，而在传统价值观中所缺的恰恰是以个体状态出现的独立的社会主体。因此，舆论监督——作为一种理解世界、对待世界的方式——与中国传统价值观最根本的观念冲突就是：一个承认个人的社会主体地位；一个否定个人的社会主体地位。

二、利益冲突

如果说传统价值观与舆论监督的观念冲突还是一种精神层面的理论化的冲突的话，那么支持这种观念冲突，使之难以化解的则是实际的利益冲突。

我们知道，舆论监督是要求平等的，而传统价值观是肯定等级、层次、权力、秩序的。因此，在中国传统的社会结构中，人是先天地被列入不同等级的。“龙生龙，凤生凤，老鼠的儿子会打洞”。有人专门是负责管理别人的，有人只能被别人管理。

显然，有人天生的享有权力，而有人天生的只有义务。

显然，有人不但能从社会得到利益，而且还能凭借已经到手的利益争取更大的利益；而有的人则无权从社会获取利益，甚至无权提出获得利益的愿望。

这就构成了社会中强烈的利益冲突。某些掌握公共权力并从公共利益中获得私人利益的人，希望维护现有的政治格局和文化结构，希望永远得到保持自己在社会中的特殊地位、特殊权力和特殊利益。所以这些人至少从情感上期望保持社会的层级结构，希望在不平等的人际关系中保证自己的特别利益。

相反，那些绝大多数处于被支配地位的不掌握公共权力的个人、团体、阶层，则希望打破原有的层级性社会结构，使所有社会成员、社会阶层和社会组织都处于平等的地位。通过相互沟通、相互监督、相互妥协、相互合作而达到共同的和谐发展的状态。

这种利益冲突及其调适过程，从改革开放之初到现在，这二十多年表现得最为清晰、最为典型。

在改革开放前，个人利益、个人权利和其他社会组织社会阶层的利益遭到全面压制，无论是在理论层面还是在现实生活中都不允许表达，所以也就不存在所谓的利益冲突。

改革开放后，国家逐渐允许个人考虑和追求经济利益。随着经济改革的深入和个人经济利益得到正面肯定，中国的社会改革文化改革也自然展开。在社会全面改革开放的过程中，人的权利和个人的权利逐渐成为全社会关注的焦点。不同的群体、组织、行业、阶层由自发到自觉地追求自己的权利，社会舆论开始形成多元化的局面。多种声音，都有机会通过公共信息平台（比如报纸、电视、电台、杂志等）传达给社会，舆论监督的机制也开始形成。

但是，由于舆论监督的观念和机制会直接地削弱某些人手中的权力，极大地损伤某些人掠夺公共利益的能力，所以，某些人极不愿意舆论监督成为一种普遍性的社会现象，更不愿意它成为一种文化力量。

《大河报》2005年3月19日第4版有一篇署名付山的评论《无知者无畏》：

> 3月12日××"城管"因收费当街暴打与其争论了几句的农民工，此事经《大河报》报道后，公安部门已作出两名城管人员向被打的农民工道歉并赔偿医药费的处罚。但在问及这一事件时，该市创卫办副主任×××对记者说："记者的报道是干扰我们执法，公安可以把你们这些记者抓起来。你见过公安把嫌疑人反手扭起来的样子吧，就这样……"

这就是一个非常典型的把个人权力放在公共权力之上的例子。

从这一点上看，舆论监督与现实利益之间的冲突，其实质乃是公共权力与私人权力的冲突。

三、权力与权利的博弈

在现代社会中，权力本来是公众的，由公众授权给政府或某些个人。获得公众授权的政府或个人则代表公众的意志来协调公共事务，保障社会公众的权利。当我们用"公务员"来称呼政府官员的时候，所表达的就是这种意思。

但是，当个人拥有权力，尤其是拥有不受监督制约的权力时，他就会无限制地扩张自己的权力，无限制地用手中的权力来限制或削弱他人的权利，这便是权力的越界。

舆论监督作为一种文化机制，当然不能直接决定和阻止权力的运转，那是属于民主的功能。但舆论监督是民主观念和民主制度的直接产物。因此，舆论监督在社会生活中推广普及，确实构成了公众权利与少数掌握公共权力的人的冲突。因此，要或不要、允许或不允许舆论监督的存在，说到底是一场权力与权利的博弈，即少数掌握权力的人或既得利益者与社会公众权利的博弈。

这种博弈既不是公开的，也不是壁垒分明的，但却是广泛的、深刻的、持久的。例如在早些时候，领导人和政府机构的决定是不容置疑的，不但平等的讨论、批评不可能，就连自下而上地表达不同意见也不可能。经由新闻媒体转达出来的公众意见一律都是“衷心拥护”和“坚决支持”。再如，从形式上看起来与私人利益、个人权力没有关系的行政审批权，其实也隐含着权力的自我保护与自我扩张。这种行政审批权可能并不能给审批机关带来直接的利益，因此，在形式上不是利益之争。但是通过审批，（政府机构）明确宣布了我是权力的象征，我是管理者，你（公众）是被管理者，你通过我才能得到你的利益，于是，行政审批的程序成为一种政治隐喻，即这个社会是一个层级化的政治秩序结构——通过这样一个政治隐喻，我们在精神上似乎又回到了那个遥远年代的秩序中去了。

与此相类似，近几年曾经引起广泛关注甚至引起过很大社会风波的房屋拆迁、城市流浪人员收容审查站改变为救助站、商业行为中的地方保护主义、乡政府办公楼盖成天安门城楼的样式、城乡分割的户口制度、愈演愈烈的高考移民现象等，这一系列表面上不相干的社会现象背后，实质上都是权力与权利的抗衡。在这些现象中，我们所看到的一个共同点就是对舆论监督的强烈排斥。不管是乡政府还是更高级政府部门，都不愿意让舆论介入自己的权力范围，不愿意让舆论占据公众视线，不愿意让舆论影响自己对事件的判断和决定。而在更深层次上，其实就是不希望舆论成为社会结构中的一个链环，不希望舆论成为决定社会进程的一种力量。中国当前的改革是一种现代化的改革，是一种向着现代化靠拢的全方位改革。这种改革不仅追求或促进经济运行模式的变化，它还必然地追求或引起观念的文化变革。这其中，扩大民主的范围，强化舆论监督的地位和作用，削弱权力的自我膨胀，便是改革在文化层面上的一个主线。

让我们仍然以 2003 年的孙志刚事件为例。

大学生孙志刚上街没带暂住证，就被广州市的流浪人员收容站扣留，并遭到有组织的殴打，最终在医院不治身亡。这一事件引起舆论界的广泛关注，激起全国人民的公愤和一系列深入的讨论。人们开始质疑：谁有权把人强行送往收容站？谁规定不带暂住证的人不能上街？谁授权收容站可以虐待殴打被收留人员？谁又规定一个自由的国家公民不经法律程序怎么就可以被剥夺人身自由权和其他一切权利，被强行扣押到所谓的“收容站”呢？

在这个全国性的舆论大讨论的同时，有学者和法律专家还从法律的角度正式向全国人民代表大会提出建议，要求审议此前国家关于“收容”的法律法规是否违反了宪法，要求从法理和法律的层面废除收容制度。

于是，孙志刚成了一个象征、一个符号，孙志刚的个人命运唤醒了中国人的公民意识成为人们维护公民权的一种标志。在一个几乎不可想象的短短的时间内，孙志刚的家属得到了赔礼道歉和经济赔偿，参与殴打和指挥殴打孙志刚的违法人员受到刑事处罚，收容站的相关行政领导受到行政处罚。孙志刚事件成为自中华人民共和国成立以来处理得最及时、最完满的政府对老百姓的赔偿案。

如果事件到此为止，那么孙志刚之死也只是一个孤立的个案而已。事实上，孙志刚事件的意义可能是直到现在我们还无法估量的。我们能够直接看到的、对整个中国社会发挥或可能发挥巨大深远影响的就有：第一，这是一次全民参与的舆论监督事件，各阶层公众在互联网上发表的种种意见又通过报纸、电视等传统新闻媒介系统化地转达给整个社会，包括没有上网的老百姓和政府官员。第二，第一次有专家学者以违反宪法为由，要求全国人民代表大会召开特别会议，审议一项政府颁布执行的法令。第三，由于舆论过于强大，当地政府终于做出了带有补偿性的行政行为。第四，舆论监督浮出水面，成为孙志刚事件中最不可忽视也无法回避的力量，由此推动国家立法和行政机关对此事件的认真关注。以致最后没有等到全国人大召开会议，国务院就撤销了实行多年的收容条例，同时在全国把收容站改成了救助站，把强制收容和遣返原籍改为提供帮助。

除了事件本身和与这次事件直接相关的上述细节外，中国社会后来出现的许多有意义有意思的事件和现象，应当说都是受了孙志刚事件的正面影响。例如，现在很多场合流行的“人性化管理”、“以人为本”的说法，虽然本来可能是经济学术语，但它在中国各个层面的流行，很难说没有孙志刚事件的影响。现在许多城市取消城市户口，给农民工更多的关注和关心，甚至由此而引申出的“关注弱势群体”的口号，也很难抹掉孙志刚事件的影响。也许可以说，孙志刚作为一个特殊的被收容者（他的特殊是因为他有大学学历，而别人可能只是单纯的农民工），他的偶然的悲惨遭遇引起了舆论的关注，引起了人们对与此相关的一系列社会现象、社会问题的思考。所以，当这个具体事件过去之后，一旦出现类似性质的事件，人们仍然愿意给予更进一步的关注。这种共同的关注就进一步形成舆论的力量和价值追求，促进社会在整体上向民主化方向、法制化方向和社会正义的方向转化。我想，这就是孙志刚牺牲的意义。这也是近几年来权力与权利博弈的一种运动轨迹：从权力对民众的漠视、对舆论的敌视开始，然后舆论逐渐在某些事件上聚集，形成有代表性的价值倾向，形成让权力认真对待的力量。此时，妥协形成了，权力开始还给公众某些权利，社会也形成局部和暂时的平衡。接下来，舆论、权力又会以新的形态出现在新的局部，于是舆论监督在这样的循环中成为社会的正常因素和合理成分。权力和权利的博弈虽然永远不会停止，但随着舆论监督的正常化和合理化，我们也看到了许多以往看不到的现象。比如，现在各地都在召开"涨价听证会"，虽然有形式主义的嫌疑，但让老百姓走进权力的决策过程毕竟在几年前还是不可思议的。一些省、市现在允许市民旁听人大会议，一些立法机构在制定新法律法规时会在互联网上事先征求公众的意见，这些都是文化变革的巨大进步，是舆论监督逐渐被认可之后出现的变化。特别是近年来，党和国家领导人从江泽民、朱镕基到胡锦涛、温家宝等都多次强调舆论监督的重要性，要求党政机关和新闻单位重视舆论监督，加强舆论监督，这就从政治上肯定了舆论监督的地位和作用。

第四节　舆论监督是一种文化启蒙

说舆论监督是一种文化启蒙，这只是一种比喻。舆论监督在很多情况下并不是一种主动的力量。在不同时间和不同背景下，舆论监督常常代表着不同的阶层群体和利益集团，因此，舆论监督既不必然代表真理，也不必然代表多数。它仅仅代表不同的意见。但舆论监督却永远代表不同的立场、不同的观察角度和不同的价值观。因此，舆论监督的存在和对舆论监督的容纳，就意味着这个社会有一种正常的沟通机制，有一种多元化的价值取向。我们说舆论监督是一种文化启蒙，指的就是这样一种含义，即它让我们看到沟通的可能，看到不同利益和不同价值相互并存、相互协调的可能，也看到不同的人都有表达自己意志的可能。

一、民众：公民的意识

作为文化启蒙，舆论监督对于广大民众的意义就在于可以启发、倡导和强化老百姓的公民意识。由于长期的封建文化传统和长期的封建中央集权统治，中国人只有君主与臣民、父母官与子民、领导与被领导、干部与群众等上下尊卑一一对应的概念，而没有公民的概念。中华人民共和国成立半个多世纪，绝大多数中国人只强调自己是“人民”而没有注意到自己是“公民”。这是因为“人民是国家的主人”，而“公民”却没有正式的身份，隐隐约约之间，似乎还有“资本主义”的嫌疑。令人遗憾的是，除了理论的模糊之外，“人民”在实践中并不是一个可以辨析或可以证实的概念。“人民”只是一个概念集合，是一个不可拆分的整数。因此，没有人可以单独享有“人民”的权利。比如说，我们要“为人民服务”，指的是我们要为那个作为国家“主人”的整体服务，而不是或不一定是为某一个具体的“人”服务。从20世纪60年代到80年代，我们会听到这样的对话：“我是为人民服务的，不是为你服务的。”简单的一句话，其实透露出深刻的文化冲突，这个在当时看似不可解释的悖论，在现在看来当然很简单、清晰，那就是中国当时没有公民的观念，没有个人的概念。那时我们用政治性的“人民”的概念取代了现实中活生生的个人的概念。

随着中国社会经济改革的萌动，中国人的个人意识也被唤醒。这是因为经济改革从一开始就是与个人的经济利益联系在一起的。允许一部分人先富起来的示范效应又让更多的人把个人利益放在比“人民”利益更重要的位置上。正是在个人意识苏醒、个人利益进入正常的社会生活领域的过程中，中国人的公民意识开始孕育、滋长。中国人开始知道，作为国家的合法公民，个人是拥有或应该拥有某些权利的。例如农民呼吁解决卖粮难的问题，呼吁减少提留款、减轻各种税费问题等，都可以看作是对自身权利的呼唤。而来自社会不同阶层不同方面的群体对各自权利的呼吁，则客观地形成了舆论对社会秩序的有目的的呼唤。这种舆论对社会秩序的有目的的呼唤，日积月累渐次扩大，便逐渐形成了社会公众对社会管理者有意识的舆论监督。这也正是我们在前一节所分析过的，舆论监督是随着中国社会的改革开放而逐渐诞生和成长的过程。

对于中国的老百姓而言，社会改革和舆论监督的深入，不仅仅是给每个人带来了具体的利益，更具深远意义的应该是启发和倡导了老百姓的公民意识。如孙志刚事件、矿难事件、“非典”事件等种种不同的公共事件，在深化了舆论监督的作用、地位的同时，也引导和教育了公众，使公众知道，个人是国家的主体，个人是独立的社会存在，公民的权利在“社会公正”的框架内是应该并且可以得到保障的。

尽管舆论监督作为一种社会沟通方式已被社会承认，但是作为舆论监督基石的公众的公民意识某种程度上仍处于朦胧阶段。人们还没有普遍地把公民意识、公民权利和舆论监督的民主特性联系在一起。人们还没有真正认识到，一个缺乏公民意识和民主意识的社会，是不会有真正的舆论监督的。所以，无论是作为文化建设，还是作为政治文明建设，当下的中国都需要更为广泛、更为深入、更为普及的舆论监督，尤其需要具有明确公民意识的公众成为舆论监督的主体。

二、官员：民主的意识

舆论监督在现实中的直接障碍是既得利益。任何既得利益都不希望看到舆论监督的目标指向自己。无论是政治权力、文化地位还是经济利益，都想与舆论监督划清界限，这其中起决定性作用的是官员的权力意识。只有权力意识而没有民主意识的官员，本身就是既得利益的一部分。为了自身的利益，没有哪种社会力量愿意引入作为民主意识的舆论监督，使之成为自身永恒的敌对力量。

对于这样的排斥舆论监督的惯性，没有什么内部力量可以与之抗衡，只能依靠民主意识的觉醒。

首先，在制度设计的层面，应当自觉地加强民主的力量，大力推进法制，使民主成为社会主义政治文明建设的核心内容。

其次，则应通过制度法律等多种层面强化官员的民主意识。让官员在多重力量的制衡中认识民主的力量，并在现代政治结构中培育自己的民主意识。这一点，我们党和政府已经有明确的指导思想，党的十四大、十五大、十六大报告中都强调了加强民主和法制建设、加强舆论监督的问题，胡锦涛在阐述“和谐社会”的内涵时，首先强调的是“民主法治，公平正义”。

舆论监督是一种政治文明形态，同时也是一种强大的现实力量，因此，舆论监督的存在，对于官员的民主意识永远是一种推动力量。舆论监督对于官员的权力扩张和官本位意识是一种有效的制衡机制。无论是主动的还是被动的，官员都会透过舆论监督感受到民主的力量，并由此而提升自己的民主意识。

从舆论监督与官员的互动关系来看，推动舆论监督实质上也意味着推动全社会的民主意识，尤其是意味着对官员的民主意识的培育。

一个现代官员，在他掌握公共权力的时候也许有一定的民主意识，甚至可能有非常强烈的民主意识。但是随着权力的扩张，官员会不自觉地远离民主、拒绝民主。因为他需要权力的超越性，超越个人，超越团体，超越秩序，把自身异化为权力的一部分。

正是为了防范和对抗这种权力的扩张性，现代社会才发展出舆论监督这种社会沟通和平衡机制。它以民主的面貌出现，向异化为权力的既得利益或既得秩序呼唤，希望通过这种沟通机制，达成利益和秩序的新的平衡。如果呼唤不被接受，利益无法平衡，舆论监督就可能转化为社会动荡，“民主”的社会沟通形式就会被不规则的秩序组合所替代，这就形成了通常意义上的社会革命。那么，为了避免强迫性的革命的结果，代表既有秩序和既得利益的人自然愿意接受以“舆论监督”形态出现的社会诉求。这就是官员的民主意识，尽管是被动的，但却是对不同声音、不同利益诉求的接纳姿态。

中国的改革开放呈现出不同的价值观和不同的利益追求，因此中国的改革开放需要更自觉、更深入的普遍的民主。当中国老百姓还普遍缺乏公民意识、普遍缺乏对民主的主动追求时，首先培育官员的民主意识，让官员以开放的眼光看社会，以民主的精神对待多元价值观的出现，应该是一种效率与公平兼得的选择。

也许是受到现实的诱惑，也许是受惯性的政治思维的推动，中国在改革开放的初期采用了“效率优先，兼顾公平”的发展政策。这种政策来自经济学界，具有强烈的实用主义和官本位色彩，到20世纪90年代末期便显露出其特有的弊端，造成社会发展的不平衡和价值取向的拜金主义。其背离人性化、人本主义和文化平衡的思维取向，引起整个社会的心理震荡和社会学、文化学、政治学、伦理学等领域学者的强烈质疑。因此，从20世纪末到21世纪初期的几年中，有越来越多的人意识到平等与社会公正的观念，对于社会的持续平衡发展具有或可能具有比“效率”更深远的意义。由于世纪交替这几年的一系列社会事件和社会现象，引发了中国社会舆论监督的阶段性热潮，相应地引起了社会不同阶层的成员对于社会平等、社会公正、公民权利和社会和谐发展的关注与追求。相对于老百姓的公民意识和个人权利意识而言，公共权力管理者，更应当强化自己的民主意识，应当借助于自己所掌握的公共权力，去自觉地推动中国社会的全面发展。

三、社会平衡机制与文化多元化观念

舆论监督在现代法制社会里是一种有效的民主监督机制。无论是政党、阶层、种族、行业还是区域，都可以运用舆论监督机制来表达自身的利益诉求。这种利益诉求表达的方式会有很大差异，比如可能是报刊的文章、电视的访谈，也可能是不同党派团体间的会议、谈判，还可能是形式规模各异的游行、集会等。不管形式是什么，它都向社会传达一种信息，即现在的社会结构、利益体系出现了某种不平衡。这种不平衡损害了某些社会成员的权利和利益，如不做出调整就有可能影响社会的和谐发展。

因此，当不同的声音出来之后，社会就应当及时地从中接收信息，并适当地做出调整，以达到利益的均衡和社会的平衡。例如最近一段时间各地做出的减免农业税和中央先后做出的“开发西部”、“振兴东北”、“中部崛起”等带有利益导向的发展决策，就属于这种调整。各地做出的取消农业户口和非农业户口差异、取消城市暂住证等决定，也是在舆论的强烈声浪中做出的利益调整。

通过对这些现象的观察，我们发现舆论监督并不是表象地只针对具体事例提意见发牢骚的孤立行为，它也不是游离于社会政治秩序、文化秩序之外的装饰性的行为。事实上，由于舆论监督是民主文化环境的产物，所以它在本源上就带有民主的特征。它随时随地代表社会成员以平等的姿态向社会发问、向社会吁求，以平等的姿态干预社会的进程，促使社会各种成分各个部分协调共处平衡发展。舆论监督是一种有效的社会平衡机制。

除了在实践层面具有的社会平衡机制之外，把舆论监督放在人类文化发展的大背景和人类文明史的时间坐标去观察，我们会在超越实用的层面之后发现，舆论监督对于建设多元文化观念、调节社会价值冲突以及建设动态平衡的和谐社会具有较为深刻的影响力。

在传统社会和改革开放前的中国，我们的社会价值观是一元的，我们的文化观念体系也是由“天地君亲师”时代延续下来的由上而下、由中央到地方、由整体到个体的单向度的，所以那时的整个社会是僵化的、静止的。在那种文化氛围中，政治是统一的，经济是计划的，文化则是单向和单色的。除了技术性探讨之外，其他的理论性思维和学术性思维都是格式化的、先验的。其中最极端的可能是生物遗传学领域中李森科学派与孟德尔学派的“争论”。这个本来是自然科学领域的“技术性”的话题，因为牵涉到某种政治背景居然成了学术禁区，所有的教科书和教授都绝口不提孟德尔的名字，似乎遗传学就是李森科一个人的科学。至于在文学、历史、哲学、社会学等领域，当然就只能有一种观点、一个声音。

改革开放之后，随着正常的舆论监督的出现，我们日益深切地感受到，一种多元文化并存的观念正在被越来越多的人所接受。

多元文化的观念首先出现在学术领域。随着社会的开放，中国在不到十年的时间内同时引进了西方一百多年的文化成果。不同国度、不同时代、不同学科、不同流派的西方思想以平等而统一的“当代学术思潮”的名义进入了中国，使中国人来不及为它们排队划线，更来不及在政治上为它们划分等级。经过简单的装备和实弹演习（用新学说发表自己的学术观点）之后，中国思想界与学术界发现这种各说各话各领风骚的局面，能够轻易地建立起不同思想不同学派之间的平等交流机制，文化的空气流动起来了，思维的活动空间也大大拓展了，人的创造力也在学术的互相砥励中被大大激发，一种创造性思维的文化生态就在不同观点的碰撞过程中不知不觉地建立起来了。因此，“多元化”和“多元文化”在20世纪80年代中期就被学术界郑重地提到了“中国现代化”的议事日程中。

但是，由于中国社会的经济改革与文化改革的脱节，这种文化多元化的观念在十年左右的时间里几乎只在学者们的文章中间流传，完全没有进入到中国社会变革的总体进程中。

90年代初，邓小平南方视察的讲话发表后，中国社会的经济改革向纵深发展，逐渐触及中国社会各阶层的根本利益，也引发出关于社会变革的某些新的社会现象和新的理论思考。

这种潜在的震荡持续到90年代末，终于形成明确的理论冲突。关于发展方向和发展效率的讨论，关于“三农”问题的讨论，关于社会弱势群体的讨论，关于可持续发展和环境保护的讨论，都引起了全社会的广泛关注。在学术界之外，普通老百姓也通过各种渠道表达自己对社会现状和社会发展方向的关心。最后，民众对于社会问题的关心又通过舆论监督的方式被思想界、学术界和国家权力机关注意到，从而形成一种有效的社会沟通机制。

在注意到民间声音对平衡社会利益、协调社会权利和校正社会发展方向的作用之后，学术界和思想界再次从这个过程中发现了文化多元化的可能。因为在社会各阶层的人们表达他们各自的利益诉求时，他们实际上很可能代表不同的文化立场，表达了不同的价值取向。这种各自平等地表达各自的利益诉求的状态，其实就是一种文化多元化的形式。只要这个社会保持这样不同的利益追求和价值追求，而这些不同的追求又都能获得平等的表达权利和生存权利，这个社会就会保持它前进的动力，这个社会的文化结构也会在不断的沟通、协调和调整过程中，向着和谐的境界发展。

把舆论监督放在传统价值观的背景中观察，是为了形成一种文化的对比，让我们更清楚地看到舆论监督所具有的现代色彩。

舆论监督是现代的，是现代社会、现代国家、现代政治的产物，它的基础是国民意识、公民意识和平等观念。而传统价值观则是集体的、国家的和非个人的，它的基础是一切为了皇权、一切为了统治。所以，两种事物的冲突是两种存在状态的冲突。我们倡导舆论监督，其实也是为了建设一种现代的以人为本的价值观，是为了培养社会成员的公民意识。因此，通过最近十年来舆论监督在中国社会的健康发展及其为社会所带来的文化活力，我们相信，舆论监督会逐步成为中国社会各类成员都愿意接受的具有正面价值的一种正常的社会功能。

第三章
舆论监督与现代化

舆论监督是内在价值观念和外在社会作用相结合的社会存在。它不仅倡导和呼吁着新的价值秩序，而且对社会现实的政治、经济和文化事业起到巨大的推动作用。舆论监督通过对热点问题的引导，纠正工作中的问题，反映广大人民群众的意见、建议和呼声，把改革开放和经济发展各阶段的方针、政策告诉群众，把困难和问题、前景和希望也告诉群众，把社会主义改革的前途命运同亿万人民群众的切身利益紧紧地结合在一起。它对社会和民众的影响，比政策和法律具有更广泛的群众性和社会性，对增强社会和民族的凝聚力、树立国家和民族的形象、弘扬时代正气、促进社会主义现代化建设起着直接的重要作用。

追求现代化是人类整体进化的原动力，它与不断满足人的需求、提高人的素质、培育人的能力、实现人的理想在本质上是一个事物在不同侧面的集合表现。由此出发，在人类整体进化的长河中，物质文明、精神文明和政治文明的创造与积累，和谐社会的构建与发展，国家富强与人民福祉的提高与巩固，先进文化与思想价值的发扬与延续，政治制度与人文规则的演进与创新，四位一体的总体格局才是我国现代化建设完整的目标内容。舆论监督对现代化建设的推进作用就体现在与三个文明建设及构建和谐社会的关系中。

第一节　现代化：社会综合变迁的过程

现代化不仅仅是一个经济过程，更重要的还是一个精神过程、文化过程。在这个过程中，既有体制的创新，也有文化的建设；既有经济的发展，也有文明的进步。只有对现代化有一个清晰、正确的认识，才能在建设现代化过程中少走弯路。

一、现代化的基本内涵

目前，现代化已成为一个大众化词语，现代化是我们的奋斗目标。但是，什么是现代化呢？理论上说，现代化研究大致经历了三次浪潮：经典现代化研究、后现代化研究和新现代化研究。它们既反映了学术研究的进展，也体现了人类社会的进步。概括地说，现代化具有三层含义：

（1）基本词义：成为具有现代特点的，成为现代的，适合现代需要；大约公元1500年以来出现的新特点、新变化。

（2）理论含义：现代化指工业革命以来人类社会所发生的深刻变化，这种变化包括从传统经济向现代经济、传统社会向现代社会、传统政治向现代政治、传统文明向现代文明等各个方面的转变。现代化一般以国家为基本地理单元，有时以某个跨国地区为基本地理单元（如中东地区、亚洲地区等）。现代化是有阶段的，包括第一次现代化（经典现代化）、第二次现代化（新现代化）和将来的现代化三个阶段。

（3）政策含义：指现代化理论的实际应用，不同国家和地区现代化。政策含义不同，第一次现代化和第二次现代化的政策含义也是不同的，2050年的现代化是第二次现代化。①

现代化是一个人类文明综合变迁的社会过程，包括经济、

① 何传启：《什么是现代化?》，转引自 http：//www. cas. ac. cn。

文化、政治各个方面的综合变迁，它存在于人类文明的各个领域，存在于全球各个国家。在现代化进程中，经济现代化是现代化的基础和动力。自工业革命以来，人类的经济模式经历了工业经济和知识经济两个阶段，据此，现代化的进程也可以分成第一阶段和第二阶段。不同的国家由于社会历史条件的差距，在现代化发展中处于不同的阶段。进入第二次现代化阶段的国家2000年就达到了24个，它们第二次现代化指数的年均增长率约为1.4%～4.1%，同时有21个国家的第二次现代化指数的年均增长率为负数，第二次现代化水平为负增长。

经济现代化是现代化的组成部分，是现代化的基础和动力。现代化建设不仅要以经济建设为中心，还要关注社会发展问题；如果忽视社会全面进步，社会问题就会日积月累；一旦社会问题浮出水面，就会制约经济发展，影响现代化目标的实现。在现代化的概念认识上，存在着一个从片面到全面，从强调经济到注重社会全面发展、综合进步的过程。在当代的现代化建设中，我国从只注重经济现代化到提出全面现代化有一个认识的过程。

在改革开放以来的相当一段时期内，由于历史和现实的复杂原因，不少人曾以为中国的现代化追求的就是物质财富的现代化、经济发展的现代化、生产力水平的现代化，而忌讳谈论意识形态的现代化、政治的现代化，因为按照当时人们的认识水平，认为马克思主义是先进的意识形态，社会主义制度是先进的政治制度，有了马克思主义和社会主义制度，还谈意识形态的现代化和政治的现代化，就有否定马克思主义和社会主义制度之嫌。然而，随着对物质财富、经济发展和生产力水平现代化的追求，人们很快就发现，如果不改变传统的计划经济体制，不实现经济制度的现代化，物质财富和生产力水平的现代化是根本不可能实现的。而抛弃计划经济，推行市场经济，不改革原有的只适应计划经济、不适应市场经济的政府行政管理体制，也是不可能的。而要改革政府的行政管理体制，不涉及基本的政治体制也是不可能的。而要进行深层次的政治体制改革，没有相应的政治意识形态的改革也是不可能的。正是中国改革和现代化追求的不断深入，人们越来越认识到现代化是一个全面、完整的系统工程，不仅包括物质文明、精神文明，也包括制度文明；不仅包括经济的制度文明，也包括政治的制度文明；不仅包括改革开放初期所宣传的工业、农业、国防、科技的“四个现代化”目标，也包括执政党的思想意识形态的与时俱进的现代化追求和社会主义民主政治的现代化追求。

二、现代化的主要特征

（一）现代化是一个全球性和民族性相统一的过程

人类社会的现代化变迁以 18 世纪下半叶的英国工业革命为发端，到当代，现代化已成为世界性的潮流，是人类文明的全球性变迁。任何一个国家要想进行现代化建设、实现现代化，都必须树立全球意识，展开与别国的合作与交流。尤其是在当今经济一体化、市场化、信息化的“全球化”浪潮中，国与国之间的相互依存关系更为密切，竞争更为激烈。推进现代化进程离不开统一的全球化大背景，离不开统一的世界大市场。采取“走出去”战略，实行双向进行、内外互动的全方位开放；增强全球化意识，培养全球化人才，就成为适应全球化趋势和要求、把握世界潮流的必然选择。

另一方面，社会现代化又总是以民族国家为舞台展开的。世界上的各个国家或民族并不是也不可能是同时地开始和实现现代化的，而是有先有后；同时，由于历史条件和具体国情不同，各国的现代化总是或多或少地带有本国或本民族的特色。美国等 24 个国家已经进入第二阶段现代化浪潮之中，包括中国在内的 104 个国家还处在第一阶段现代化发展的某个层面，还有 2 个国家和若干农业地区，还处于第一阶段现代化前的农业文明、农业经济阶段，还有几百个少数民族仍然生活在原始经济和原始文明状态下。我国有着几千年以儒家为主的封建传统文化，它既是我们现代化的文化底蕴，又融入在中华民族的民族意识和价值观念之中，因此，我国的现代化建设还面临着一个对传统文化进行批判、继承的问题。我国是社会主义国家，我国要进行的现代化必须坚持共产党的领导，以实现共产主义为最终奋斗目标，这些都是我国不同于其他国家的情况，因此，我们要开创出一条有中国特色的社会主义现代化建设道路。

（二）现代化是一个变革性和继承性相统一的过程

现代化是人类文明从旧质向新质飞跃的过程，具有深刻的变革性。从农业文明到工业文明，从工业文明到知识文明；从农业经济到工业经济，从工业经济到知识经济，并不是自然而然的过程，而是经历了一定的变革，在某种意义上是对以前文明和经济的否定和扬弃，是一种质的飞跃。在变革中，会出现一些转型上的震撼和问题，如我国工人下岗问题，道德领域的非道德化及道德滑坡问题等，都是在由一种经济到另一种经济、一种文明到另一种文明的转变过程中出现的附带问题。

但任何变革都是在继承传统的基础之上得来的，没有继承就没有进步。变革本身也是人类文明延续的一部分，是延续人类文明的一种方式。第二次现代化的某些方面就是对第一次现代化的继承和发展，如政治民主化、平权化等；某些方面是对第一次现代化的“否定”，如工业比重下降、城市居民向郊区迁移、自然主义等。第一个阶段的现代化成果为第二个阶段的发展奠定了基础，准备了条件。

（三）现代化是一个主动性与规律性相统一的过程

社会现代化是以人为主体展开的，社会的一切文明进步都有赖于作为主体的人的文明发展；人的现代化既是社会现代化的条件，又是社会现代化的目的和结果。作为主体的人是现代化的实施者和推动者，只有在人的社会实践中，文明才会进步，社会才会发展，现代化才得以进行。主体的任何活动都是有目的、有意识的进行，在现代化的建设过程中，也融入了人的愿望、目的和需求。实际上，现代化本身就是人发展自我、完善自我的一种外在要求。人的力量推动或延缓着现代化的进程。我国“文化大革命”时期的现代化建设停滞不前甚至出现了倒退，而党的十一届三中全会纠正了“左”倾错误，解放了思想以后，现代化建设掀起了高潮，是个体主动性的发挥影响现代化进程的最好例证。

社会现代化又有其自身的发展规律，不以人的意志为转移。作为社会主体的人在从事社会现代化建设的活动中，必须适应和遵循现代化发展的客观规律，否则就会受到规律的惩罚。中国的“大跃进”，搞所谓的“大踏步进入共产主义”、“大炼钢铁”，想快速实现工业化，结果违背了现代化建设的规律，反而大大影响了现代化进程。人类的主体能力和素质在整体上不能超越客观物质条件所提供的可能性。人只能利用主体性和主观能动性认识和利用规律，而无法超越规律、凌驾于规律之上。因此说，现代化既是一个有意识、有目的的主动性发挥的过程，又是一个遵循客观规律的过程 。

（四）现代化是一个必然性和曲折性相统一的过程

现代化是人类文明的巨大进步，是人类历史发展的必然趋势。社会现代化进程是任何力量都不可逆转的，世界上的各个国家或民族都会或早或迟地步入现代化的行列并最终实现现代化。先进取代落后、低级走向高级是人类社会历史发展的规律。尽管现在还有一些国家或地区还处于现代化前期，但他们最终要被先进的文明所吸纳，走上现代化道路。

同时，由于现代化是对旧的落后传统的根本性变革，涉及到社会生活的各个层面，任务异常艰巨、复杂，无论是生产力的发展还是生产关系和上层建筑的调整变革，都需要作出超乎寻常的努力，并且会遭到传统势力顽强而全面的抵抗，受到各种各样的干扰。因而，现代化又绝不会是一帆风顺的，要经历一系列的曲折和反复才能最终实现。另外，对现代化建设规律和现代化道路的认识也需要一个很长的过程，因此，现代化不可能是一蹴而就的。我国现代化过程中出现的“文化大革命”及目前的一些社会问题，都是现代化进程曲折性的表现。

三、现代化的发展历程和未来模式

（一）现代化的发展历程

早期现代化在 16 世纪至 18 世纪中期出现在欧洲，当时生产力的变化，引起了欧洲经济结构、社会结构、思想文化和政治制度的变化。两次科技革命，将人类文明的进程大大地向前推进，但也预示着社会现代化转型会给人类带来震撼。20 世纪上半期，由于这一时期发生了两次世界大战和资本主义经济危机，造成了世界现代化转型的动荡，为此各国进行了多方面的探索，形成了多种现代化模式，打破了资本主义一统天下的单一局面。世界范围内以工业化和城市化为特征的第一次现代化高潮，在 20 世纪 50～60 年代出现。发达工业化国家先后完成第一次现代化进程，发展中国家纷纷投入现代化的洪流，大力推进工业化和城市化进程。到 20 世纪 70 年代，随着工业化国家第一次现代化的完成，它们的经济结构和劳动力结构发展方向发生转折，经济的非工业化和社会的非城市化现象日益明显，发达工业化国家先后完成从第一次现代化向第二次现代化的历史性转变。到 20 世纪 90 年代，第二次现代化开始改变世界的面貌。

追求现代化是 1840 年鸦片战争以来中国历史进程的悲壮主题，凝聚着几代人奋斗的血与泪、光荣与梦想。西方列强撞开中国大门，开始把中国纳入世界现代化进程的时候，整个社会处于震惊、迷惘与本能的反应中。只有一部分地主阶级改革思想家看到了现代工业文明的强势，萌发了“师夷长技以制夷”意识，酝酿“采西学”、“设局厂”、“制洋器”、“改弊政”。19世纪60年代开始的洋务运动把现代生产力和西方科学技术、教育引入中国，意义极其重大。但洋务运动终于在中日甲午战争的隆隆炮声中宣告失败。随后，资产阶级改良派想通过政治改良建立日本那样的君主立宪的共和国，推进中国的现代化，没有成功；孙中山领导的资产阶级革命派推翻了延续了两千多年的封建专制制度，试图通过美国资本主义的模式把中国引上民主、富强之路，终成泡影。当近代中国现代化历程陷入绝境的时候，中国共产党应时而生，领导广大人民群众经过艰苦卓绝的斗争，实现了民族独立和国家统一，为中国现代化创造了政治前提。至此，中国的现代化事业才真正地步入轨道。

中国现代化发展经历过三个高峰期：

第一个高峰是1949～1957年。中国共产党领导中国人民群众经过28年艰苦卓绝的革命斗争，取得了新民主主义革命的胜利，建立了新中国，创造了中国现代化的基本前提。新中国成立的喜悦和中国人民获得解放、从此站起来的激动都化作现代化建设的强大动力，大大地促进了现代化发展。

第二个高峰是1978～1985年。1978年12月党的十一届三中全会果断地废止了“以阶级斗争为纲”的“左”倾错误方针，决定把党和国家的工作重心转移到社会主义现代化建设上来，成为具有深远历史意义的伟大转折的标志。提出中国式现代化道路问题是提出建设有中国特色的社会主义问题的前奏。党的十三大完整地阐述了社会主义初级阶段理论，党的十五大在我国改革开放和现代化建设的关键时刻重申了这一理论。社会主义初级阶段就是我国已进入社会主义社会但还处于不发达阶段。党的十一届四中全会指出：“我们所说的四个现代化，是实现现代化的四个主要方面，并不是说现代化事业只以这四个方面为限。”在党的文献中，这是第一次提出了我国社会主义现代化不仅包括四个现代化，还包括物质文明建设的其他方面以及社会主义精神文明建设和民主政治建设。

第三个高峰是1991～2000年。1991年邓小平视察南方的讲话发表后，全国各地热烈响应，思想得到进一步解放，改革和建设的积极性大大提高，中国的现代化建设又上了一个新台阶。党的十四大报告和决议中，肯定了要在中国实行社会主义市场经济体制，指出它“不是原有经济体制细微末节的修补，而是经济体制的根本性变革”，“我们要建立社会主义市场经济体制，就是要使市场在社会主义国家宏观调控下对资源配置起基础性作用，使经济活动遵循价值规律的要求，适应供应关系的变化；通过价格杠杆和竞争机制的功能，把资源配置到效益好的环节中去，并给企业以压力和动力，实现优胜劣汰；运用市场对各种经济信号反应比较灵敏的优点，促进生产和需求的及时调整”。它的实质和目标，是要从根本上改变束缚我国生产力发展的经济体制，建立充满生机和活力的社会主义新经济体制，同时相应地改革政治体制和其他方面的体制，以实现中国的社会主义现代化。就改革的全面性而言，我国改革从农村到城市，从经济领域到政治、社会、教育、文化、科技等各个领域，确立了改革开放和实行市场经济的重大决策，并开始实施。这次大刀阔斧的改革，极大地调动了劳动者的积极性，激发了建设社会主义的活力，将中国的社会主义现代化建设推向了第三次高峰。

（二）现代化的发展模式

学术界以往对现代化模式的划分往往是停留在现代化的起因或开始状态，即把现代化划分为“内生”型和“外源”型两种。前者一般发生在发达国家，其特点是现代化进程表现为一个不依赖外部文明支撑、主要靠自身社会内部现代性因素自我积累、自我发展和自我调节的自然历史过程，现代化动力具有鲜明的民间性质。后者一般发生在欠发达国家，其特点是现代化进程表现为一个受外来因素刺激而启动、并由政府充当现代化主要推动者的过程，现代化动力具有鲜明的政府性质。

而就现代化目前的发展状况和未来的发展模式而言，“内生”和“外源”式的划分已经不再合适。世界现代化的发展非常不平衡，处于现代化进程不同发展阶段的国家将选择不同的发展模式和发展战略。已经进入第二次现代化和刚刚完成第一次现代化的国家将在第二次现代化的国际跑道上奋勇争先；没有完成第一次现代化的国家，或者选择从第一次现代化到第二次现代化的追赶现代化模式，或者选择两次现代化协调发展的综合现代化模式。第二次现代化模式、追赶现代化模式和综合现代化模式，将成为21世纪前50年世界现代化的基本模式。

我国的现代化最初发生是“外源”型的，在外在压力的逼迫下、政府的推动下开始进行。目前还处于第一次现代化阶段，从农业经济到工业经济、从农业社会到工业社会、从农业文明到工业文明的转型还在进行中。但已经开始面临第二次现代化的挑战，面临着由工业经济到知识经济、工业社会到信息社会、工业文明到知识文明的转型。因此，我们要选择综合发展的模式、两个文明转型齐头并进，直追第二次现代化的目标。实行工业化和工业转移并重，推动资源节约、环境友好、知识密集的新型工业化，城市化和城市扩散并举，全面建成小康社会，大力促进民主化，完善民主选举、民主立法和民主监督制度，继续推进信息化和网络化建设，大力促进知识化，发展知识产业、服务产业和高技术产业，继续积极参与经济全球化，发展高等教育，尽快普及12年义务教育和中等教育，建设国家创新体系，实施生态现代化战略，实现可持续发展，积极推行按贡献分配。①

第二节　现代化：目标模式的转变和创新

中国特色社会主义现代化建设目标模式的探索，经历了由“两个文明”到“三个文明”的认识发展过程。党的十二届六中全会从社会主义现代化建设目标的角度，阐发社会主义社会经济、政治、文化总体布局和协调发展的重要思想，并提出物质文明和精神文明两个文明建设的思想。之后，党的十六大正式把社会主义物质文明、政治文明和精神文明一起确立为社会主义现代化全面发展的三大基本目标，标志着中国特色社会主义现代化道路目标模式正式确立，从而使中国特色社会主义的理论和实践更加走向成熟和完善，实现了社会主义现代化道路目标模式的转变和创新。

一、在发展的指导思想上，从以经济建设为中心转向“以人为本”

改革开放之初，我们党确立了以经济建设为中心的指导思想，在这一思想指导下我们已完成了“三步走”的战略目标的前两步，且为今后的经济社会和人的全面发展提供了必要的物质基础。改革开放初期，邓小平强调的发展生产力是“中心任务”、“最根本的任务”，相对于多年来以阶级斗争、政治斗争为第一位的任务，把发展生产力和搞政治斗争本末倒置的作法，无疑是正确的，也是必需的。在这一思想的指导下，我国的经济建设确实取得了一定的成就，巩固了革命成果，提高了人民的生活水平。

---

① 于维栋：《中国现代化百年回顾与展望（1950～2050年）》，转引自 http：//www. modernization. com. cn/yu—ppt. pdf957k 2003-2-17。

但应当指出的是，我们有时片面地强调了GDP的增长指标而忽视了社会的全面发展，忽视了“人文关怀”。马克思认为社会主义是在保证生产力的高度发展的同时又保证人类最全面的发展的一种经济形式。社会主义市场经济发展的目的是解放和发展生产力。但是，解放和发展生产力不是最终目的，归根结底，是要在解放和发展生产力中实现人的全面发展。当人们把经济增长速度和经济发展水平看作社会发展的唯一指标和尺度时，人与自然之间以及人与人之间的关系必然恶化。人们更崇拜手段、崇拜工具、崇拜金钱，而把人的精神信念和理想追求置于事外。于是，人情淡漠、道德败坏、信仰缺失、价值危机等问题层出不穷，严重影响了人的积极性和创造性的发挥，影响了社会的发展，同时也阻碍了经济的可持续增长。

社会的发展从来就离不开对人文的依赖，缺乏人文关怀，缺乏对除物质之外的更深远的精神追求，这个社会一定会前途渺茫，身处其中的人们一定会沉沦在现代文明编织的欲望之网中。在利益的角逐中人们将偏离理性、公正、博爱等精神，只有对金钱、权力等欲望的永无止境的追求。这种发展从终极意义上说是一种病态的发展，占有着现代物质的人充其量不过是现代社会的野蛮人。显然，这种生活状态占主导的社会无论如何也不能算是现代化的社会。处于转型期的中国，以实现社会主义现代化为自己的目标，然而要实现全面的、真正的现代化，则比以往任何时候更需要人文关怀。冯天瑜先生曾说过已经迈开现代化步伐的中国，针对目前现代化带来的一些弊端，用呼唤人文关怀的努力来救活功利主义导致的文化失范，是十分正当的。人文关怀与工具理性的协调发展才是文明进步的健康之路。

因此，党的十六届三中全会的决定在改革发展的总体指导思想上，强调以人为本的经济、社会和人的全面发展。从经济的角度来说，全面发展不仅要保持经济的较快增长、物价水平的基本稳定和国际收支的大体平衡，更要把稳定的就业率作为重点；从社会的全面发展来说，要深化科技体制改革，加快国家创新体系建设，建设哲学社会科学理论创新体系，促进社会科学和自然科学协调发展；深化文化体制改革，促进文化事业和文化产业协调发展；要深化公共卫生体制改革，建立与社会主义市场经济体制相适应的卫生医疗体系，等等。

人是构成社会进步的主体、动力和发展的最终目的，是社会现代化的起点和重点、目的和归宿。人的发展和走向现代化是一切发展的源泉、根本动力和最终目标。离开了人的发展，所有发展都难以为继；发展需要具备一定手段，但一切手段都是为了人的利益、发展和幸福。因为人是现代化的主体和社会的核心，人的素质高低对社会和经济的发展带来决定性的影响；人是社会各方面发展的主导动力，社会现代化的目标、任务、制度都要靠人来制定和执行，所以，人的现代化是社会现代化的起点、终点和先决条件。如英克尔斯提出："人的现代化是国家现代化必不可少的因素，并不是现代化过程结束后的副产品，而是现代化制度与经济赖以长期发展并取得成功的先决条件"，"把人作为注意的中心，特别是普通人"。

人的全面发展是马克思关于人彻底解放的理论，也是社会发展的出发点与最终目的。马克思把人的自由而全面发展作为历史归宿，作为未来新社会的本质要求和人的本质的最高、最完美的体现。人的全面发展至少包括各种能力的发展、自由个性和主体性的发展、个体所在社会的各种关系的和谐和个人价值的充分实现。马克思认为，资本主义社会中，人依赖于物，个性难以形成，主体没有独立性，只有到共产主义社会，个性才能充分、自由地发展，人才能成为自然界、社会和自我发展的主体。

人的现代化是人的全面发展在当代的展开，它是人们在现代化过程中，对自身与社会发展的关系认识深化的结果。人的现代化是实现社会现代化的手段，更是实现社会现代化的目的。一个国家能否实现现代化，关键在于人。社会的现代化包括人自身的现代化变迁，也必然会促进人的现代化。人的现代化是现代制度得以长期成功运转的先决条件，是国家发展本身的基础因素。但无论是社会现代化还是人的现代化，最终目的都是为了人，是为了人的自由而全面发展。

在我国现阶段，由于社会经济条件的限制，我们还不能完全做到人的全面发展，但不断促进人的全面发展是我们必须担负的历史责任。因此，进行社会主义现代化建设，必须坚持以人为本，不仅要在经济发展的基础上不断满足人们日益增长的物质文化需要，而且要相应提高人自身的各种素质，同时在体制上保障人民群众参与政治生活和社会生活的权利的实现。“以人为本”应该是社会主义现代化的总体指导思想和根本出发点。

二、发展战略上由有所倾斜，转向构建“和谐社会”

邓小平于1982年曾提出以重点带动全局的战略方针，同时还提出沿海地区利用对外开放的有利条件先发展起来，然后带动中西部发展的战略思想，以及其他一些相关的发展战略方针。根据条件，区别对待，鼓励一部分人、一部分地区先富起来，然后，以先富带后富，最后实现共同富裕。在这些战略方针的指导下，经过20多年改革开放的发展，我国经济得到迅速发展，初步建立了社会主义市场经济体制。

但也有一些问题已经凸显，诸如经济结构不合理、分配关系尚未理顺、农民收入增长缓慢、就业矛盾突出、贫富差距过大、地区发展失衡、生态危机、诚信缺失等。因此，在2003年党的十六届三中全会《关于进一步深化经济体制改革的若干问题的决定》中，提出“科学发展观”和协调发展的战略思想。具体体现在：一是“形成促进区域经济协调发展的机制”，在西部大开发的基础上，提出“振兴东北等老工业基地”；二是实现“四个协调”，即“努力实现宏观经济改革和微观经济改革相协调，经济领域改革和社会领域改革相协调，城市改革和农村改革相协调，经济体制改革和政治体制改革相协调”；三是提出“五个统筹”，即“统筹城乡发展、统筹区域发展、统筹经济社会发展、统筹人与自然和谐发展、统筹国内发展和对外开放”。

在此基础上，党的十六届四中全会《中共中央关于加强党的执政能力建设的决定》提出：“要适应我国社会的深刻变化，把和谐社会建设摆在重要位置，注重激发社会活力，促进社会公平和正义，增强社会的法律意识和诚信意识，维护社会安定团结。”这里提出的“构建社会主义和谐社会”，不仅是一个重要的新概念，而且更重要的是今后社会主义现代化建设的重要目标。特别是胡锦涛总书记2005年2月19日在中共中央举办的省部级主要领导干部提高构建社会主义和谐社会能力专题研讨班上的讲话和2月21日在政治局第二十次集体学习时的讲话，对构建和谐社会的意义、和谐社会的特征作了全面、深刻的阐述，并强调要加强对构建社会主义和谐社会重大问题的调查研究和理论研究，提高构建社会主义和谐社会的本领。至此，社会主义和谐社会理论框架初步形成了。

构建和谐社会，是以人为本、全面协调、可持续的科学发展观在社会建设层面的展开，它拓展了新的历史阶段我国社会主义现代化建设总体格局的科学内涵。以人为本、全面协调、可持续的科学发展观，是中国共产党人对社会主义建设规律认识的重大飞跃。树立和落实科学发展观，必然会提出统筹兼顾、协调发展、正确处理同发展相联系的各种重大关系问题。我们党提出并正在着手解决的城市与农村之间、不同地区之间、经济发展与社会发展之间、人与自然之间以及国内发展与对外开放之间存在的不协调问题，既触及了我国经济发展中的突出矛盾，也触及了社会建设层面存在的不和谐之处。“五个统筹”渗透和推进到社会结构层面，必然会提出构建和谐社会问题，这是科学发展观在社会建设层面的展开。把构建和谐社会作为我们党的执政目标之一，作为中国特色社会主义建设事业的奋斗目标之一，就意味着在我国将要构建“社会主义市场经济 + 社会主义民主政治 + 社会主义先进文化 + 社会主义和谐社会”的“四位一体”的现代化总体格局，这大大丰富了建设中国特色社会主义事业的内涵，为我们从更广阔的视野来审视和处理我国现代化建设的各种问题提供了新的更完整、更科学的坐标系。

和谐社会的提出是现代化战略的一次大的转变，是新型现代性对旧现代性的超越和扬弃。现代性是现代化的结晶，是现代化成果和内容在各个方面的体现和表征。所谓旧式现代性就是那种以征服自然、控制资源为中心，社会与自然不协调，个人与社会不和谐，经济与社会不协调，地区与地区不协调，自然和社会付出双重代价的现代性。20 世纪与 21 世纪之交，全球社会生活景观呈现出重大转折的种种迹象：人类对自然的倒行逆施造成了越来越严重的“绿色惩罚”；人欲的激发和资源的匮乏所引发的对资源控制权力的争夺，导致了价值尺度的扭曲、伦理准则的变形。于是人类“向地球发动的战争”变成了人类“走向自我毁灭的战争”。所谓新型现代性，是指那种以人为本，人和自然双盛、人和社会双赢，两者关系和谐，并把自然代价和社会代价减少到最低限度的现代性。现代性就其实质和目的而言，不是科学技术的解放而是人类自身的解放，科学技术作为一种巨大的生产力，是实现人类解放的必要手段；科学技术之所以在现代性过程中具有重要的意义，取决于它能够服务于人的完善、社会的进步和人类解放目标的实现，否则，它的任何成就都是可疑的。这样，由各方面和谐发展的新型现代性就必将取代战略倾斜的旧式现代性。

和谐社会是一个民主法治的社会。民主法治首先要保证人民当家作主，这就意味着要尊重人民群众的独立人格和民主权利，尊重并维护公众的社会知情权、社会参与权、意志表达权及民主监督权，在民主得到充分发扬的基础上，使社会各方面的积极因素得到广泛调动。同时，这种民主要与法治相结合，使整个社会的运转服从于法制的权威，真正做到法律高于人情、法律高于权力，从而使依法治国的基本方略得到切实落实。

和谐社会是一个公平、正义的社会。社会公平和正义是人类追求美好社会的永恒主题。在我国社会剧烈的变化过程中，原有的社会经济格局正在发生着变革和分化，加上“黄金发展期”与“矛盾凸显期”高度重合，使我国的利益关系和社会矛盾呈现出多元交织、错综复杂的局面。今天我们讲公平、正义，就是要妥善处理和协调社会各方面的利益关系，正确处理人民内部矛盾和其他社会矛盾。“社会公正”不仅表现为收入分配的公平，而且表现为人们在社会经济生活中地位的公平、机会的公平以及整个社会规则和机制的公平，是一个公平发展的体系。同时也应看到，在社会主义初级阶段，只能是相对的公平，不能离开生产力水平对公平提出过分的要求，关键是政府要摆脱、超越既得利益者的束缚，从维护和实现社会公平和正义的高度来处理各类社会问题。

和谐社会是一个诚信友爱的社会。诚信是中国最基本的道德规范之一，现代信用制度是社会主义市场经济体制大厦的重要支柱。但在当前，社会信用制度缺失是一个比较突出的问题，不仅个人信用制度，而且企业信用制度和政府信用制度都亟待建立。强调诚信友爱，就是要全社会诚实守信，全体人民平等友爱、融洽相处。做到这一点，就须以道德作支撑，以法律作保障，以和谐的产权关系作制度基础。

和谐社会是一个充满活力的社会。一是发展先进生产力，这是社会最活跃、最革命的因素。二是推进市场化改革，为社会充满活力提供制度支撑。当前我国社会活力的释放还不够充分，应特别强调“四个尊重”，即尊重劳动、尊重知识、尊重人才、尊重创造，大力营造鼓励人们干事业、支持人们干成事业的社会氛围，使一切有利于社会进步的创造愿望得到尊重，创造活动得到支持，创造才能得到发挥，创造成果得到肯定，从而使社会活力竞相迸发。

和谐社会是一个安定有序的社会。安定有序主要涉及三方面的问题：一是社会组织机制问题。例如，在农村已开始建立村民自治制度和城市社区不断发展的情况下，如何发挥城乡各类“自治组织”的作用？在人们逐步由“单位人”向“社会人”和“社区人”转变的过程中，如何发挥各类新型社会组织的作用？这些都有待于组织机制的创新。二是社会管理问题。如何适应新的变化，建立党委领导、政府负责、社会协同、公众参与的社会管理新格局，这是需要探索的问题。三是社会秩序问题。如何建立正确处理人民内部矛盾的新机制？如何健全社会预警体系，以维护社会稳定？这些都有大量工作要做。总之，要通过建设安定有序的社会，使人民群众安居乐业，社会保持安定团结。

和谐社会是一个人与自然和谐相处的社会。自然包括资源和环境两个方面。一个和谐的社会不可能建立在资源枯竭和环境恶化的基础上。人与自然和谐相处，就是要寻求生产发展、生活富裕、生态良好的最佳结合点。这对我们这样一个人均资源占有量较少和生态环境比较脆弱的国家来说十分重要。人与自然和谐相处，呼唤人们特别注重发展循环经济，建设节约型社会，并着手建立和完善绿色 GDP 核算体系。

我们所要建设的社会主义和谐社会，是民主法治、公平正义、诚信友爱、充满活力、安定有序、人与自然和谐相处的社会。几个方面协调发展，才能保证社会的和谐与安宁、公正与发展。

三、发展的目标内容上由两个文明转向三个文明

在人类社会的舞台上，文明寄托着人类的一切追求；文明概括了人类追求的一切。在动态上，文明应是人类逐步摆脱蒙昧、愚钝、穷困、无序而进入开化、智慧、富足、有序之境的智德发展过程，正如李渔在《闲情偶寄》中云："辟草昧而致文明。"在静态上，文明应是人类智慧发展成果的累聚，正如一位日本学者所言："文明恰似仓库，人类的衣食、谋生的资本、蓬勃的生命力，无一不包罗在这个仓库里。"① 在这个仓库里，不仅储存有人类生存必需的物质形态、精神形态的资本，而且储存有制度等政治形态的资本，即文明乃是人类社会所独有的价值存在，是人类社会生存与发展的全部表现，是政治文明、物质文明和精神文明的总和。

早在中共十二届六中全会上，党就从社会主义现代化建设目标的角度，阐发了社会主义社会经济、政治、文化总体布局和协调发展的重要思想，实际勾画出经济、政治、文化三位一体的社会主义现代化建设目标，并提出物质文明和精神文明两个文明建设的思想。党的十三大阐述了社会主义初级阶段理论并由此确定了党在初级阶段的基本路线，基本路线贯穿和渗透着社会主义物质文明、政治文明和精神文明协调发展的思想，其中把我国建设成富强、民主、文明的社会主义现代化国家的目标，直接地对应了社会主义物质文明、政治文明和精神文明。党的十四大、十四届三中全会提出了建立社会主义市场经济体制及其基本框架，使中国特色社会主义现代化建设有了最实质的内容。在这个基础上，党的十五大明确阐述了党在社会

---

① ［日］福泽渝吉：《文明论概论》，商务印书馆 1982 年版，第 30 页。

主义初级阶段的经济、政治和文化基本纲领。至此，以党的十五大为标志，社会主义现代化建设三大目标即物质文明、政治文明和精神文明的基本框架和具体内容就基本确立了。但直到20世纪末，始终没有在社会主义文明建设中给民主政治一个明确的定位。

江泽民同志在2002年的“5·31”重要讲话中指出：“发展社会主义民主政治，建设社会主义政治文明，是社会主义现代化建设的重要目标。”① 同年7月16日，他在考察中国社会科学院时指出：“建设有中国特色社会主义，应是我国经济、政治、文化全面发展的进程，是我国物质文明、政治文明、精神文明全面建设的进程。”② 在此基础上，党的十六大报告中，政治文明被正式提出来：“发展社会主义民主政治，建设社会主义政治文明，是全面建设小康社会的重要目标。”“要在中国共产党的坚强领导下，发展社会主义市场经济、社会主义民主政治和社会主义先进文化，不断促进社会主义物质文明、政治文明和精神文明的协调发展，推进中华民族的伟大复兴。”③ 以党的十六大为标志，中国特色社会主义现代化道路目标由两个文明转向三个文明。发展目标的完善是我国社会主义现代化建设事业的要求，标志着我国对社会主义现代化建设规律认识的进一步深化。

三个文明是人类社会实践的有机整体，三者之间互相制约、互相协调，共同构成有中国特色社会主义现代化建设的目标内容。

“物质生活的生产方式制约着整个社会生活、政治生活和

---

① 《人民日报》2002年6月1日。
② 《人民日报》2002年7月17日。
③ 《人民日报》2002年11月18日。

精神生活的过程。”① 物质文明在社会中处于基础地位，是社会存在和发展的起点，它对政治、思想等其他活动具有决定作用，其他活动要为它服务。政治文明在社会中处于主导地位，它与国家政权直接相连，整个社会活动都受其领导，向其凝聚和靠拢，它决定精神文明的性质和物质文明发展的方向。精神文明在社会中也占重要地位，它影响社会活动的进程、速度、水平，为物质文明和精神文明的发展提供思想引导、精神动力和智力支持。物质文明对于精神文明的决定作用，必然要通过政治文明这个中介而起作用，而精神文明对于物质文明的能动作用往往也要通过政治文明的折射而起作用。三者以政治文明为纽带有机统一，互为条件，互为目的，耦合互动。物质文明体现社会的经济实力和富裕程度，离开物质文明，政治文明、精神文明将会失去其存在的条件和载体。政治文明的发展程度关系社会的稳定、协调与健康发展的状况和进程，离开政治文明，精神文明会失去规范与保障，物质文明也会失去方向与支持。精神文明展示物质文明、政治文明的思想实质和精神风貌，离开精神文明，物质文明、政治文明将会失去引导与动力。三者相互依存，不可分割。

物质文明是凝聚着政治文明和精神文明的劳动成果，一定时期的物质文明总是该时期政治文明和精神文明的实物体现。物质文明对政治文明和精神文明有决定作用。物质文明为社会政治文明和精神文明的运行提供物质基础与经济保障。国家的政治治理必须以一定的经济实力为基础。国家机构的运行需要庞大的物资、经费支持，体现国家政治强制力的军队、警察等国家机器，必须借助于一定的物质设施和物质条件。物质文明的发展也是国家科技水平和人们受教育程度的基础和保障。物质文明的进步是公民进行政治参与和各种精神文化活动的重要

① 《马克思恩格斯选集》第2卷，人民出版社1995年版，第32页。

前提。物质资料的生产劳动是人类从事其他一切社会活动的基本前提。人们只有首先解决衣、食、住、行等必需的物质生活资料，才能够从事政治、科学、艺术、教育等社会活动。物质文明发展水平越高，人们的物质生活水平就越高，人们受教育的程度也就相应地提高，人们才会有更多的时间、精力、物力进行政治参与活动，有更多的精力进行科学研究，文艺创作等活动；也才有更强烈的政治参与意识以及政治参与能力。

精神文明为物质文明和政治文明的发展提供思想引导、精神动力和智力支持。精神文明为物质文明的发展提供精神动力和智力支持。当然这种精神动力和智力支持，不只是一种加速或延缓的外促力量，不是可有可无的奢侈品，而是与物质文明互相推动、不可分离的重要内容。一定的政治法律制度作为政治文明的根本不是无缘无故产生的，而是在一定的政治法律思想指导下有意识地建构起来的。政治制度与经济制度不一样，经济制度可以在旧社会的胞胎里面随着生产力的发展而自发地产生，而政治制度则必须在摧毁旧制度之后根据一定的政治思想自觉地建立起来。精神文明对于政治文明具有文化支撑作用。一定的政治制度建立之后，也需要社会的精神文明给予文化的支撑。特别是在现代，科学文化与经济发展的关系如此密切，以至科学文化在社会经济发展中占据了主导性的地位。在这种条件下，精神文明对于政治文明的文化支撑作用就愈益突出了。与此同时，文化对于政治文明的支撑作用还表现在人的文化素质的提高。政治文明的主体是人，只有人的文化素质包括思想道德素质、民主法制素质和科学文化素质都提升了，政治文明才能随之发展。

政治文明是社会的主要部分，是人类社会文明的主要标志。政治文明是物质文明和精神文明及整个社会文明系统的主导和保证。政治文明的发展是物质文明发展的杠杆，为物质文明的发展提供良好的社会条件和政治保证。政治文明的进步决定着精神文明的性质和方向。政治文明建设为社会主义物质文明和精神文明建设提供正确的政治方向，良好的政治环境和可靠的制度保障。如果没有政治文明，就无法创造安定团结的国内环境，无法争取和平的国际环境，不仅社会主义物质文明建设无从谈起，即使已取得的物质文明成果也将会毁于一旦。社会主义精神文明是随着社会主义政治文明尤其是政治制度的确立而逐步建立起来的，随着社会主义政治文明的不断巩固而日益发展。只有在良好的政治体制、健全的法制、正常的社会秩序下，物质文明建设、精神文明建设才能够顺利进行。

第三节　舆论监督与三个文明建设及构建和谐社会的关系

一、舆论监督是物质文明建设的加速器

物质文明是指人类社会物质生活条件进步的程度和状态，是人类改造自然界的物质成果的总和，包括生产工具的改进和生产技术的进步、生产规模的扩大、物质财富的增长和人们物质生活水平的提高等。其发展程度决定于社会生产发展的水平，是生产力发展的现实表现。物质文明的根本标志是生产力的发达程度，它的建设是要致力于发展生产力，并在此基础上逐步提高人民的生活水平。

人类社会历史发展的最终决定力量是社会生产力，而人是社会生产力中最积极、最活跃的因素，是最起决定作用的因素。正是从这个意义上讲，人民群众是推动社会历史发展的强大动力。这里所说的人民群众，是指掌握一定的劳动技能、科技知识和具有一定的思想觉悟、政治意识和道德修养的劳动者。舆论监督的发展能充分调动劳动者的工作积极性。它虽然不直接创造物质财富，但它可以通过调动劳动者的积极性来间

接地创造物质财富，促进生产力的发展，加快物质文明建设。

在劳动条件不变的情况下，影响生产力水平的主要因素是劳动者的积极性（思想政治道德素质、情感、意志状况的总和）、技术水平和工作经验。这三个因素虽然都直接与生产力水平有关系，但其中起调节和支配作用的则是劳动者的积极性。可以说，劳动者的积极性是其技术水平和工作经验运转的总开关。

劳动积极性决定着劳动者劳动能力的发挥。一个人的劳动能力，在特定时期内，在一定条件下，是一个客观存在的、相对确定的量。但是，这种相对确定的量，其发挥程度又存在着不确定性，即具有相同劳动能力的人，其劳动能力的发挥程度可能大不相同。劳动积极性的提高，可以使劳动者的劳动能力得到充分诱发和激励，使之不断地投入生产过程之中并获得提高，创造出新的更高的劳动能力；这种积极性也影响着物力作用的发挥，而且可以不断改变物的性状及利用方式，挖掘物的新的效力。

舆论监督可以使社会公众有一种主人翁的责任感和一种积极的参与意识，有利于形成群体意识、协同观念，有利于达成共识，从而以更大的热情投入到物质文明建设之中去。我国在1966～1976年的10年间，生产力落后于西方国家数十年，就是因为人们的积极性大大丧失，精神上没有了安全感和归属感造成的。正是“实践是检验真理的唯一标准”的强大舆论拨开了“左”的思想迷雾，为党的工作重心转移和改革开放扫除了障碍。我国现代化建设由此迎来了第二个高峰期。邓小平同志视察南方的谈话发表后，又一次掀起了舆论波澜，解决了人们对市场经济姓“资”还是姓“社”的问题，理清了群众的思路，给改革开放以新的活力，掀起了现代化建设的第三次高潮。就是具体到一个公司或企业，只有充分地开展舆论监督，让本公司或企业的职工多提批评意见，才能保证经济效益的不断攀升。提出监督批评意见本身，就说明了监督者对所在单位前途和命运的关注，若有关部门、领导或个人能在舆论的压力下纠正错误，就更能激发员工的积极性，更加细心地去关注单位的发展，这样就形成了一个良性循环。

小到单位，大到国家，开展舆论监督，必将调动社会公众的积极性和主动性，促进物质文明建设的发展。但这种影响作用所产生的生产力不像物的投入所产生的生产力那样直接、明显、见效快，舆论监督所产生的生产力具有明显的潜在性特点，并且蕴含着震撼性与长期性。

二、舆论监督是精神文明建设的推动者

精神文明是人类改造客观世界同时也改造主观世界的精神成果的总和，是人类的精神生产的发展水平及其积极成果的体现。精神文明包括思想道德和科学文化两个部分，是这两个部分的统一。

1979 年，叶剑英同志在庆祝中华人民共和国成立三十周年大会上的讲话中首次提出“物质文明”、“精神文明”的概念，并初步论证了物质文明和精神文明协调发展的思想。他指出：“我们要在建设高度物质文明的同时，提高全民族的教育科学文化水平和健康水平，树立崇高的革命理想和革命道德风尚，发展高尚的丰富多彩的文化生活，建设高度的社会主义精神文明。这些都是我们社会主义现代化的重要目标，也是实现四个现代化的必要条件。”这之后，在建设高度物质文明的基础上努力建设高度的精神文明，成为我国社会主义现代化建设的一项重要任务，并被载入宪法之中。1986 年，党的十二届六中全会专门通过了《中共中央关于社会主义精神文明建设指导方针的决议》。事隔十年之后，1996 年，党的十四届六中全会又作出了《中共中央关于加强社会主义精神文明建设若干重要问题的决议》。这两个决议结合改革和建设的实际，对

社会主义精神文明建设的战略地位、指导思想、奋斗任务及其基本原则，都作了系统明确的论述，有力地推动了社会主义精神文明建设的发展。

（一）科学文化发展离不开舆论监督

邓小平曾经指出，科学技术是第一生产力，提高全民族的科学文化水平，是精神文明建设的重要内容。但是，我们在强调“第一生产力”的同时，不能忽视社会科学的作用；不能在重视科学精神的同时，怠慢人文精神。科学技术的作用是巨大的，但只依靠科学技术，人类无法达到整体幸福。罗素认为科学知识尽管揭示了许多普遍性的东西，但是关于构成个人生活的特殊色彩和纹理的那些温暖而亲切的事物，它却一无所知。汤因比也认为科学由于其局限性，对研究对象所具有的独特个性，例如不能定量化和普遍化的一面是非常容易忽视的。尤其是在以人为对象的场合，精神的独特作用、情感、意志这些微妙的性质被排除掉了。

舆论监督本身是一种文化力量，它关注科学文化发展中与人文精神结合的状态，始终关注对人类的终极关怀，对人类和平与发展的推进。舆论监督对于推动科学文化事业健康快速的发展，对于进一步推进精神文明建设，都显示出极其有意义的作用。

从科学的层面上来看，核武器是人类的科学理性的一种胜利，是人类科学文明的重要成果。但是，我们每个人都很清楚核武器对于世界的威胁，对于人类的危害有多大！因此，在舆论的监督下（这里主要是国际舆论的监督），核武器的研制不得不停止，现有的核武器装备和设施都得销毁。克隆技术也是人类科学事业的一项重大突破，但当克隆技术运用到人身上，开始涉及克隆人的问题时，一系列社会、伦理和法律等问题应运而生，舆论开始阻止克隆技术对人类的危害。科学文化发展必须以人为本，以人的完善和发展为最终旨意。偏离了这一主线，就会受到舆论监督的谴责。

（二）思想道德建设离不开舆论监督

我国社会主义市场经济的深入发展，社会经济成分、组织形式、就业方式、利益关系和分配方式的日益多样化，为思想道德建设创造了更加广阔的空间，与社会进步相适应的新思想、新观念正在丰富着人们的精神世界。同时，在一些领域道德失范、诚信缺失、假冒伪劣、欺骗欺诈活动有所蔓延；一些地方封建迷信、邪教和黄赌毒等社会丑恶现象沉渣泛起，成为社会公害；一些人价值观发生扭曲，拜金主义、享乐主义、极端个人主义滋长，以权谋私等消极腐败现象屡禁不止，等等。思想道德建设中出现的这些问题都是舆论监督的对象，舆论对诚信问题的关注，对邪教组织的抨击，对扭曲价值观的斥责，都为思想道德建设创造了外部环境。

思想道德建设是一项复杂的思想意识工作。人的道德素质的形成既是人主观因素支配和选择的结果，又受客观外在条件的影响和制约。它不仅要求一个组织内部进行系统的教育和引导，如学校里的德育、单位里的道德规范、共产党内的先进性教育等，而且需要外部的舆论氛围作配合。道德教育本身就是社会教育综合影响与促进受教育者自我教育的过程。只有在本组织内部受到的教育与整个社会的舆论监督导向相一致时，各种道德规范才能得到强化，逐步内化为个体的道德素质。

舆论监督的整合性符合了人们的从众心理，使一些还在徘徊和犹豫的人们，由于舆论的力量，依据舆论所弘扬的价值观念和道德内容来规范自己的思想和行为。舆论监督在新的基础上团结人民，弘扬民族精神，从而有效地克服各种离心倾向和消极因素，增强民族凝聚力。

价值观是精神文明建设的根本。价值观是科学文化发展和思想道德建设的根，同时又是它们的目标。舆论监督本身就是在价值观念的基础上进行的一种社会评价行为，因此说，舆论监督的深入开展必定会大大促进精神文明建设的步伐。

舆论监督高扬真善美的大旗，抨击假恶丑，弘扬了社会主旋律，体现出爱国主义、集体主义和社会主义精神，其倡扬的价值观念和强调的思想意义已经超出了舆论内容本身，而成为全社会共同的精神财富。

三、舆论监督是政治文明建设的助推器

过去我们一直没有明确提出“政治文明”的概念，没有把政治文明当作整个社会文明体系中一个具有相对独立性的构成环节来加以思考，而是把它放在精神文明建设之中，将其作为它的一个与之相关联的内容来加以界定，这就使得政治文明在社会发展中的应有地位没有充分地显露出来。随着改革开放的深化和现代化建设的发展，政治文明建设的重要性日益凸显，它在整个社会文明建设中的不可替代作用已显露无遗。正是在这样的条件下，江泽民同志适应形势的发展，于 2002 年 5 月 31 日在中央党校省部级干部进修班毕业典礼的讲话中，首次明确地提出了“政治文明”的概念。在谈到发展社会主义民主政治时，江泽民同志指出，发展社会主义民主政治、建设社会主义政治文明，是社会主义现代化建设的重要目标。在十六大政治报告中，江泽民同志又把发展社会主义民主政治、建设社会主义政治文明作为全面建设小康社会的重要目标提出来，并全面规划了政治文明建设和政治体制改革的具体方案。“政治文明”概念的提出，绝不是一个简单的名词术语的问题，而是一个重大的理论贡献。它适应我国改革开放和社会主义现代化建设的发展要求，是我们党领导人民坚持和发展人民民主长期实践的必然结论，进一步深化了我们党对中国特色社会主义事业的规律性认识。

由于政治文明是一个新提出的独立概念，学者们对它的内涵作的界定可谓见仁见智。有人认为，政治文明就是人类社会

的进步状态。从静的角度说，指人类社会政治过程中取得的全部成果；从动的角度看，它是人类社会政治进化的具体过程，政治文明包括政治意识文明、政治制度文明和政治行为文明。① 有人认为，政治文明作为整个社会文明的有机组成部分，是人类自身进入文明社会以来，改造社会、实现自身完善和提高过程中创造和积累的所有的积极的政治成果和与社会生产力发展需要相适应的政治进步状态。② 有人认为政治文明是指在社会文化中体现出来的，社会上多数人对待政治生活的合理性倾向，它包括政治权威产生和运行的合理性，政治权威的政治行为的合理性，人们的政治生活存在的合理性等内容。③

而实际上，无论有多少表述上的不同，其根本内涵都说明政治文明是人们进行社会实践所取得的政治成果的总和，是政治发展及其积极成果的体现。政治文明建设的根本要求是推进坚持党的领导、人民当家作主、依法治国三者的统一性的实现。它们是政治文明建设的原则，也是社会主义政治文明建设的战略选择。

（一）坚持党的领导离不开舆论监督

中国共产党的领导，是中国特色社会主义政治文明和中国特色社会主义现代化的根本特点。党的领导是人民当家作主和依法治国的根本保证。不明确党的领导的重要性，就不懂得社会主义民主的真谛，就不能把握社会主义民主政治建设的方向，就无法建设社会主义现代化国家。

发展民主政治、建设政治文明，必须坚持党的领导。中国共产党是我们事业的领导核心。但是宪法规定：党必须在宪法

---

① 虞崇胜：《浅议政治文明建设》，《武汉大学学报》2001 年第 1 期。

② 郑慧：《政治文明：含义、特征与战略目标》，《政治学研究》2002 年第 3 期。

③ 李景鹏：《政治发展与政治文明》，《学习时报》2002 年第 10 期。

和法律的范围内活动。由此看来，党也必须接受人民群众的监督。发展民主政治，建设政治文明，依法治国，建设社会主义法治国家，本身就是坚持和加强党的领导地位的客观要求和具体体现。

坚持党的领导需要舆论监督的支持。舆论监督的开展有助于党的决策的科学化、民主化；有助于党的路线、方针、政策的正确执行；有助于正确的立法和执法；有助于克服党和政府工作中的腐败行为和不正之风；有助于吸引广大群众参政、议政；有助于弘扬社会主义道德风尚，克服各种消极、落后的不道德行为。① 社会事实证明哪里舆论监督搞得好，哪里党的领导地位、领导威信就高。党是一贯支持和鼓励舆论监督的，认真贯彻党的政策，认真坚持党的领导，就必然会重视、支持舆论监督，而不是压制和打击舆论监督。

而反过来说，我国的舆论监督必须在党的领导下进行。舆论监督目前之所以能在社会上引起强烈反响，对错误的事情和社会偏差行为能够得到及时的制止和纠正，很大程度上是因为党和政府支持和鼓励舆论监督。开展舆论监督与坚持党的领导是互相促进的。

坚持党的领导，就必须改善党的领导。改善党的领导，就必然要重视和鼓励舆论监督。在新的历史条件下，党要适应改革开放和全面建设小康社会的目标要求，改善党的领导，不断提高领导水平和执政水平。具体地讲，就是要改革执政方式，实行科学执政、民主执政、依法执政。科学执政就是要结合中国实际不断探索和遵循共产党执政规律、社会主义建设规律、人类社会发展规律，以科学的思想、科学的制度、科学的方法领导中国特色社会主义事业。民主执政是要坚持为人民执政、

---

① 王强华：《舆论监督与新闻纠纷》，复旦大学出版社 2000 年版，第 30～32 页。

靠人民执政，支持和保证人民当家作主，坚持和完善民主集中制，以发展党内民主带动人民民主，壮大最广泛的爱国统一战线。党实行依法执政是依法治国的应有之义，就是强调党要领导立法，带头守法，保证执法；必须在宪法和法律范围内活动；强调从中央到基层，一切党组织和党员的活动都不能同国家宪法和法律相抵触；强调党员领导干部要廉洁自律、勤政为民，自觉崇尚监督，从而规范自己的行为，而不能滥用职权，不断推进国家经济、政治、文化、社会生活的法制化、规范化。

重视开展舆论监督，能够帮助我党查找存在的不足，检验党是否做到了科学执政、民主执政和依法执政，从而进一步地改善党的领导，提高执政能力和执政水平，进一步加强党的领导。

（二）实现人民当家作主、保证国家权力的正常运作离不开舆论监督

党的十六大报告指出："发挥舆论监督的作用，建立结构合理、配置科学、程序严密、制约有效的权力运行机制，从决策和执行等环节加强对权力的监督，保证把人民赋予的权力真正用来为人民谋利益。"舆论监督既是党的喉舌，也是人民的喉舌。要想使权力真正地为人民谋利益，就必须开展舆论监督，监督和制约权力的运作。

民主政治是一种主权在民的政治，人民当家作主是社会主义民主政治的本质要求。在权力的来源上，民主政治认为国家的一切权力来源于人民，权力的运作在于保护人民的根本利益。民主政治是一种权力制约政治。民主政治国家中行使权力的国家机构并不是权力主体，它不过是权力主体实现自身利益的工具。防止"社会公仆"蜕变为"社会主人"，根本的出路就在于保证人民的民主权利，发展高度的民主制度和民主生活，建立和健全人民群众对各级领导干部的舆论监督制度。要

保障人民的利益，保证权力的运作的合法性，离不开监督。把人民赋予的权力用来为人民谋利益。各级党组织和干部都要自觉接受人民群众的监督，拓宽和健全监督渠道，把权力运行置于有效的制约和监督之下。为了防止国家机构滥用权力，必须建立权力制约机制，因而就存在权力划分问题，即权力主体与国家机构之间的权力划分和权力在国家机构内部的合理分配。要依法行使职权，不滥用职权，保证越权无效，也离不开监督。

孟德斯鸠提出："一切有权力的人都容易滥用权力，这是万古不变的一条经验，从事物的性质来说，要防止滥用权力，就必须以权力制约权力。"① 孟德斯鸠的这段话，正确地揭示了权力运作的基本规律，被认为是现代法治国家宪法制度的理论支撑。的确，权力本身具有支配他人意志和行为的力量，具有被滥用的扩展性。权力时常被理解为实现强制服从的能力。权力的本性是在一种意志与其他意志相互作用的过程中强制他人服从自己的意志。权力的运作实际上是权力主体运用自己的强制力推行其意志的过程。由于意志本身所具有的无限扩展的主体性的支配力，权力的运作过程如果没有有效的监督制约，权力必然要被滥用。并且，由于权力机关利益有千丝万缕的联系，仅仅或者主要依靠权力机关内部的自我约束是不足以防止权力滥用的。许多官员的贪污腐败行为往往都是由群众而不是权力机关最先察觉、最先进行监督和指正的。黑龙江的"宝马撞人案"就是最先由群众揭发，并在舆论的压力下进行调查处理的。因此，要崇尚舆论监督，树立舆论监督的权威。健全对权力运作的监督制约体系，是权力运作的内在要求，也是政治文明发展的必然趋势。

---

① 孟德斯鸠：《论法的精神》（中译本），商务印书馆 1961 年版，第 154 页。

（三）依法治国离不开舆论监督

法律作为民主政治的法律化、规范化成果，是社会的稳定器，公民的保护神。法律的初衷是为了用法律来限制政府及官员的权力。正如“法治”一词的创始人戴西指出的，法治首先“意味着正常的法律保有绝对的至高无上或压倒一切的地位，并且排斥专制的存在、特权的存在乃至政府之自由裁量权的存在。”① 我国几千年来封建大一统的宗法传统，一直是一个权力本位的国家，人治传统积淀在人们的意识之中。一方面，人们把权力看做是法律的本源，把法律视为当权者手中的工具。与法律相比，人们更崇尚个人手中的权力及其影响力。另一方面，人们对权力的期望值很高，许多人认为有权的人无所不能。在这种社会心态下，不论是官员还是百姓，无论是知识分子还是工人、农民，人们无论遇到什么事，往往想到的是“关系”而不是“法律”。甚至认为依法治国是用法律来管理社会，管理别人，而不是、也不愿意用法律来管自己。一些党政干部以权谋私、腐化堕落、贪污受贿、权钱交易的现象十分突出，严重败坏了党和政府的形象。“宝马撞人案”的舆论监督直击司法公正，对判决结果进行质疑。“此案我不管她是不是什么人的儿媳，不管她是否说了‘轧死你’那句话，我甚至不关心她是不是故意杀人，我关心的是司法是否公正。”②

一些贪污腐败分子并不太害怕其他的监督形式，因为他们手中有权，一是可以封堵防范，把他们的丑行掩盖起来；二是利用手中的职权，对敢于揭发者进行打击报复；三是他们还有保护伞、说情网，一旦事发，纷纷出马，有的包庇，有的说情，为其开脱。但他们却非常害怕舆论监督，他们的腐败行径

---

① 《布莱克维尔政治学百科全书》，中国政法大学出版社 1992 年版，第 676 页。

② 刘鉴强：《宝马案疑云》，《南方周末》2004 年 1 月 8 日。

一旦在媒体上曝光，就盖也盖不住，瞒也瞒不了，包也包不成了，很难逃过党纪国法的惩处。

民主政治一方面指在权力的归属上是一切权力属于人民；另一方面指在权力的运行上，促进社会正确运用国家权力，动员人民群众积极参与到权力的运行中去。舆论监督是社会公众行使民主权利的有效形式，构成了公共权力的主要组成部分。它渗透于社会生活的一切过程和领域，没有哪一种方式能像它那样有效地动员亿万公众自觉的参与国家管理。崇尚监督、具有监督意识是民主政治、政治文明建设的软环境。从某种意义上讲，监督不仅仅是一种制度设计，更是一种理念、一种观念、一种思想。没有这种观念、思想，再好的制度在贯彻中也会走形。可以说，没有监督的权力将是一匹脱缰的野马，会恣意践踏民主与法制。不受监督和制约的权力必然导致人治和腐败，那将与政治文明背道而驰。

四、舆论监督促进和谐社会的构建

构建社会主义和谐社会，是我们党从全面建设小康社会、开创中国特色社会主义事业新局面的全局出发提出的一项重大任务，适应了我国改革发展进入关键时期的客观要求，体现了广大人民群众的根本利益和共同愿望。我们党提出构建社会主义和谐社会，既是对我国改革开放和现代化建设经验的科学总结，也是在新的国内外形势下提高党的执政能力、贯彻落实科学发展观、更好地推进我国经济社会发展的战略举措。明确提出构建社会主义和谐社会，反映了我们党对中国特色社会主义事业发展规律的新认识，也反映了我们党对执政规律、执政能力、执政方略、执政方式的新认识，为我们紧紧抓住和用好重要战略机遇期、实现全面建设小康社会的宏伟目标提供了重要的思想指导。

和谐社会的本质是协调与共享。以人为本的科学发展观提出，要从人类共同的根本利益出发，在路线、战略、规划、方针、政策上，着眼于统筹协调好社会发展的各种基本矛盾，主要是统筹好城乡、区域、经济社会、人与自然、国内发展与对外开放之间的比例关系，排除和避免一切不利于协调的冲突、失调、波动，使各方面共同繁荣、健康发展。和谐社会所要统筹协调的矛盾，比科学发展观要统筹协调的社会发展中的矛盾范围宽广。胡锦涛总书记把它概括为民主法治、公平正义、诚信友爱、充满活力、安定有序、人与自然和谐相处等。这六个方面，既是需要统筹协调矛盾的范围，也是和谐社会的基本特征。通过统筹协调矛盾关系，使一切积极因素都调动起来，实现和谐社会这些基本特征，全体人民不分阶层职业、民族区域、男女老少，共享社会进步的物质文明、政治文明、精神文明成果。

当然，协调矛盾的前提是先发现矛盾。如果把整个社会比作一棵大树，那么舆论监督可以被看作是这棵大树上的一只强健的啄木鸟。它能及时地关注社会问题，发现社会矛盾，并敦促相关责任人解决社会矛盾，进而匡正时弊，弘扬正气，平慰民心，取信于民，防止社会矛盾激化，以批评促进步，推动社会和谐快速发展。

构建和谐社会以市场取向的改革为动力。在经济社会转型的特定历史时期，社会方面诸多不和谐的深层原因之一是体制原因，有相当多的社会矛盾与体制不完善有关，包括农村土地制度、国有企业产权制度、收入分配制度、社会保障制度、税收制度以及政府管理制度等方面的不完善。因此，构建和谐社会的过程，将是一个深刻的以市场化改革为取向的制度变迁或体制创新的过程。要以体制改革为动力，通过深化改革，切实克服影响社会和谐的体制机制弊端，建立新的社会制度规范，为和谐社会提供新的体制保障。

舆论监督在某种程度上可称之为改革的前奏。古往今来，任何一项改革都必将先造舆论，包括封建社会的农民军起义前的口号和舆论，实行改革开放前的扭转“左”倾思想错误，深化经济体制改革前邓小平视察南方的谈话等，都是在实行改革和革新之前进行的舆论造势，以此来引起人们的关注，然后才能付诸行动，这是对人的主体性和主观能动性的充分认识和尊重。

构建和谐社会以实现社会公正和国家长治久安为着力点。当前，总的来说，我国社会是稳定的，但社会的公正程度与和谐程度还不够理想，有些方面潜伏着不稳定的因素。因此，构建和谐社会，就社会关系本身来说，必须注重社会公平，搞好社会管理，正确反映和兼顾不同方面群众的利益，正确处理人民内部矛盾和其他社会矛盾，妥善协调各方面的利益关系，尽量把不稳定因素化解在初始状态，以免酿成大的事端。同时，创造性地开展群众工作，真正使人民群众安居乐业，保障社会稳定和国家长治久安。

马克思主义认为矛盾是无处不在、无时不有的。问题的关键是如何处理矛盾，处理得当，矛盾将化成进一步发展的契机；处理不当，矛盾也会阻挠整个事物发展的进程。在我国社会转型时期，矛盾多是不可避免的。社会稳定机制中一个很重要的部分就是要经常地把人民的不满表达出来，化解掉。舆论监督作为人们表达意志、反映心声、体现社会正义和社会良知的有效手段，常常揭示出社会存在的矛盾和问题。矛盾被暴露出来，就已经可以满足人们一定的心理需求，满足人们表达和申诉的愿望和要求。如果再在舆论的压力下得到合理的解决，必将大大鼓舞人心，提高人们的积极性。任何矛盾都不能长期积压和压抑，否则只能使矛盾更加激化，致使矛盾在特定的时期以更加极端的形式发泄出来。

从另一个方面看，在党和政府领导下的舆论监督越来越趋向理性化。舆论监督不仅仅是暴露社会中存在的矛盾和问题，更重要的是，理性地化解社会矛盾，维护社会稳定，推动社会进步，从而表明，党和政府完全有能力、有信心革除自身弊病。现实告诉我们，回避群众关切的问题，无异于主动放弃舆论阵地，或企图用“重锤击鼓声”来压倒“小号声”，必将使人们把自己的思考和愤懑化为更大的牢骚和不满，引起社会动荡。当然，对于敏感问题的报道和关注，要掌握分寸，注意策略，从不同角度用不同方式予以引导。讲困难要重分析成因，讲风险力求提出对策，讲成绩要令人信服，讲忧患要催人奋起。充分利用舆论监督的优势，帮助人们摆脱扑朔迷离的现实困扰，化失望为希望，化牢骚为积极参与，达到化解矛盾、稳定大局的目的。有关贪污腐败案件或事例的报道，暴露了党和政府存在的一些问题，但对这些案件的处理，对责任人有力的惩罚，又大快人心。舆论监督又成为群众鼓舞士气，展示党和国家力量的重要途径。

古人云：良药苦口利于病，忠言逆耳利于行。悉心听取群众的批评和指责之声，重视和鼓励舆论监督是构建和谐社会的重要保证。舆论监督不是社会中不和谐的音符，而是构建和谐社会必不可少的声乐调试。批评天下之不平、不公，是每个公民应有的社会责任，是监督政府、官员等权力机关或权力人物的主要方式。如果全社会都能培养良好的舆论监督意识，那么必将大大增强整个社会抵御各种不良侵害的能力。因此说，舆论监督是奏响社会和谐主旋律的基本乐调，是构建和谐社会不可或缺的重要一环。

实现现代化无疑是中国人几十年甚至上百年的梦想，在进入 21 世纪的飞速发展之后，中国人开始享受现代化目标的逐步实现带给我们的精彩生活。在走向现代化的过程中，已经承受了太多辛酸和血泪的中国人在中国共产党的领导下，逐步探索到了社会主义现代化建设科学的目标模式，相信聪明睿智的中华民族必定会在现代化的道路上从一个辉煌迈向另一个辉煌。

第四章
舆论监督与社会评价体系

舆论监督的内在支撑是价值观念。这里的价值观念不仅对民众有引导和驱动的作用，其本身也是舆论者心声的一种反映和体现。因此说，舆论监督的广度和深度既能反映出一个时代社会评价体系的向度，又能要求和推动社会评价体系的进一步科学化。

当代社会，价值观念多元化已成为不争的事实，科学地认知与合理地评价是当代人类自觉有效地从事各种活动的必要前提。而社会评价既要对人们活动的产物和结果进行评价，又要对一些人们直接的生存和活动环境进行评价，也要对人们既有的评价和各种价值关系进行评价，更是深刻地影响着人们有效地从事社会性活动。舆论监督既从外部检验和监督社会评价的科学化程度，同时本身又作为社会评价的一种形式从内部推进整个社会评价体系的科学化进程。

第一节　社会评价

一、社会评价的基本特征

评价是价值学的重要范畴，指主体对客体于人的意义一种观念性把握，是主体关于客体有无价值以及价值太小所作出的判断。① 也就是说，价值是靠评价得以揭示的，评价是揭示认识活动的起点和动力。② 社会评价是指从一定社会角度来考察和评定现象的社会价值，判明现象对社会的作用之善恶、美丑、功过及其程度。社会评价活动简单说来有两种实现方式，即国家权力机关的社会评价和群众的社会评价。

党的十六届四中全会上通过的《关于加强党的执政能力建设的决定》对党55年来执政经验的总结评价，各种形式的"科学大会"、"劳模大会"上对科学家和劳模的高度评价等等，都属于我国国家权力机关的社会评价；而社会舆论、民谣和社会思潮则属于群众性的、非官方的社会评价形式。

社会评价的基本特征体现在如下几个方面：

第一，较强的可再评价性。

社会评价是一种社会意识形式，反映着这个社会的根本利益和价值需要。它的最大特点就是可再评价性，即对已有的社会评价本身作为社会评价的对象之一，任何一种社会评价都可以而且需要进行再评价。这是因为：其一，社会评价的主体涵盖了社会中的各个阶层、团体、民族、国家，它们相对于同一社会评价客体，由于立场、观点、心理、情感、意志、偏好不同，知识结构、文化素养上的差别，种族、信仰、文化传统的不同，年龄、阅历等的差距，特别是现代社会文化多元化已成为时代的主旋律，各社会评价主体的角度、标准不同，得出的结论也不一样。于是它们就从自己的立场、角度再对其他群体的评价进行再评价，通过在彼此评价中取长补短，以取得更加合理、更加科学的社会评价；其二，事物的即时价值和历史价

① 袁贵仁：《价值学引论》，北京师范大学出版社1991年版，第207页。

② 陈新汉：《评价论导论》，上海社会科学院出版社1995年版，第9页。

球问题都有巨大的推动作用。

第一，社会评价以社会正义为导向。

社会正义作为我们追求的目标，它不是抽象的存在，而是体现在各种事务和行为中。社会评价本身就应该依据社会正义来进行，贯彻自由、平等的原则，衡量社会评价合理性的大小，关键是看其在多大程度上体现了社会正义。当然，社会评价对社会正义的体现和监督是从整个人类发展流程来看的，有些时候社会评价特别是国家权力机关的社会评价可能受人操纵或歪曲，会有违背社会正义的情况，我国“文化大革命”时期的社会评价即是这样。但可再评价性强的社会评价还是在党的十一届三中全会后，对这一时期的人和事进行了正确的评判，扭转了以前的错误决定或决策，还历史以公正，给社会以正义。文艺复兴时代最卓越的思想家之一乔尔丹诺·菲利普·布鲁诺赞美哥白尼的《天体运行论》是“丰碑似的著作”，并明确指出，不仅不存在作为宇宙边界的“恒星天层”，而且不存在宇宙边界之外统治整个宇宙的“原动力天层”。这些言论触犯了被罗马教会奉为神圣不可侵犯的与上帝创世说相一致的地球中心说，1600 年 2 月 17 日，布鲁诺被烧死于罗马鲜花广场。这是当时宗教法庭的社会评价活动，体现着中世纪为宗教界所统治和定义的社会正义理念。而在后人看来，这一做法严重侵犯了人的信仰和言论自由权利，违背了社会正义，是不合理、不正确的社会评价，因此这一评价并没有影响到后世对布鲁诺的崇高赞誉，反而更凸显了杰出思想家不畏强权、为真理献身的伟大精神。

社会评价还有监督社会正义推行情况的作用。对社会上各种有违社会正义的事物及行为，社会都要对其进行否定性评价，揭示隐情、形成压力，敦促其及时采取相应措施。如今，腐败问题已经成为众人关注、严重影响党和国家形象、影响社会发展的大问题。而腐败，简单地说就是官员以权谋私，把广大人民辛勤劳动的成果当作自己任意挥霍、恣意妄为的本钱。社会各界都对此进行了强烈谴责，新闻媒体竞相对一些重大特大贪污腐败案件进行追踪报道，国家权力机关也采取了多种措施来追查、制裁、防止各种腐败行为，从而捍卫了人们的权利，维护了社会正义。

第二，社会评价能引导价值行为，理顺价值观念。

如今，随着世界各国政治、经济、文化交流的不断深入，人们的民主意识和主体意识不断增强，文化多元化已经成为一个不争的社会事实。而社会价值体系是文化体系的核心，文化的多元意味着价值观念的多元。在我国，现代价值观念存在的必然性，传统价值观念存在的合理性，落后价值观念消解的艰难性，西方价值观念渗透的不可避免性，主流价值观念形成的滞后性，致使各种价值观念互相碰撞、冲击，一些人在这种复杂冲突的价值观念体系中迷失了方向，甚至失去了自己的精神家园，只是“跟着感觉走，紧抓住梦的手”。不仅不同社会群体之间因享有不同的价值观念而存在不一致性，即使同一社会群体也是一个多种价值观念并存、激荡的复杂体。世界多极化，利益主体多元化，文化多元化必将会长期存在，多种价值观念并存也将是一个长期的过程。

正是这种价值观念危机和价值冲突的深刻性、复杂性、紧迫性，才促使了价值学的迅速发展，促进了价值评价的发展和对这个领域的理论研究。反过来，社会评价又能引导人们的价值行为，帮助人们进行价值选择。从个体角度来讲，个体是社会主体的部分、环节和细胞，社会评价是个体评价的特殊综合，影响和制约着个体评价，使个体对群体产生归属感和认同感，并使个体自觉地按群体的利益、需要和标准来规范和评价自己的价值行为，进行价值选择。从群体角度看，广开言路，让各个社会群体的社会评价之间互相评价，互相借鉴，能使其逐渐完善，趋向更加合理，并提升到自觉地从更大的空间，更长的时间段着眼进行评价。不同阶层之间评价相互交融的结果是从整个国家的角度去评判一种价值关系，不同国家则应着眼于整个人类的生存和发展而进行评价，应该把整个人类的历史发展作为一个统一的背景进行观察与思考，从而使不同人们之间的价值尺度具有相互沟通的可能性，这也是保证各种文化系统多元并存的前提。

第三，社会评价有利于推动全球问题的解决。

当代价值冲突不是局部性的，而是全球性的。当代人类社会处于一个既高度发达、充分发展，同时又问题丛生、危机重重的困境之中。人类一方面享受着有史以来最高程度的物质文明；另一方面又在为生态危机、温室效应、臭氧层空洞、水土流失、资源浪费、人口爆炸等问题所困扰。而这些问题实际上是人与人之间的关系问题，人与自然关系的紧张是由于一些人不顾同一时代其他人的利益，不考虑后代人的生存，自私自利地开发利用的结果，是一些群体的社会评价标准出现了严重偏差造成的。

人们开始意识到这些问题，并把这些问题称为“问题”、“危机”的本身就体现了人们的社会评价。这些问题是以往人们不合理、不科学的社会评价造成的灾难性后果，更是今后进行正确社会评价的起点。世界各国都强烈呼吁尽快解决或缓解这些问题。有人持乐观主义态度，认为随着社会的发展，人类的进步，一代会比一代聪明，后人会有更多更好的创造新能源、解决新问题的办法，目前的问题只是发展中的小问题，必将在发展中得到解决。有人持悲观主义态度，认为这样的危机状况必然会威胁人类的发展，甚至生存，地球和人类会因此而毁灭在我们这代人的手里。

在重重危机面前，不同的态度和观点并存，广泛而深入地从不同角度进行社会评价，引导人们对自身群体的社会评价进行反思，对其他群体的利益、观点进行充分的考量和理解，在彼此对话、互相商谈、宽容理解的基础上，从人类社会整体的生存发展出发，从当代人之间的共同发展，从当代人和后人的利益均衡出发，对各个问题进行科学合理的评价。既要认识到问题的紧迫性，又能理智地、积极地寻求解决问题的办法，为正确、公正、快速地处理这些问题打下思想基础，形成理论先导。

第二节　舆论监督与社会评价的关系

在阶级和国家诞生之前，社会舆论就已经作为一种无形而神奇的力量在协调和规范着人们的思想和行为，成为人类判断是非、善恶、美丑的依据。在阶级和国家出现之后，它仍然是人类社会不可或缺的重要社会控制手段。卢梭甚至认为它是政治法、民法和刑法三种法律之外的第四种法律，是国家真正的宪法。而从本质上讲，社会舆论是社会评价的一种，特殊的权威性决定了它必将影响整个社会评价体系。

一、社会舆论本质上是一种社会评价形式

我们在第一章关于舆论的概念内涵的表述中，已经具体地罗列和分析了有关舆论的多个有代表性的定义，尽管它们在具体表述上各有侧重，但都是落脚在“舆论”是“……意见”、“对……的看法”或“对……的态度、评价”上。那么什么是意见？法国批评家、著名新闻记者秀厄说：“我把流行于一个民族内部的大量真理和谬误的结果，那个决定着它的判断，决定着它的尊重和蔑视、爱和恨，决定着它的癖好和习惯、恶德和善行——一句话，决定着它的风习的结果，称之为意见。”①

① 转引自刘建明《基础舆论学》，中国人民大学出版社 1988 年版，第 122 页。

《现代汉语词典》对意见的解释是“对事物的一定看法或想法”。这些都是从广义上理解“意见”的。从狭义上讲，意见即是对态度的语言表达，态度的强硬、和蔼、软弱都可以通过意见中的措辞声调表现出来。著名的心理学家 G. 奥尔波特说“态度是根据经验而系统化了的一种心理和神经的准备状态，它对个人的反映具有指导性和动力性的影响。”① 决定态度形成的根本因素是人的价值评价。世间没有无缘无故的爱，也没有无缘无故的恨，这个“缘故”就是人的评价。评价是态度的基础，是态度的内在支撑，只有在认知评价的基础上，才能产生内心体验，形成喜欢与厌恶等情感因素，二者相互作用，最后凝结为一种行为倾向，构成态度。

人对任何事物的态度都不是纯粹客观的，总是扎根于自己的需要，或者说自己意识到的需要，即利益。评价正是从利益和需要出发，对评价客体与自身需要关系的评价，是价值意识与主客体价值关系的现实联系，即价值意识朝向客体的对象性精神活动②。因此说，意见表达的真正内容还是评价。尽管意见首先要建立在对事物的认知印象基础上，有一定的陈述内容，但其中的评价因素是最本质、最根本的，是意见和舆论的灵魂所在。没有评价，形不成态度，就无所谓意见，也就谈不上舆论，从这个意义上讲，舆论是评价的一种表现形式。当然，评价和态度可以是隐蔽的，也可以是公开的，而舆论是公开用语言表达出来的态度和评价，不公开的评价不构成舆论。震惊中外的“四五”事件，广大群众对“四人帮”倒行逆施的强烈不满，对为中国人民的解放事业和社会主义建设事业做出丰功伟绩的周总理的尊敬和爱戴，对周总理逝世的悲痛，都

---

① 转引自张学洪《舆论传播学》，南京大学出版社 1992 年版，第 182 页。

② 李德顺：《价值论》，中国人民大学出版社 1987 年版，第 244 页。

体现在到天安门广场送花圈，张贴诗词，发表演说上，人们发表的是自己的意见和言论，形成的是社会舆论，表达的就是评价和态度。

社会舆论在本质上是价值评价的一种，同时，单个的或少数人的评价和意见不构成社会舆论。舆论主体，即发表意见者必须是相当多数，舆论是姓“群”的，“舆”字本身就是“公”的意思，只有多数人由于一定的信任和趋同心理，公开表达自己的意见，通过彼此折射、借鉴、补充、完善，逐渐形成倾向较为一致，能代表整个舆论者群体的共同意见，才能构成舆论。马克思指出：人的本质并不是单个人所固有的抽象物，在其现实性上，它是一切社会关系的总和。”每个人生下来都处于一定的社会关系之中，不但以自身个体形式存在，而且也作为集体或某一群体的成员而存在。每个人的意识和思想都是在社会关系中形成的，很少有纯粹的个人意识，针对某一与自己社群、团体有着直接或间接利益关系的事物，往往有意无意地从群体的立场和角度出发，发表自己的意见，并在将自己的意见公开后，互相质疑，互相折射，互相影响，在议论纷纷、众说纷纭之中，逐步地修正自己原有意见中的偏狭和局限，彼此取长补短，逐步形成倾向较为一致的意见。一个人说“这是好的”、“我喜欢秋天”，只代表一个具体的意见、看法，只有相当多数人，如一个阶级、一个团体等对同一社会问题共同关注，才可能形成舆论。如今，腐败现象作为一个长期存在的社会大问题，已经引起社会各界、各个阶层的广泛关注，大家对之议论纷纷，从不同的阶层或群体角度发表意见，提出惩治腐败的具体措施，呈现出多样性，但共同一致的倾向是：我们必须加大力度，坚决严厉地惩治腐败，力挽狂澜，清除国家蛀虫。

从以上的分析可知，社会舆论本身是评价的一种，内在地蕴涵着对事物价值和价值关系的评价，同时，这种评价又是相当多数人通过广泛议论，最后站在本群体的立场上形成的公众意见，舆论的主体是与个体相对应的社会，因此说社会舆论是一种以社会为主体的评价，是社会评价的一种。舆论监督本身是舆论的一种功能，有着较强的针对性和明显的倾向性。在舆论监督中，舆论是手段，目的是进行监督，对社会事务和社会运行中的偏差行为进行制约和纠正。舆论监督通过赞成或反对，拥护或谴责，评论或讽刺等方式，对监督对象作出评价，表达民意，对被监督者造成舆论压力或心理压力，从而收到监督效果。

二、舆论监督是实现国家权力机关社会评价的一个重要途径

社会舆论能够对社会成员进行整合，能对国家和社会管理机关及社会道德状况进行监督，加速社会政治变革等，且这些社会作用因其所具有的无形而神奇的权威性而更加威力无穷。掌握和引导社会舆论是国家了解民情、民意，进行正确的社会宏观调控的重要手段，是国家权力机关进行社会评价的一个基本参照，也是国家权力机关社会评价发挥作用的重要途径。党的十六届四中全会上通过的《中共中央关于加强党的执政能力建设的决定》中，把“牢牢把握舆论导向，正确引导社会舆论”作为建设社会主义先进文化能力的一部分提了出来，把“建立社会舆情汇集和分析机制，畅通社情民意反映渠道”作为构建社会主义和谐社会能力的一个小环节写了进去，党和国家对社会舆情掌握、舆论引导的高度重视足见一斑。

权威性是舆论的一个重要特征，它能够迫使社会个体放弃自己个别的、特殊的意见和看法，顺从公众的意见，也能够影响政府的决策和政策的执行。并且，这种权威性是无形而神奇的，它普遍地存在于我们的生活之中，人们可以时时刻刻感觉到它的存在，而又抓不到它。“他是个奇怪的人物。你可以同时在任何地点，在所有的地方遇到他，在城市，在农村，在火

车里，在大街上……他以各种不同的面貌出现，有时是工人，有时是农民、战士或大学生……他有各种不同的年龄：年岁不大，或上了年纪。有时是妇女，有时是男人，但他无所不知，无所不察，什么事情也休想逃过他的眼睛，什么也骗不了他。”这段出自罗马话剧《公正舆论》（编剧：奥·巴琅格）将舆论拟人化的台词体现了舆论渗透力的广泛性和普遍性。①

正是社会舆论这种神奇的权威性，国家权力机关的社会评价活动也往往要通过它发挥作用。任何约束和制约都是他律与自律的统一，外在约束和自我约束的统一，任何外在约束只有得到主体的认可和确认，理解和尊重，转化为人内在的主动自觉的行动，其权威性、约束性才能最深刻地得以体现，这正是权威机关追求的目标和境界。

中国古代就有“水能载舟，亦能覆舟”的精辟论断，广大人民群众是政府的力量之源、权力之本，得不到社会公众的支持和理解，再合理、再科学的社会政策和法规都只是空话一句，其权威性也都荡然无存。国家可以对付个别人的抵制和反对，但永远都承受不住绝大多数人的反抗和攻击。而社会舆论是调和社会矛盾、维持社会稳定的工具，任何政府、当权者要想操纵庞大的社会生活，把自己的意志转化为全社会的意志，都必须通过社会舆论这一武器。因此，任何政府机关在做出自己的社会评价之后，都要借助各种宣传工具，造成一定的宣传声势，把自己的评价结果通过尽可能好的方式灌输给公众，引起公众讨论，形成较为一致的意见，造成社会舆论。而对于各项政策的执行情况和结果还要通过舆论监督来收集和反馈，通过舆论监督和对热点问题的引导，纠正工作中的问题，反映广大人民群众的意见、建议和呼声，把改革开放和经济发展各阶段的方针政策告诉群众，把困难和问题、前景和希望也告诉群

---

① 转引自廖永亮《舆论调控学》，新华出版社2003年版，第16页。

众，把社会主义改革的前途、命运同亿万人民群众的切身利益紧紧地结合在一起。这对社会和民众的影响，具有比政策和法律更广泛的群众性和社会性，对增强社会和民族的凝聚力、树立国家和民族的形象，对弘扬时代正气、促进各项工作起着直接的重要作用。

在我们社会主义国家里，人民当家作主，政府的权力来源于广大人民群众，政府权力机关做出的社会评价必须参照群众的意见，听取群众的呼声，掌握社会舆论动向，尊重舆论监督，把人民的利益放在首位，真正做到权力来自于人民，服务于人民。一些地区，农民因贫困和愚昧而去卖血，染上艾滋病，致使雪上加霜，最基本的生存权受到严峻挑战。于是，人心惶惶，怨声载道，甚至产生了对社会的抵触情绪。但由于涉及一些政治或其他方面的复杂因素，一些地方封锁消息，压制声音，使这些人的生活步履为艰。后来是一些新闻单位冲破重重阻挠，对此事进行了曝光，倡导舆论监督，引起了全国轰动。国家政府部门了解情况后，从人力、物力、财力各个方面给予大力支持，耐心引导，悉心照料，全心服务，帮助这部分群众走出困境，重新树立生活信心。开始于2001年的"黑哨"风波，由宋卫平、李书福等人揭露的裁判受贿等足坛黑幕，包括中央电视台、新华社等强势媒体在内的难以胜数的媒体都进行了全面的、持续的报道。在人民网中键入"黑哨事件"，截至2002年11月21日，搜索到相关的资料共有84篇，其中社会各界人士以各种形式发表的评论有36条。① 包括网络在内的新闻媒体对足坛的腐败进行了全面的揭露，对足球运动的行业管理部门进行了猛烈的抨击，"两会"上代表提出对此事进行处理的要求，让原本依然我行我素，试图以所谓的行规解决问题的足协，和迟迟不动的司法机关不得不重视起这个

---

① http：//www. people. com. cn。

严重的问题，实现了司法介入，对有关责任人进行了追查和制裁，还人们以公正。舆论监督不是制度性评价，不能直接地解决问题，但它可以推进和影响到制度性评价。

上文谈到社会评价具有相对合理性的特征，而舆论监督作为社会评价的一种，其合理性自然是相对的。社会舆论代表舆论主体的公共利益，是一种公共意见，理论上讲应该是公正的、合理的。但这种公正性、合理性是相对的，因为社会舆论是“相当数量”的人或特定群体利益的反映。利益决定评价，决定舆论。有时候这一群体的利益与其他群体不一致，这一点在阶级社会里表现得尤为明显，统治阶级的舆论与被统治阶级的舆论绝大多数情况下是相互对峙的。即使在社会主义社会里，由于经济成分的多元并存，不同阶层之间的利益也不一致，而在一个更大的群体——国家里面，这些不同阶层、不同群体的利益又成了小利益，着眼于国家大集体利益来说它们的合理性是相对的。特别是现代社会政治开放性与文化包容性已成为社会舆论的显著特征，更增加了其复杂性和多样性。另一方面，社会舆论的形成中往往有一个舆论领袖在发挥较大作用，他们“振臂一呼，应者云集”。一般情况下，这类人应该是在该舆论领域见多识广、经验丰富、受人尊重的人物，但与此同时，社会舆论也有可能被一些别有用心的人所操纵。特别是如今，新闻媒体成了引导和发起舆论的重要阵地，新闻媒体除了是群众舆论的代表外，自身还有着独立的利益和诉求，也会出现与社会正义相违背的情况。冯玉祥在《我认识的蒋介石》中介绍，蒋介石曾有这么一句话“舆论、舆论、舆论！我拿 300 万元开十个报馆，我叫它说什么，他说什么，什么狗屁舆论！”① 纳粹德国宣传部长戈培尔甚至说：“谎言重复一千次就会成为真理。”“文化大革命”时期，林彪就是利用了全

① 转引自廖永亮《舆论调控学》，新华出版社 2003 年版，第 18 页。

国人民对毛主席的热爱和崇敬，煽动群众的狂热情绪，鼓吹个人崇拜，发动一场现代造神运动，借此实现个人的野心。“法轮功”邪教组织的首领李洪志利用当代价值观念冲突、混乱，主流价值观念缺失的现状，向人们宣扬“世界末日”论，通过录像带、录音带、书籍等多种形式向广大受众宣传其邪教言论，扰乱社会治安，影响社会稳定，利用了人们对强身健体和信仰的追求，实现自己不可告人的目的。

因此说，社会舆论的合理性是需要具体分析的，只有积极引导舆论导向，才能保证社会舆论向着正确的、合理的、科学的方向发展。江泽民同志曾经指出：“坚持正确的舆论导向，就是要造成有利于进一步改革开放，建立社会主义市场经济体制，发展社会生产力的舆论；有利于加强社会主义精神文明建设和民主法制建设的舆论；有利于鼓舞和激励人们为国家富强、人民幸福和社会进步而艰苦创业、开拓创新的舆论；有利于人们分清是非，坚持真善美，抵制假恶丑的舆论；有利于国家统一、民族团结、人民心情舒畅、社会政治稳定的舆论。”这些舆论是正向的舆论，是应该支持、鼓励和引导的舆论。这就要求政府部门及时地进行舆论检测，即民意测验，把握舆论走向，让舆论真正地反映群众心声，而不是被个人所操纵，或囿于小集团的利益之中。有针对性地宣传、引导，掌握舆论的主动权，及时地将国家的社会评价形成社会舆论，并通过舆论来维持人心稳定、社会稳定、大局稳定、政权稳定，这是所有当政者所共同追求和向往的。当然，引导的前提是鼓励广大群众公开发表自己的意见，广开言路，集思广益，有一个畅所欲言的民主环境，因为只有疏才有导，只有通才能达。

在上文谈到，舆论监督无处不在，针对国家权力机关失当或错误的社会评价进行抨击，通过施加压力来影响它们的评价和行为，这是舆论的天职。五四运动就是一个社会舆论监督国家权力机关社会评价的成功范例。作为国家和社会的防腐剂，舆论监督敦促社会评价实事求是地以人们的根本利益为基点来进行，推进评价的科学化进程，提高其合理性程度。

三、舆论监督社会评价的传统形式与现代特征

舆论是一种巨大的精神力量，它表达着人心的向背，预示着风云的变幻，关系到个人荣辱、事业成败和社会兴衰，舆论监督作为社会法庭的公判、铭刻在内心的法律、净化社会空气的过滤器，有力地从外部规范人们的行为，具有一种把理想变为现实的顽强的战斗精神。它古已有之，源远流长，发挥着调节社会行为、规范人们活动的巨大作用。在现代社会，文化多元化必然要求社会舆论更具包容性和开放性，而社会信息化也使监督方式公开性和监督效应及时性成为舆论监督的新特征，这无疑给社会评价体系的完善提出了新的要求。

第一，舆论监督的传统形式。

从原始先民的集体生活和集体劳作开始，舆论就在社会中生根发芽。随着交往的进一步扩大，生活内容的不断丰富，舆论监督的形式也越来越多样化，但总体上比较典型的主要有以下几种形态。

风俗习惯 原始社会是人类社会的“童年”，原始的社会评价是用“童眼”看世界，用“童心”感受生活的一种方式。当时没有个人意识，没有“我”，只有“我们”，进行评价的主体只能是社会、氏族。原始的评价积淀成风俗习惯，并以此来监督和制约人们的行为。摩尔根在《古代社会》一书中说，氏族社会的成员“对于一切重大问题必定会运用他们的智慧而产生一种舆论”，由舆论来解决问题，当时的部落首领或氏族中德高望重者就是舆论领袖。在风俗习惯的调节下，“没有军队、宪兵和警察，没有贵族、国王、总督、地方官和法庭，没有监狱，没有诉讼，而一切都是有条理的”。原始氏族开始禁止族内婚、辈份婚的方式就是婚姻习俗，如果有人违背了这

一习俗，就会受到整个氏族的攻击和抛弃。

当然，风俗习惯作为一种舆论监督的表现形式，不仅仅存在于原始社会，而是表现为文化积淀在不同社会变换着不同的内容，而始终不变的是其制约性和权威性。在我国封建社会，女人要裹脚，“三寸金莲”是对小脚女人的美好赞誉，不裹脚、脚大的女人长得再漂亮也是丑陋的，不招人喜欢，嫁不出去的。这是当时的审美标准，是对女性权利的剥夺，更作为风俗习惯贯穿在社会上下，制约着人们的思想和行为。

宗教禁忌 宗教舆论比一般的舆论，比风俗习惯具有更大的约束力和威慑力。克鲁泡特金指出：“这个习惯变成了一种宗教仪式；它获得了神秘的解释，并且在单单靠公众舆论不能使一般人都遵守这个习惯时，便由宗教来强制实行。”① 大乘佛教的“十事”，基督教的“摩西十戒”以及伊斯兰教《古兰经》里的“五功”，都是宗教的戒律和禁忌。宗教禁忌对人们思想和行为进行监督的强制性来自于宗教关系的禁锢性、组织的严密性。而在中世纪，西方还有宗教裁判所，如有违背宗教戒律和禁忌的，都要受到宗教裁判所的强制制裁。曾有一段时间，宗教神权的力量大于封建皇权，对人们行为的约束更是苛刻，基督教的创始者耶稣便是被作为异教徒钉死在十字架上，伟大的科学家、思想家布鲁诺被活活烧死在罗马鲜花广场上。著名的神学家托马斯·阿奎那说：“从异端分子本身的观念来看，他们罪孽昭彰，因此不但应该把他们逐出教会，而且还应该处以死刑，把他们从世界上消灭掉。这是因为，败坏作为精神生活的宗教信仰，比起伪造维持世俗生活的货币来，问题严重得多。所以，如果说货币伪造者和其他的坏人由世俗当局毫不容情地处以死刑是公道的话，那么异端分子一旦被证明有相

① 转引自刘建明《基础舆论学》，中国人民大学出版社 1988 年版，第 57 页。

信异端的罪行时，就可以有充分得多的理由不但被开除教籍，而且被处以死刑。”① 尽管随着人们科学意识的增强，宗教神权已逐渐下降，实体上的宗教裁判所已经不复存在，但在教徒心灵深处的精神裁判所依然存在，各种宗教禁忌依然作为一种强制性的舆论监督力量铭刻在教徒心里，他们会因为违反戒律而惭愧、忏悔，害怕在今生或来世受到神灵的惩罚。

上书、进谏 风俗习惯和宗教禁忌是面对所有社会大众的舆论监督形式，而上书和进谏则是作为臣民向统治者提供监督的形式。春秋战国时期，诸侯纷争，天下大乱。百家策士奔走于各国，陈述政见，献计献策，但求闻达于诸侯。这些辩士推销自己政见的主要手段是游说。通过游说宣扬自己的政治主张，一旦被国君采纳，就对社会历史发展起到巨大的推动或阻碍作用。战国时代齐国的孟尝君田文，赵国的平原君赵胜，魏国的信陵君魏无忌，楚国的春申君黄歇，秦国的文信侯吕不韦都养食客 3 000 多人，专门制造舆论，监督和劝谏国君的决策和行为。封建社会里各个大臣更是通过上书、进谏来影响和制约国君的思想和行为。宋代开国初期，宋仁宗、宋孝宗曾建立了集议、谏议、封驳、转对、求言、上书、伏阙等收集民意的制度。朝廷内外曾一度形成议政之风，太学上书有时一次竟达数百人，组成庞大的进谏队伍。而最有名的上书还数清朝的“公车上书”。1895 年，《马关条约》签订的消息传到北京，当时正在北京参加科举考试的康有为，联合 1 300 多个考生一起给皇帝上书，反对向日本求和，要求变法，认为中国的危亡局势都是腐败的制度、落后的思想造成的，要求在政治上改革旧机构，经济上保护、奖励工商业，教育上创办新学校、改革科举考试，学习西方的科学技术和文化思想，等等。上书虽然没有到达皇帝手中，但维新变法思想的影响迅速扩大，在全国

① 《阿奎那政治著作选》，商务印书馆 1963 年版，第 133 页。

掀起了爱国救亡运动的高潮。

以上这三种舆论形式从总体上来看都是历史上的正统的社会舆论，它们大多数都代表统治者的利益，是从统治者的政权稳定着眼的。风俗习惯和宗教禁忌能够将统治阶级的意志转化为一种外在的，甚至有些客观的、自愿的意志，于无形中制约和监督着人们的行为，维持着社会秩序。当然，统治阶级的成员也要受到风俗习惯和宗教禁忌的制约，但他们是从阶级整体利益出发的。上书和进谏表面上看是对统治者行为的约束，但实际上臣民的各种宣传和主张、意见和建议都是站在统治阶级整体利益、长远利益的角度提出的，是为了“长治久安”，根本上还是统治阶级意志的体现。

暴动与起义　与这些正统的舆论形态相对应，历史上还存在着被统治阶级的舆论，它们尽管只能作为社会发展的伴音存在，但从未停止过争取权利的斗争。奴隶社会就有反抗奴隶主统治的奴隶暴动，广大奴隶斥责夏桀的暴虐无常，“时日害丧，予及汝皆亡”，愿意与他同归于尽。在我国长达几千年的封建社会里，农民起义更是此起彼伏。最具代表性的是太平天国运动。鸦片战争以后，清朝的统治更加腐败，再加上外国资本主义的侵入给人们带来了新的灾难，两广地区灾害不断，人们生活困苦。1843 年，洪秀全受基督教思想的启发，将农民要求平等、自由的思想通过宗教形式表现出来，创立了拜上帝会。“天下多男人，尽是兄弟之辈；天下多女子，尽是姊妹之群。何得存此疆彼界之私，何可起尔吞我并之念”，“凡天下田，天下人同耕”，“无处不均匀，无人不饱暖”，“天下人人不受私，物物归上主”，建立“四有二无”的理想社会，号召人民跟清朝统治者斗争。1851 年 1 月 11 日，他领导农民在广西桂平县金田村起义，建号太平天国。1853 年，太平天国颁布了《天朝田亩制度》，中心内容是要实现“有田同耕、有饭同食、有衣同穿、有钱同使，无处不均匀，无人不饱暖”的理想社会。太平军出师北伐，打了很多胜仗，逼近北京，吓得清朝皇帝准备逃跑。尽管起义在1864年由于农民阶级自身的局限性而失败，但给统治者和广大农民的震撼却是空前的。

他们喊出了被统治、被压迫者的愿望和要求，并体现在切实的暴力行动中，是对统治阶级行为中的偏差进行纠正和反抗的极端形式，正是他们喊出的口号，制造的舆论，一次次的暴动和起义，一步步地唤醒了被统治阶级的权利意识和民主意识，迫使统治者做出让步，有力地推动了社会的发展、历史的进步。

第二，舆论监督的现代特征。

在社会历史上，尽管也存在着社会正统舆论和非正统舆论两种声音，但非正统舆论是被压制、被禁止的弱势者，高度的权力集中使这些非正统的舆论在各种力量积压中畸形发展。因此说，传统的舆论监督形式往往既是真实的，又是模糊的；既是生动的，又是粗糙的；既是流变的，又是具有相对稳定性的，有时甚至有某种偏激与盲目。而现代舆论监督则是一种比较成熟、明晰的意识形态，它是在公众舆论基础上升华后的结晶，具有较为合理的科学性以及可掌握的规律性。具有超越传统舆论主体的狭隘立场和视野的能力，比较理性；在表达公众意见方面，它们更多地体现了思辨优势，经过大量对进入舆论领地的泥沙俱下的意见信息的"筛选"与"过滤"，去掉了渣滓，提高了纯度；在评价是非的分寸把握上，较之传统的公众舆论，显得更为客观、理性；在其权威性、引导性、前瞻性方面，比传统的公众舆论具有更明确的价值指向，因而更具有"监督"的实质内容。

现代社会，特别是20世纪量子力学的产生、"地球村"概念的形成和政治多极化的出现，不仅打破了政治上极权统治的局面，而且打破了人们观念上自亚里士多德和牛顿以来的线性思维的习惯，文化多元化已成为时代主旋律，人们开始从多角度、多层面立体性地审视这个世界。文化多元化是指在全球范围内不同民族文化的共存共荣，亦是指在某一民族和国家内，传统文化对其他文化的宽容及必要的吸收。从思维的方法论上解构文化多元化，它是指一种新的思维方式的构建，即从传统的一元式思维转变到多元式思维，从思维的绝对论转到思维的相对论；就本体意义来说，多元文化是一个多元文化哲学价值观问题。每种文化都是人类对付不同境况和挑战的独特智慧的积累，每种文化都有不可剥夺的存在理由和独特价值，都应受到尊重和宽容。一个国家的传统文化总是会在人们的内心发生作用，会表现出人们在天性中就已具有的“对身边可依赖的支持的需要，即对家庭、邻里、对文化习俗，对把‘我们’与‘他们’分开的意识的需要”。① 文化规定着人们的生存模式并标志着这个民族在整个世界中的存在状态，文化的个性与独立是一个民族、一个国家的立身之本，如果消泯了一种文化的特性与形态就等于丧失了这个文化群体在人类社会中存在的地位和价值。在文化多元的前景下，各民族和国家高扬自己的本土文化，发挥各自文化的优势。作为维护其民族国家利益的一张王牌，多元文化充分显示出自身的优越性，体现了文化多元化的合理性存在。②

文化没有腿，却不断地从一个地方到另一个地方奔走；文化没有翅膀，却每天在社会中飞动。它携带着自己特有的价值和意义渗透到人类活动的每一个场合、角落，并以非常的力量支配着人类的行为和观念。它无所不在，无所不往，万象纷呈，云蒸霞蔚，多元并存，争奇斗妍，构成人间光怪陆离的迷人现象。

政治开放性 政治开放性特征是文化多元化对舆论监督最

① http：//www. gdass. gov. cn/CIC/llzt1074. htm。

② http：//www. gdass. gov. cn/CIC/llzt1074. htm。

深刻的影响。一反传统舆论监督中对被统治阶级，对其他社会意识形态的压制、抵触倾向，现代舆论监督对所有的意识形态、利益阶层开放。现代社会我们不仅能随时听到经济发达、称霸欲强的资本主义的声音，也能听到蓬勃发展、自强不息的社会主义的讨论，甚至还能感觉到非洲部分地区原始部落的思想。它们彼此之间曾经有过冲突和斗争，即使在现代社会也有霸权或殖民倾向，也有一定的彼此抗衡情结，但已经阻挡不了舆论的互相渗透和彼此影响。如今社会的国际舆论就是这一特征的明显体现。美国发动的伊拉克战争，造成了许多无辜人员的伤亡，使一些难民无家可归，战后的政府过渡不尽如人意，重建工作也频频受阻，一系列的行为都受到了国际舆论的否定和批评。在当代社会，或许政府间的信息往来还有一定的“雕饰”之嫌，但普通百姓却可以通过网络论坛、icq、oicq 等方式进行真实的、原味的情感沟通和信息交流。因此说现代舆论监督已经对所有政治利益体开放，鼓励其发挥各自的监督作用，以更多更好地校正社会运行中的偏差。

文化包容性　文化包容性特征是文化多元化对舆论监督最直接的影响。无论是民族文化还是外来文化，大众文化还是主流文化，高雅文化还是庸俗文化，都有其存在的依据，每一种文化都具有解释世界和处理与世界关系的独特方式，这些文化共同构成了人类文化的宝库。文化创造力的强弱与多元文化的频繁交流、密切互动紧紧相连，在一个封闭的系统中，是不可能有伟大创造的。文化多样性体现了人类群体适应和改变生活境况的能力，文化包容性则体现了文化群体和文化观念多元共存的要求和可能性，这两者是培育人类创造力的最好温床。舆论监督是一种文化形式、文化样态，又是文化的载体、文化的平台。它对所有的文化样式保持尊重和宽容的态度，使各种文化的监督之声在这里碰撞、交流，既能使文化多元化得以存在和延续，也能从文化的多样性中汲取力量，不断地丰富和发展自己。

文化多元化之所以如此迅速地成为时代的主旋律和主要的思维方式，关键在于社会的信息化。在这个“地球村”时代，电子速度取消了人类意识中的时间和空间概念，任何时候打开网页，都可以看到新的信息，任何一条信息只要传到网上，就能瞬间传遍“全村”，任何一个网民都可以在网上发布信息，表达意见，发表评论，方便快捷地为舆论监督提供充足多样的信息源。相对于传统舆论监督的形式和样态，现代社会的舆论监督还具有监督方式的公开性、监督效应的及时性和监督格局多元化的特点。

监督方式的公开性 现代舆论监督表达的途径主要是大众传播媒介，包括四种形式，即电视、报纸、广播和网络。媒介在舆论监督的形成和传播中占有很大的影响，是舆论监督最有效、最快捷、最常用的方式，这也是很多学者或新闻工作者将舆论监督混同于新闻监督的主要原因。媒介的覆盖面相当大，快速及时，新鲜活泼，能迅速地把握社会事实动态，报道或揭露事件内幕。广大公众愿意通过媒体表达自己的意愿，那样可以吸引更多的人来关注这个问题，对此进行讨论，形成监督力量，扩大影响力；而媒体也希望多表达一些公众关心的话题，从而提高自身的知名度，为自身带来更多的经济效益。古代社会需要骑马跑上一个月的路才能传到的消息，现代信息社会里只要一点鼠标就可以获知。传统社会里一些不利于某些利益团体特别是当政者的信息会被封闭，如今，想封闭信息实在太难，只要一被媒体捕捉到，就没有打不开的缺口。

监督效应的及时性 现代社会不但公众意见表达快，而且产生的效应和影响也快。在如今的信息社会里，针对公众的意见，社会个人难以面对“四面楚歌”的局面，需要尽快纠正自己的偏差行为；国家权力机关更要及时处理，否则，传播速度如此之快，影响面越来越大，会给国家政治和思想的稳定带来很多麻烦。而在这个发展和稳定成为国内最大的政治，和平和发展成为国际社会主题的时代，稳定是个极其重要的前提。从另一个方面看，对各种偏差行为纠正的结果也会迅速地传播开来，能够快速地使人受到鼓舞，振奋精神，这也是各媒体对各种新闻或公众事件要“进行追踪报道”的目的所在。

监督格局的多元化 在广阔的网络信息平台上，各种声音汇集一堂，有的慷慨激昂，有的振聋发聩，有的微言大义，有的至情至性，评说天下，针砭时弊，语言生动，文风犀利，宽容中体现民主，开放中体现整合。喻国明教授认为：“充分的舆论监督决不仅仅依赖于一个媒体的品质，而在于全社会范围内形成的多元化媒体格局，这样舆论监督的死角就会大大减少。”① 如今，舆论监督已经突破传统的单一格局，由网络监督和传统监督方式一道，构成了多元化的监督格局，在总体上加强了舆论监督的密度与力度。南丹“7·17”事故最早就是在网络上披露的，随后，南宁地方媒体接到举报，当记者赶赴南丹调查采访时，却受到阻截、驱赶甚至追杀，有关责任人试图继续隐瞒事故真相，后来人民网在2001年7月31日发表《广西南丹矿区事故扑朔迷离》一文，揭开了当地隐瞒了半个月之久的重大事故。多元化的监督格局使各种舆论监督方式互相配合，进一步增强了舆论监督的威力。

舆论监督的政治开放性和文化包容性特征，使其不仅涉及不同派别的政治理想，不同人群的宗教信仰，不同民族的文化传统，涉及多元与主导的统一，涉及少数人的意见、多数人的主张，要求社会评价体系必须更具开放性和宽容性，而舆论监督方式的公开性、监督效应的及时性和监督格局的多元化更进一步增强了舆论监督的威慑力，要求社会评价体系必须体现社

① 《华声报》和网易共同合办的“新闻周评”栏目和网上交流活动，时间为2001年9月3日22点13分。

会正义，因此说，我们必须充分重视舆论监督，大力支持和配合舆论监督，使其成为社会正义的敦促者、实施者和倡扬者。

四、舆论监督对社会评价体系的影响

舆论监督是社会评价的一种，包含在社会评价体系之中，是国家权力机关社会评价权威性得以发挥的重要途径，只有国家权力机关的社会评价和民众的社会评价相互协调，才能保证社会评价体系的科学合理，舆论监督政治开放性、文化包容性、监督方式公开性、监督效应及时性和监督格局多元化的现代特征，也为社会评价体系的发展提供了内在动力和外在压力。

第一，社会评价必须在民主的政治氛围中进行。

没有民主，就没有民众说话的权利和自由，没有民主，社会上将会只有统治者的一种声音，民众社会评价根本无法进行。这里的民主是政治制度，也是工作方法。国家权力机关要保证公民对国家和社会事务有知情的权利（包括对热点问题、重大事件的知情权），知政、参政、议政的权利，依法享有的信仰自由、言论自由、出版自由和民主监督权。在“以阶级斗争为纲”的年代所提倡的“大民主”及历次政治运动，大都是在“左”的思想路线指导下，自上而下地运用群众斗群众，群众运动成为名符其实的“运动群众”，形成了人人自危的局面，造成了全国范围的动乱，给国家、民族带来深重的灾难。在这样的大环境中，舆论监督成为少数拥有自由民主权的人对失去自由民主权的广大群众实行“监督”和专政。没有民主的政治氛围，民众没有发表意见的自由和权利，不仅舆论监督，其他各种社会评价也都失去了本真意义，整个社会评价体系就成了教条主义的千报一面、千台一腔、千篇一律，民众的社会评价将都成为国家权力机关社会评价的“克隆”产品。邓小平同志曾深刻地指出“没有民主就没有社会主义，就没有社会主义的现代化”，而没有民主的政治氛围，社会评价只是单一的评价，形成不了体系，更达不到客观公正、体现社会正义的目的。

文化多元化的现代社会，各种文化传统和利益群体的人们有着不同的愿望和诉求，社会评价体系应该更具包容性，更具宽容性，而这些只有体现在民主的政治氛围中。这是舆论监督所具有的政治开放性和文化包容性的要求，也是时代提供给社会评价体系的新课题。

第二，两种社会评价形式必须相互协调，动态统一。

群众社会评价与国家权力机关的社会评价既有区别又有联系，其区别主要表现在：群众社会评价是一种非制度性的评价，是以人的理性以及思想、言论表达的自由为基础，具有任意性，不产生权利义务关系，对被评价的事物本身不具有强制力；而国家权力机关的社会评价则是制度性评价，以法律赋予的职权为基础，具有确定性，经常导致权利义务关系的产生，对被评价对象具有强制力。群众社会评价以信息传播为表征，重于价值判断，以谋求制度性评价为归宿；国家权力机关的社会评价以证据推理为表征，重于事实判断，以实现责任为归宿。二者之间的联系也很密切：二者互为对方的评价对象，二者都在追求社会正义，群众社会评价往往能提示、校正和促进国家权力机关的社会评价，当国家权力机关因种种原因而不能体现社会正义时，群众社会评价就起到一个补充的作用。

在国家权力机关与民众的关系中，后者因不享有权力而处于弱势，因此说二者在社会评价上的协调实际上前者起着关键作用。国家权力机关必须重视、支持和配合舆论监督等民众社会评价。以传媒为主要载体的公众舆论，是关系国泰民安的最可宝贵的舆论资源，舆论监督既可以是称职的“可以明得失”的“政府镜鉴”，又可以是明情达理的“群众喉舌”；既可以是“载舟”的民意体现，又可以是老百姓“覆舟”意志的充分体现。国家权力机关要有“请人打扫卫生”的姿态，满腔热情地关心和支持舆论监督，帮助民众排忧解难；要坚持原则，主持公道，真诚欢迎监督，认真改进工作。因此应当赋予媒介独立负责的地位和自行审核新闻的权利。鼓励媒介主动与政府各部门特别是上级主管部门沟通，寻求支持和理解。同时，保留行政部门依法事后追究媒介责任的权力，以加强媒介自身的责任心，减少政府对媒介的直接控制，而采取由法规部门按法定程序依法管理的做法。认真听取和分析舆论的声音，作为自己进行社会评价的可靠资源，协调国家权力机关与民众的总体价值趋向，使各种社会评价在多元、丰富的基础上实现动态统一。

第三，社会评价体系必须体现社会正义。

舆论监督中需要揭露、阐明事实真相，更需要体现评价，表明态度，申明立场，而它进行评价的标准从根本上说是社会正义、社会良知。舆论监督作为社会评价体系中的一部分，自身的立场、态度和观点，直接影响社会评价体系的科学化程度，特别是现代社会监督方式的公开性、监督效应的及时性和监督格局的多元化进一步凸显了舆论监督的意义和作用，在内部举旗倡导，更能对社会评价体系产生深刻的影响。舆论监督本身是对社会运行中的一切偏差进行纠正，自然包括对社会评价的监督，监督国家权力机关和其他民众评价，如若他们所做出的评价违背了社会正义，舆论就要予以谴责和批驳。当然，公开才有公正，信息公开是增强政治生活的清晰度和透明度、消除其隐蔽性、防止腐化的主要途径。各评价主体应该将原始信息和自己所做出的评价给以如实的公开，接受评说、议论和监督，因为进行社会评价的前提是了解事实、公开事实。没有公开、透明的信息，社会评价无法真正实施。

舆论监督作为社会正义、社会良知的体现，它与社会评价的关系，深刻地影响了社会评价体系，要求社会评价必须在宽松的政治民主氛围中进行，协调好国家权力机关和民众的社会评价，体现社会正义，旨向人的全面自由发展。这就对我国社会评价体系的完善程度提出了质疑，要求社会评价体系必须进一步科学化，以一种实事求是、客观公正的态度和立场开展评价。

第三节　建立科学化的社会评价体系

社会评价按其主体的不同可以分为国家权力机关的社会评价与民众的社会评价，而按照其评价对象即客体的不同，又可分为对经济发展的社会评价、对政治价值的社会评价、对文化价值的社会评价、对人的价值的社会评价等等，因此说社会评价不是一个单一的线性体，而是由多个部分和层面组成的，彼此相互联系、共同联结的体系。我国的社会评价体系目前还很不完善，它有历史遗留的因素，有新中国成立后走过的弯路的影响，也有现今国际国内形势的影响。我们要致力于建立一种在程序上实行民主、开放，在评价标准和尺度上奉行自由和平等的科学化的社会评价体系。

社会评价的本质在于它们是主体性的社会意识活动，反映的是主体性或客体主体化的事实。科学化的“特殊的综合标志是对社会主体（它的本性、需要、能力和条件）的认识与实践的科学化，是社会主体自我意识和自我实现过程的科学化”①。这里的科学和科学化不是从自然科学、数学和逻辑学角度，而是从符合人以外客体的真实性、普遍性，及度量精确性乃至形式化的角度来讲的。实际上，科学是人类获得知识的创造性的理性活动，理性化是它的根本特征之一。瓦托夫斯基在《科学思想的概念基础——科学哲学导论》中说：“我们可

① 李德顺：《价值论》，中国人民大学出版社 1987 年版，第 330 页。

以最广义地把科学定义为理性活动。”科学精神的实质是实事求是，即客观地、真实地反映事物的本来面目及其规律。罗素说：“我所说的科学的实事求是，是指把我们的信念建立在人所可能做到的不带个人色彩，免除地域性及气质性偏见的观察和推论之上的习惯。因此，科学和科学化不是诸如客体化、定量化和形式化这类变化着的外围标志，而是自觉的（理性化的）实事求是及其结果。”① 而我们要建立的科学化的社会评价体系即是按照实事求是的精神和态度，使社会评价体系能够真正体现并彰显社会正义，促进社会快速、良性发展。

一、我国社会评价体系存在的弊端

社会评价的科学化是一个逐步发展、不断演进的过程，随着社会历史的进步，人类从原始社会集体表象意识的评价，到封建社会皇权统治的“一元”评价，发展到现当代的民主、理性、多元的评价，每走过一步都是为社会评价的完善铺路搭桥。前事不忘，后事之师，认真总结以往的经验教训，分析面临的困境，是开创新局面的前提和基础。

第一，历史遗留。

封建专制制度曾在我国延续了两千多年，从秦始皇统一中国之后，就开始进一步强化中央集权统治，由李斯首先发起并得到统治者支持和实行的“焚书坑儒”，严格控制人们的言论，整个社会、整个国家只是皇帝的声音，“普天之下，莫非王土；率土之滨，莫非王臣”是统治者自傲的资本。汉武帝采取了董仲舒提出的“罢黜百家，独尊儒术”政策，使儒家成为中国几千年封建统治的主导、正统思想。兼听则明，偏听则暗，封闭、愚昧和夜郎自大成了统治者的通病。对于广大农民来说，马克思曾在《马克思恩格斯全集》第 1 卷中深刻地

① 罗素：《西方哲学史》（下卷），商务印书馆 1982 年版，第 397 页。

指出："由于各个小农彼此间只存在有地域的联系，由于他们利益的同一性并不使他们彼此间形成任何的共同关系"，因此，"他们不能代表自己，一定要别人代表他们。他们的代表一定要同时是他们的主宰，是高高地站在他们上面的权威，是不受限制的政府权力，这种权力保护他们不受其他阶级侵犯，并从上面赐给他们甘水和阳光。"统治阶级禁止人们发言，农民也不能很好地表达自己，长期以来，制度越来越腐朽。落后就要挨打，封建社会末期，西方列强的大肆入侵，就是对封建社会封闭的、单一的、僵化的、教条的社会评价体系最严厉、最激烈、最残暴的惩罚。尽管这些事件都已成为历史，我们在社会评价体系上也早就有了很大改观，但长期以来在人们思想上形成的偏见还依然存在。人民群众总是以相信权威代替相信自己，希望别人代表自己而不是自己代表自己，而掌权者则总是以领袖或领导人的利益和意志作为全社会的利益和意志，以少数人的评价及其结论作为全社会的社会评价及其结论，严重影响着社会评价体系的科学化进程。

第二，新中国成立后走过的弯路。

新中国成立初期，由于当时一些特殊的国际国内形势，以及革命年代人们对社会主义、共产主义强烈的渴盼与期待，在社会评价认识上产生了不足，出现了"大跃进"、"文化大革命"等错误的社会评价及社会运动。人们把平均主义当作共产主义，将平均分配的公共食堂视为共产主义的因素，把主观唯心主义的浮夸看作革命热情和革命胆略，提出"人有多大胆，地有多大产"的错误口号，把所谓的"大兵团作战"看作是社会主义大生产的理想模式，把劳民伤财的土高炉看作是实现工业化的捷径，把对毛主席的个人崇拜当作对领袖的尊敬和爱戴……"许多重大问题往往是一两个人说了算，别人只能奉命行事"，"坚持中央统一领导，变成了一切统一口径"，"一听到群众有一点议论，尤其是尖锐一点的议论，就要追查所谓‘政治背景’、所谓‘政治谣言’，就要立案进行打击压制”。① 把无产阶级民主演变成了对无产阶级专政，大家都抱着“不可多走一步路，不可多说一句话”的自卫心理。整个国家只能听到一种声音，一个腔调，政权完全被几个人或小集团操纵，其结果是可怕的思想混乱和社会混乱。据有关专家预测，整个“文化大革命”十年使中国整个国民经济至少倒退了20年，在世界各国都在飞速发展、努力赶超的时候，这是一个多么严重的打击！更为遗憾的是，很多人都因为当时的情况而心中存有顾虑，更加深了那种民众不敢发表自己意见、维护自己利益的传统观念，某些领导人也不习惯民众有异样的声音，对现行政策提出疑义，对政府工作和个人道德问题、腐败行为进行监督的报道尤其反感，一些新闻记者因此而被扣押、毒打。

第三，现代困境。

近年来党和国家越来越注重社会评价的巨大作用，多次就舆论宣传、舆论引导、舆论监督等问题做出重要指示。问题在于社会历史发展中，我们还未能完全摆脱和克服以前遗留下来的种种思想束缚和精神障碍，新时代的新问题和新情况已经接踵而至。

首先是价值观念危机。文化多元化的核心就是价值观念的多元化。如今新旧价值观念互相冲突、碰撞，人类如同站在文明转折点的立交桥上，既有对未来的展望，又有对过去的眷恋；既有欢乐的憧憬，又有痛苦的牺牲。价值观念的多样性，致使人们不知道如何选择，甚至干脆不选择，造成了人们无价值取向或零度价值取向。而价值观念是进行价值评价的依据，价值观念的多元化和无序性必然导致社会评价体系的紊乱。各评价主体自身都陷入一种价值观念的冲突和价值判断的迷惘之

① 《邓小平文选》（1975～1982），人民出版社1983年版，第135页。

中，要想进行科学合理的社会评价就不太可能。

其次是社会信息化提供的“自由天地”。现代社会里报纸、杂志、电视、电影、广播、网络等构成了一个庞大的信息网，不管在多远的地方发生了什么样的事情，足不出户就能了解到，并且能对之发表评论，各种信息媒介成了人与社会进行沟通和交流的工具，并且人们越来越依赖于这些媒介。美国总统卡特就曾认为在现代社会里，信息就像我们呼吸的空气，它是经常提供重要情况的火花，是点燃创造和发明天才的火焰。多渠道、高速度的信息传播更让人们受到来自各个方面、各种思想和观点的影响，特别是计算机网络的出现，每个人都可以利用“过客”或网名来发表言论、表达意见，在这样一个自由自在、无拘无束、不负责任的空前的言论自由场中，人们似乎一下子从以前不敢发言、害怕发言、“不敢多说一句话”的极端到了完全畅所欲言的另一个极端，急于说出心中的想法，有时无法保证评价的合理性和客观性。

以往的社会评价是单一的、单向度的社会评价，不能实事求是地反映客观的价值关系事实、投入到社会实践之中，只能形成错误的指导，阻碍社会发展。如今的价值观念多元化和社会信息化是我们必须面对的社会历史现实，它给我们的社会评价体系提出了严峻挑战，同时也提供了难得的机遇，成为我们实现社会评价科学化的必备条件。当然社会评价体系的科学化是一个不断发展、逐步实现的过程，它是系统的、多维的，现在我们只从评价程序上和评价标准上进行探讨。

二、民主和开放是实现社会评价科学化的程序保障

社会评价不仅要体现正义、实现正义，而且要以人们能够看得见的方式实现正义。日本东京大学谷口安平教授认为：“我们的世界已经变得越来越错综复杂，价值体系五花八门，常常很难就实体上某一点达成一致。一个问题的正确答案因人

而异，因组织而异。程序是他们唯一能达成一致的地方，而且他们能达成一致的唯一程序是能保证程序公正的程序，因为他们一旦同意了程序，都必须接受由程序带来的任何结果。"①社会评价体系要想实现科学化，必须更具宽容性，在程序上实行民主和开放。民主和开放在社会评价体系的科学化进程中是相辅相成、互为表里的。民主是开放的前提，开放反过来又能进一步推动民主的进程。只有实行民主、奉行开放，才能听到更多的声音、更多的评价，保证社会评价的丰富性和较大合理性，不断为社会评价体系注入新的活力。

第一，社会评价程序运行中的开放。

这里的开放，不同于经济上的对外开放，经济上的开放是一种浅层次的，或是外在的经济活动的开放，这里的开放是文化观念上、精神内涵上的开放。

首先，要保持社会评价体系内部不同的评价向度之间的开放、协调。任何一个社会评价都是多向度的评价，而社会评价的向度归根结底就是"真"、"善"、"美"。人们在社会评价中往往注重它们之间的区别而忽视其统一性，特别是将这些最高价值具体到各个特殊的学科之中后，这种区别就愈加明显了。当人们对"真"的向度进行评价时，往往要千方百计过滤掉"善"和"美"的影响，这就必然要导致像伽达默尔所说的那样，为达到没有"偏见"的绝对"真"，实际上任何向度都不可能完全独立，结果形成了最大的"偏见"②。因为任何一个向度都不可能不向其他向度的评价事实中渗透，这就要求在不同向度之间保持开放，进行协调。世界上曾轰动一时的"克

① ［日］谷口安平：《程序公正》，载于《程序、正义与现代化》，中国政法大学出版社 1998 年版，第 376 页。

② 转引自张理海《社会评价论》，武汉大学出版社 1999 年版，第 290 页。

隆人”风暴，就科学家在求“真”的本意上是要揭示这一科学秘密，攻破科学难题，这无可厚非，但是这样做所引发的难以估量的多方面的社会、道德等问题必须让这一科学题目搁浅，这就是“真”与“善”的追求协调的结果。

其次，要保持社会评价在时空上的开放性。社会评价主体要保持对评价的再评价的权利和义务。我们在第一节就曾谈到社会评价具有可再评价性强的特点，要想保证社会评价的科学合理，就必须在人类历史长河中，在时空变换中，不断对曾经做出的社会评价进行再评价。“文化大革命”期间，很多知识分子和领导干部被一些奇怪的强加上去的理由进行否定性评价，受到了极大的侮辱和折磨，在党的十一届三中全会以后，党和国家逐步对这些冤假错案进行了纠正，这就是一种在新时期对曾有评价的再评价。在空间上也是一样，在此处做了此种评价的事物，还可以在他处做另外一种评价，而且这种评价是应该受到鼓励的。

再次，一种社会评价体系要向其他社会评价体系开放。文化多元化必然导致社会评价体系的多元并存。随着社会信息的畅通，交往范围的扩大，文化交流的增多，不同社会评价体系之间的渗透和影响也越来越广泛。彼此之间通过接触和交流，不断吸收其他评价体系的进步内涵，进一步推动自身的不断科学化和合理化。社会评价的基础是价值观念，多元的社会评价体系并存根本还在于多元的价值观念。“在任何社会环境下，解决价值冲突的办法只有寥寥几种。一种办法是通过地理上的隔绝。另一种更主动的办法就是退出。弥合个别的或文化上的差异的第三种办法是通过对话，在这种情况下，价值冲突原则上能够表现出一种积极的征象，也就是说，能够成为增进交流和自我理解的手段。最后，价值冲突也可以通过武力或暴力来加以解决。在我们当今生活于其间的全球化社会里，这四个选择有两个已经急剧地减少了。"① 很显然，前两种方式在现今已经不适合，而武力和暴力的方式则是不理性、不明智的，那么只有通过对话，通过沟通、交流、理解来协调冲突。一种评价体系每对其他评价体系进行一次评价，就通过对方反观自身一次。正是在这种反思和交流之中才能进一步生成为合理性和科学性评价。价值观念多元并存并不可怕，可怕的是如今人们还没有意识到或者说还没有在社会实践中切实地通过对话和沟通来协调各种价值冲突和社会矛盾，沟通本社会评价体系与其他社会评价体系之间的联系。

第二，社会评价程序运行中的民主。

实行民主是社会评价体系开放的制度保障。美国政治学家科恩曾经说过："民主是一种社会管理体制，在该体制中的社会成员大体上能直接或间接地参与或可以参与影响全体成员的决策。"② 民主首先是一种国体，表明国家性质，是"由社会主人按照自己的意志管理社会事务"③。同时，民主又是一种政体，即政权组织形式或国家形式。"民主意味着形式上承认公民一律平等，承认大家都有决定国家制度和管理国家的平等权利"（列宁语）。民主在社会生活中就体现为每个人都能在不妨碍公共利益和他人自由权利实现的前提下，自由地支配自己的精神和行为，享有平等的机会和资格。只有充分发扬民主，让每个人都平等地享有充分畅谈自己意见的机会和舞台，才能赋予社会群体发现世界规律、改造主客观世界的勇气和探索精神，使人们摆脱一切思想枷锁，大胆地就各种社会问题阐

① Anthong Giddens, *Beyond Left and Right*, Cambridge; Polity, 1995, p. 19. 转引自张理海《社会评价论》，武汉大学出版社 1999 年版，第 292 页。

② 科恩：《论民主》，商务印书馆 1979 年版，第 10 页。

③ 王子杰：《民主论》，广西人民出版社 1990 年版，第 33 页。

述自己的看法，各种见解交流、汇合的机会和领域才会更广阔，为丰富社会舆论的形成和科学的国家机关社会评价的做出铺平道路。

民众评价活动中的民主。作为民众评价活动的典型代表形式的社会舆论在现代社会具有政治开放性和文化包容性，这就必然要求民主的实施。只有在浓厚的民主氛围中，人们才能自由地、平等地交流和表达自己的意见，各种不同的政治利益体、不同的文化系统才能拥有"同台献艺"的机会，社会舆论中"绝对的普遍物，实体性的东西和真实的东西"就能通过"一切偶然性的意见"、"无知和曲解以及错误的认识和判断"体现出来。通过互相的交流和融合，才能减少其盲目性，减少其被人操纵、受个别人控制的可能性。

在我们国家，由于还存在一些与民主不和谐的社会历史遗留因素，很多时候人们还不愿意或不敢表达自己的意见。这就更要加大力度宣传民主、民主精神，鼓励百花齐放、百家争鸣，真正让群众感觉到自己能说话的时代、能说真话的时代到来了，敞开心扉，吐出真言。另一方面，我们国家还是发展中国家，很多偏远地区经济还很落后，由于许多历史和现实的原因，人们的社会文化素质、政治素质还很低，有时候不能代表自己说话，不能充分地表达自己的意见，由于客观原因而"一定要别人来代表他们"，这就要求我们将直接民主和间接民主结合起来，根据具体实际给群众以充分的机会和权利。

国家权力机关社会评价中的民主。作为与普通社会群体对应的社会权力掌握者，国家权力机关的社会评价首先要听取民众的社会评价。民众的利益和呼声是当政者权力的来源，政权稳定的基础，要充分地鼓励人们发表自己的言论，保障民众的知情权和言论自由，允许民众就自己关心的大事小情发表评论。陈云在讲到20世纪50年代决定建设三门峡水库的错误决策时，说："我们历史上一些事情，决定得太快了"，"应该在报上展开讨论，让党内外各界人士都发表意见”，“这样做只有好处，没有坏处”①。同时要确保舆论传播的渠道畅通，能够做到上情下达、下情上达，从而进一步满足群众的愿望。

作为社会评价主体本身而言，国家权力机关内部也需要发扬民主。我们社会主义国家就是无产阶级民主政体，奉行集体领导，它与独裁统治、君主专制、法西斯统治相对立，要求在领导决策和社会评价活动中，让领导层自由发表意见，共同讨论，集体表决，少数服从多数，将集体领导和专人负责结合起来。

然而，民主与集中是一个对立统一的矛盾体，没有民主，就谈不上集中；没有集中，民主也失去了意义，二者互相依存，不可分割。离开了民主的集中就成了独裁专制，离开了集中的民主只能是一盘散沙的无政府主义。在社会评价体系中，民众的评价活动多而杂，这就要社会权力机关在进行收集的基础上加以整合、集中、引导和规范，保证社会评价的各个子系统的目标与方向同社会整体的目标与方向和谐一致，多元统一。国家权力机关的民主决议、民主讨论还要与核心人物的最后决定相结合，这既是一种权力与责任的统一，也是民主与集中的结合。民主集中制是我国重要的政治制度，必将随着社会形势的发展，政治体制改革的不断深入而逐渐完善，并为社会评价体系的进一步科学化铺平道路。

三、自由和平等是社会评价体系科学化的尺度要求

评价标准是人们在评价活动中应用于对象的价值尺度和界限。“评价标准实质上是人们在自己的价值标准和外部客观现实之间要求一种具体的、积极的统一所得出的历史结论。”②

① 《陈云文集》（1956～1985），人民出版社出版，第154页。

② 李德顺：《价值论》，中国人民大学出版社1987年版，第281页。

社会评价标准是进行社会评价的依据，社会评价标准的合理性程度直接决定着社会评价的科学化程度。同一社会主体对不同社会现象往往有不同的评价标准，社会评价标准在不同领域有不同表现。因此，不同的社会评价标准构成了一个系统，这个系统中的“纲”就是自由和平等，它们在整个社会评价标准系统中起统领作用，是实现评价体系科学化的重中之重，是社会正义的根本所在。

第一，平等。

平等是社会正义的核心，是人类追求的核心价值观念之一。亚里士多德说“公正就是平等，不公正就是不平等”①，穆勒说“平等是公道的精义”②，戈尔丁说“正义的核心意义与平等观念相联系”③，何怀宏甚至说“公平的含义也就是平等”④。要想实现社会评价体系的科学化，使社会评价真正体现正义，彰显社会正义，弘扬社会正义，就必须把平等作为社会评价的根本标准之一。

舆论监督所具有的政治开放性和文化包容性本身已经体现了平等的意义，各个政治利益体享受到平等的权利和待遇，才可以被允许对同样的事情进行评论和监督；各文化体系互相平等，才可能就各自关心的问题以各自的方式进行社会评价。但目前并未作为一个“标准”来确立，或许作为社会评价的一个标准，平等早已应该有它应有的地位。

最早的平等思想反映在早期的基督教中。法国 19 世纪的哲学家、空想社会主义者皮埃尔·勒鲁称耶稣为社会等级的摧

---

① 《亚里士多德全集》第 8 卷，中国人民大学出版社 1992 年版，第 278 页。

② 穆勒：《功用主义》，商务印书馆 1957 年版，第 17 页。

③ 戈尔丁：《法律哲学》，三联书店 1987 年版，第 236 页。

④ 何怀宏：《契约伦理与社会正义》，中国人民大学出版社 1993 年版，第 120 页。

毁者、平等思想的开创者。他说："从某种程度上说，人们只要看到《福音书》中的这一点就行了：由耶稣制定和执行的计划赋予古老共和国的平等标志以深刻的意义；如此构思的《福音书》不能不为人所敬佩"，"而古老共和国里公民平等的标志是什么呢？公共用膳"。① 所有的教徒不分种族性别、年龄地位，在上帝面前一律平等。文艺复兴时期，人们要求的平等是一种人权，政治权利上的平等。那么到底什么是平等？萨托利说："平等表达了相同性概念……两个或更多的人或客体，只要在某些或所有方面处于同样的、相同的或相似的状态，那就可以说他们是平等的。"② 可见，平等是人们相互间的相同性。

从平等的起因来看，可以分为自然平等与社会平等。前一种平等是先天的、自然的，如肤色、种族、相貌，不可以选择，无所谓善恶或应该与否；后一种则是社会的，是人自觉活动造成的，如贫富、政治权力大小，是可以评价、可以选择、可以争取的。因此，社会正义要求的平等集中在社会平等上。社会平等的实质是权利平等，《辞海》中说："平等是人们在社会上处于同等的地位，在政治、经济、文化等方面享有同等的权利。"

但在社会现实生活中，我们发现并不是一切权利都应该平等，并不是一切平等都是正义、公平的，在公正意义上的平等是人们对一部分权利的完全平等，与对另一部分权利的比例平等的结合。罗尔斯认为："第一个原则：每个人对与所有人所拥有的最广泛平等的基本自由体系相容的类似自由体系都应有一种平等的权利。第二个原则：社会和经济的不平等应这样安排，使它们：（1）在与正义的储存原则一致的情况下，适合

---

① ［法］皮埃尔·勒鲁：《论平等》，商务印书馆 1988 年版，第 125 页。

② 萨托利：《民主新论》，东方出版社 1993 年版，第 340 页。

于最少受惠者的最大利益；并且，（2）依系于在机会平等的条件下职务和地位向所有人开放。”① 因此说作为体现人的尊严的类的权利，是人们生存和发展的起码的、最低的、基本的需要的权利，应该完全平等；而满足人们政治、经济、思想和文化等方面的比较高级的需要的权利，应按比例分配，分配的依据是能力大小、对社会所做贡献的大小。

这种权利分配的平等原则体现在具体的社会生活各个领域中。在政治上，人人都平等地享有政治自由权利，即全体公民都有使国家政治按照自己的意志来进行的自由（当然，这种权利被全体公民来平均分配，就只剩下每人一票的微弱权利），而人们在担任政治职务上的权利则应按比例平等地分配，谁的政治贡献大，政治才能高，谁就担任较高的政治职务。在经济上，按需分配和按劳分配并举，对于人的基本的经济权利，应该按需分配，人人平等，比如说现在人人都应填饱肚子，解决温饱问题；而非基本的经济权利则应按劳分配，例如住房的档次和舒适度肯定是会存在差别的。而谈论平等，很多时候人们都将之归结为机会平等、环境平等，而实际上机会也不全是完全平等的，有人因为家庭、天赋、运气等带来的机会也是无可非议的，是存在差别的，非要让一个富翁的儿子去和贫苦农民的孩子一样干粗活、重活也是不现实的。应该完全平等的是由社会所提供的机会，如受教育和就业的机会等。

在进行社会评价时，要将平等原则贯穿始终，具体分析哪些权利是体现人的尊严的基本权利，应该完全平等；哪些权利不是人的基本权利，应该存在差别。在新中国成立初期，搞“共产主义”大锅饭，看起来是平均主义、按需分配，实际上是抹杀了人们能力上的差别、贡献上的异同，结果使大家共同贫穷。这是当时社会评价体系的评价标准出了问题，没有认真

① 罗尔斯：《正义论》，中国社会科学出版社 1988 年版，第 292 页。

地、客观地分析平等的深层次内涵，忽视了当时人们的社会素质和觉悟水平，忽视了社会经济条件，结果给国家的发展带来了很大的麻烦。目前我国大力发展市场经济，实行按劳分配，取得很好成效，但仍有一部分人生活在温饱线以下，基本的生存权利得不到保障，这就要求政府进一步完善社会保障制度，在按劳分配的基础上，结合按需分配，给需要救济者以相应的补偿。在政治生活中，基本的政治权利即政治自由，还没有得以充分的实现，一些地区特别是农村的居民没有享受到国家政治的一票权利，这就需要进一步发扬民主，扩大民主。在社会所提供的受教育机会上，一些农村的孩子因为经济困难而不能平等地享受到受教育的机会，国家要进一步扩大教育投资，加大力度实施“科教兴国”战略。

总之，作为社会评价标准的平等是正义的平等，它体现为基本权利的完全平等和非基本权利的比例平等的结合。

第二，自由。

“生命诚可贵，爱情价更高，若为自由故，二者皆可抛。”这首耳熟能详的诗歌明确了自由具有不可估量的价值。自由是人性最深刻的需要，它甚至关系到人的生存。汤因比说：“没有一种最低限度的自由，人就无法生存，这正如没有最低限度的安全、正义和食物，他便不能生存一样。”① 自由也是人自我实现、自我发展、自我完善的根本条件，是人类社会进步、历史前进的必备因素。而社会正义归根结底是要实现每个人的自由全面发展，达到社会的全面进步，因此，自由是社会正义的重要内容，是社会评价的根本标准之一。

人类的历史，是一部追求自由的历史。罗尔斯认为人在认识世界、认识自己的过程中，“人才是心灵”，而“自由是心

① 转引自博登海默《法理学——法哲学及其方法》，华夏出版社 1987 年版，第 274 页。

灵的最高的定性”。古往今来，多少仁人志士、英雄豪杰都在不懈地追求自由、颂扬自由、捍卫自由，那么到底什么是自由呢？对这个问题，可谓仁者见仁，智者见智。据当代美国自由理论大师柏林统计，对自由的界定竟有二百余种。就“自由”的词源本意上说，是指人或社会在其活动及其结果的关系中所表现的一种由于克服外在事物、外在力量的束缚、限制而获得的自觉、自主、自为的状态。新自由主义大师罗尔斯认为：“当个人摆脱某些限制而做（或不做）某事，并同时受到保护而免受其他人的侵犯时，我们就可以说他们是自由地做（或不做）某事的。”图加林诺夫指出：“从最一般的意义来说，能够按照自己的意志、自己的目的来行动，而不是按照外界的强制或限制来行动，就叫做自由。”① 恩格斯则更深刻地指出：“自由不在于幻想中摆脱自然规律而独立，而在于认识这些规律，从而能够有计划地使自然规律为一定的目的服务。……自由是在于根据对自然界的必然性的认识来支配我们自己和外部自然界。”② 当然，恩格斯说的规律包括自然规律和社会规律。因此说，自由是人通过认识和利用必然，按照真善美的尺度做他愿意做的事情，从而变外在的必然为内在的必然，达到主客体的和谐统一。自由不是摆脱外部必然性的主观随意性，而是把外部必然化为自我目的、自我支配现实的能力。

自由作为人的最起码的价值追求，作为区别于其他物种的重要标志，是一项应完全平等分配的基本权利。正是从这个意义上说，自由与限制相辅相成，是一对矛盾统一体。当人按照自己的意志和目的行事时，不能侵犯到别人的自由权利，这就是对自由的一种限制。自由不仅意味着个人拥有选择的机会并

---

① 图加林诺夫：《论生活和文化的价值》，三联书店 1964 年版，第 69 页。

② 《马克思恩格斯选集》第 3 卷，人民出版社 1972 年版，第 154 页。

承受选择的重负，而且还意味着他必须承担其行动的后果，接受对其行动的赞扬或谴责。罗尔斯认为国家和法律是两种限制方式，是实现政治自由的必要条件。“每个人在涉及他人自由的时候，务必限制自己的自由；国家是这种相互限制的一种必要条件，而法律本身就是限制。”① 自由既要摆脱限制，又离不开限制。在一定意义上讲，没有限制就没有自由，每一种自由同时就是一种限制，每一种限制也同时就是一种自由。限制分为积极限制和消极限制两种。积极限制是自由的条件，消极限制是自由的桎梏。世界上没有毫无限制的绝对自由，我们追求自由，同时也不能抛弃法律、道德的约束。当然，法律和道德只是手段，自由才是目的，自由是法律和道德的核心观念、最高意旨，法律和道德的目的是保护和扩大自由，而不是废除或限制自由，离开了自由，它们就失去了意义，成为压迫者的工具。

在现实的社会评价中，自由要作为一个根本标准来加以贯彻，用自由和正义来衡量社会价值关系。监狱的囚犯被剥夺了一定的自由权利，是对自由的限制，但它是一种正义的限制，是对此人曾经侵犯过别人自由权利的惩罚，本身是对自由的一种倡导和肯定，为的是杀一儆百，维护社会治安，捍卫社会正义。在一些领域，还存在着部分或隐或显的限制，而在社会文化多元化、价值观念多样化的今天，只能是限制得了书面、影视，限制不了网络；限制得了公开，限制不了匿名。久而久之，这种限制就有可能成为影响人的自由发展的消极限制，许多不能得到表达的声音就被歪曲或幻化为其他的不良因素而存在。这一点，我们是有过深刻教训的。因此，社会媒体的自由度应该再放宽一些，对舆论监督应该再多些宽容和理解、支持

① 转引自马啸原《西方政治思想史纲》，高等教育出版社 1997 年版，第 425 页。

和配合。只要不是针对国家政权，影响到国家的稳定或安全的言论，都可以任其发表，当然，这种自由也应该与他们事后对后果的负责相联系。

总之，自由是人的全面发展的实质，自由王国的本质特征在于人的全身心的彻底解放，人的能力的全面而自由发展的真正实现。自由是人通过认识和利用必然达到主客体的和谐统一的状态。它作为人的基本权利，应该人人平等地享有，因而也需要一定的限制。

自由与平等正如一母双生的两胎儿，互相联系、互相区别，又难以区别、难以取舍。如果没有自由，人们甚至无法提出平等的要求。而使要求平等者得到平等，不是个平等问题，而是自由问题，因为这涉及到要求平等地摆脱外在压制问题。因此说，自由是平等的前提和保证。反过来，平等也可以促进自由，有一种平等就是任何一种自由都必不可少的平等，这就是在法律上和道德上，所有的人都应当享有平等的待遇，这是自由存在的前提和基础。在社会评价过程中，应该将这两个标准结合起来，二者不一致时，应在正义的框架里进行取舍。

社会正义是当代人类社会生活中的主题，它既在根本上指涉人类发展的基本方向，也在总体上规定对现实问题解决的途径与可能结果，而社会正义归根结底还是为了每一个人的自由全面发展。科学化的社会评价体系必将为社会正义的实现、为每个人的全面自由发展提供契机！

第五章
中西方舆论监督的比较

当代新闻学理论把舆论监督视为新闻媒介的普遍功能之一。在新闻实践中，舆论监督不仅见诸西方媒体，也越来越多地为我国新闻界所运用。但由于文化传统、社会体制等各方面的不同，中西方的舆论监督存在许多差异。通过比较，有助于我们理解它们之间的差异，破除“西方中心论”的迷信。

第一节　中西方舆论监督思想的比较

对中西方舆论监督思想的比较，实际上也就是对中西方文化传统的比较。关于人性论的基本假设、关于社会与国家的关系的认识这样一些基本原则对中西方的舆论监督思想起着有力的塑造作用。

一、舆论监督思想的理论基础

美国传播学者赛伯特认为：“关于公众通讯工具与其所属的有组织的社会之间的任何理论，是被人与国家之间关系某些哲学原则所决定的。……这些原则包括：（1）人的性质；（2）社会与国家的性质；（3）人对国家的关系；（4）基本哲学问题，知识与真理的性质。”① 我们关于舆论监督思想的比

① ［美］韦尔伯·斯拉姆等著：《报刊的四种理论》，新华出版社1980年版，第9～10页。

较基本上也是按照上述思路进行的。

1. 人性论

通过比较我们可以发现，在中西方政治思想传统中，关于人性论的假设是相互对立的。西方政治思想从基督教的原罪观念出发，主张人性本恶。既然恶是人类的天性，那就不可能彻底地灭绝它，而只能将它限定在一定的范围之内，并采取适当的途径与手段来利用和引导这种天性，使之产生积极的效果。建立在性恶论基础上的西方舆论监督思想，一方面认为组成政府的人并不具备道德上的任何优势，因而需要警惕他们利用手中的权力作恶；另一方面新闻媒体对政府的批评也并非与人为善，而以揭丑、曝光为能事，常常抱着一种恶作剧心态。

相反，中国古代政治思想以性善论为主流，所谓“人之初，性本善”一类说法众人皆知，根深蒂固。然而让人感到意外的是，这个看起来不坏的主意，不仅不能让普通群众从中分得任何好处，反而对他们极为不利。人性本善表面上是说大家都原本心地善良，其实大为不然，因为传统政治话语中的“人”，是治人者而非治于人者。孔子曰：“君子之德风，小人之德草。草上之风必偃。”① 德之高低是君子与小人、治人者与治于人者的分界线。权力的大小于是成为衡量道德水平高低的标准。而儒家正是靠着他们所掌握的道德资源，对最高权力进行制约的。他们的批评多集中在君主是否崇尚武力、生活奢侈、宠信奸佞等方面，几乎都是基于道德方面的理由。

因此，人性论假设并非仅仅作为一个超验的哲学命题，而是具有实际意义的、如何认识权力的重要前提。性恶论和性善论对舆论监督各有益处。分别持两种观念的基督教和儒教在历史上都对政府权力起到过一定的约束作用。不难看出，性恶论更容易使人们对权力可能导致的腐败产生警惕，而性善论则有

① 《论语·颜渊》。

利于政府官员意识到他们所肩负的责任。但问题在于传统的权力约束方式都没有广大群众的参与，并且两种假设都包含着对普通民众的否定，所以传统社会中的政治批评与现代舆论监督存在着相当大的距离。

综合起来讲，现代舆论监督思想隐含着两种相互对立的人性论观点：对公共权力而言，它是持怀疑态度的，认为需要时刻提防其越轨之举，甚至把他们当作坏蛋来对待，这是一种性恶论的立场；反之，对社会公众则寄予了高度信任，认为他们是一切权力的来源，并且不会被腐化，或者说不会犯错误，这无疑是性善论的观点。中西方传统文化为现代舆论监督作出了各自的贡献。但比较起来说，对权力者持性恶论观点也许之于现代舆论监督的意义更为重大，当然，难度也更大。

2. 文化心理

从报道内容来说，舆论监督主要的，或更多的是负面报道，不同的文化心理对它的接受程度各有差别。

负面报道是西方新闻写作的一个突出特点，在它们的新闻作品中负面报道的比例远远超过正面报道。美国新闻记者杰克·海敦认为好消息往往不成其为新闻，坏消息才是新闻。例如战争、灾害、飓风、地震、喷气飞机失事等，都是新闻，他甚至断言："火灾和事故，都是每天的新闻。"① 杰克·海敦的目的并不在于给新闻下一个标准定义，而是对西方新闻媒体报道内容进行总结。对灾难事故的热衷，体现了西方新闻记者在新闻事实的价值选择上的共同倾向，也是其悲剧性文化心理的反映。根据这一观念，灾难性的结果是不可避免的，对此视而不见只能是自欺欺人，幻想能摆脱这种结果也只能是一厢情愿。正确的选择是正视它，并战胜它。

① ［美］杰克·海敦著，伍任译：《怎样当好新闻记者》，新华出版社1984年版，第87页。

从中国的文学传统看，以“大团圆”为结局的小说和戏剧占了绝大多数，悲剧作品的数量非常之少，几乎可以忽略不计。这种状况不论从作家的创作心理还是从观众的接受心理来看，都表明悲剧意识的缺失。因为中国人普遍坚持“善有善报，恶有恶报”的观点，悲惨的结局如果降临到好人或无辜者的头上，就会让人难以理解和接受。例如，新中国成立后有一部话剧《曙光》，在表现洪湖地区毛泽东革命路线和王明“左”倾机会主义路线的尖锐斗争时，描写了省苏维埃保卫局局长冯大坚被坚持王明路线的中央代表林寒杀害的情节。不少观众感到无法认同，他们不解地问：“冯大坚这么优秀的一个人，这么能干的一个人，这么有能耐的一个人，为什么在这里这么快就死了？很可惜，死得太早，是不是叫他死得晚一点，或者不死？”① 这一事例典型地说明，中国受众是缺乏悲剧意识的。文学史和思想史的学者都一致认可这一结论，如李泽厚把中国文化称为“乐感文化”，他认为：“中国人很少是真正彻底的悲观主义，他们总是乐观地眺望未来”，“孔子反复说：‘发奋忘食，乐以忘忧，不知老之将至云耳’，‘饭蔬食饮水，曲肱而枕之，乐亦在其中矣’。这种精神不只是儒家的教义，更重要的是它已经成为中国人的普遍意识或潜意识，成为一种文化—心理结构或民族性格”。②

对虚幻世界的态度实际上也是对现实世界的态度。一位中国学者在谈到他对西方舆论界的印象时写道：“看不少西方政客的传记，都发现他们在社会舆论、新闻监督的气氛下，如履薄冰地坐着首相、部长等临时交椅的心态。因为这些国家的电

---

① 白桦：《历史的回顾与思考》，《戏剧艺术》1978 年第 1 期。转引自陈瘦竹等著《论悲剧与喜剧》，上海文艺出版社 1983 年版，第 1～2 页。

② 李泽厚：《中国思想史论》（上），安徽文艺出版社 1999 年版，第 315 页。

视尤其是报纸的最大功能就是揭露。好人好事很少有人表扬，做了就做了，但若有歹徒行凶、官员“下水”之类的消息，就会被整个新闻界炒来炒去，直到有了大快人心的结果。我的印象是，社会舆论和心理都不喜欢好人好事受表扬，而愿意欣赏坏人落网、官员丢官之类的奇闻。”①

出于对悲剧抵触的文化心理，中国公众不希望在媒体上看到太多的负面报道。北京零点调查公司 1998 年就社会安全问题在北京、上海、广州、武汉等全国 11 个大城市进行调查，发现市民感到不安全的前三位原因分别是：听到有人近期受到不法侵害（23.7%）、外地到本地来打工经商者太多（19.2%）和媒体上传播太多的违法犯罪案件（16.7%）。②调查报告特别指出媒体上关于突发、暴力事件的过多报道会影响到人们的安全感。

3. 主体性观念

思想史家认为，中西文化在现实世界与超越世界、此岸世界与彼岸世界之关系的认识上，存在着迥然异趣的认识。在西方社会中，占主导地位的是“天人相分”或“天人分裂”。根据这种文化背景，人与自然的关系是对立的，人只有通过征服自然才能完善自我。而在中国社会中，人们的基本态度是人与天地万物一体，也就是所谓“天人合一”，主张人与外界和谐相处。这两种不同的文化观念为新闻信息交流活动打上了深深的烙印。③

“天人分裂”思想造成了一系列的分离和对立，如人与自

---

① 李小兵：《我思，我在——世纪之交的文化与哲学》，东方出版社 1996 年版，第 106 页。

② 参见赵振宇《浅论突发事件报道的原则》，《新闻学探讨与争鸣》1999 年春季号，第 16～18 页。

③ 参见樊凡主编《中西新闻比较论》，武汉大学出版社 1994 年版，第 88～102 页。

然的分裂、个体与整体的分裂、现实与来世的分裂、政权与教权的分裂等。同经济上的分工与合作表现为相辅相成的关系一样，社会生活中的分化与沟通也是相互依赖、相互促进的。不断分化的社会现实带来了日益增长的信息需求，社会分工的快速发展使沟通的作用显得更为突出。西方近代新闻事业就是商品贸易与商品生产相分离的结果。以沟通为目的的信息交流活动，注重的是信息本身，而不是信息所具有的正面或负面性质。在这种思想背景下，舆论监督活动更容易展开。

而在“天人合一”的中国文化背景中，人只有在与外界的“和谐”中才能保存和发展自我。在生产活动上，人们必须与自然界相“和谐”，也就是只能从事农业生产，经商则被认为是奸诈者的行为；在社会交往上，人们必须与他人“和谐”，也就是对长辈要尊重、对上级要崇敬、对君主要忠诚等。每一个人都从属于一个更大的整体，信息交往的目的不是沟通情况，而是要求每个人充分意识到自己的社会角色，并且自觉服从这一角色要求的约束。因而，注重调节、注重维持秩序的目标追求，便成为中国文化背景中占统治地位的信息交流活动的突出特征。

中西方新闻传播在注重调节与注重沟通上的差异，在一定意义上也可以理解为注重整体与注重个体的差异。近些年来新闻学界提出的混沌主体性与分化主体性的范畴，正是上述两种思维结构的区别的反映。① 所谓混沌主体性，指人类自身的主体性与客体性尚未分化，主客关系具有极大的同构性。因而信息流通范围以自然或认为划定的边界为限，所有信息内容与信息形式都以巩固整体秩序为出发点和落脚点。而分化主体性则强调不同主体之间的差异，异质主体通过利益交换和平等沟通

① 参见徐耀魁主编《西方新闻理论评析》，新华出版社 1998 年版，第 156、203 页。

得到整合。我们认为，改革开放以来中国人在主体性观念上，开始由混沌主体性向分化主体性转变，这种观念上的变化为新闻媒体的舆论监督奠定了思想基础。

二、西方舆论监督思想

尽管舆论监督主要是在西方近代新闻事业诞生之后才出现的，但其思想资源植根于相关的文化传统之中，并且一直受到这种文化背景的制约。

1. 性恶论

关于新闻媒介与其他所属社会之间的关系的理论，是由人与国家关系的一些基本假设所决定的。这些假设中首当其冲的便是人的本性的问题，具体而言，即人性本善还是性本恶。

受基督教原罪观念的影响，西方世界普遍认同人性本恶的说法，认为人类天性具有作恶的倾向，不管个人怎样努力都不可能使自己的灵魂得救、达到完善。无论百姓还是国王，都有原罪，都有作恶的可能。这样一来，期待一个人格完美的统治者如儒家的“圣王”或柏拉图的“哲王”作为政治问题的最终解决办法的想法，在基督教思想中也就无从产生。从这种心态出发，统治者并不具有任何道德上的优越性，他们也不过是一群同样会犯错误的人；国家这种机构并不是凌驾于所有人之上的组织，只不过是“必要的恶”。在西方伦理观念中，正如黑格尔的一句名言所说的：“人们以为，当他们说人本性是善的这句话时，他们就说出了一种很伟大的思想；但是他们忘记了，当人们说人本性是恶的这句话时，是说出了一种更伟大得多的思想。”①

建立在性恶论基础上的西方政治思想，认为人类的弱点使政府存在着蜕变的可能，必须借助其他的力量加以制约。美国

① 《马克思恩格斯选集》第4卷，人民出版社1972年版，第233页。

建国时期的思想家麦迪逊说过这样的话："如果人都是天使，就不需要任何政府了。如果是天使统治人，就不需要对政府有任何外来的或内在的控制了。"① 既然政府是由人组成的，权力是由人行使的，而只要是人，就有作恶的倾向，就有堕落的可能，所以政府制度的设计不能寄托于好的统治者，而是要让即使是坏人当政也不至于造成太大损害。也就是说，人类本性的弱点，使得对政府权力的制约变得必不可少。

防止统治者腐化堕落的最有效的办法就是人民的监督。在美国第三任总统杰斐逊看来，人民是他们的统治者的唯一监督者，甚至他们的错误也有助于促使统治者恪守他们制度的真正原则。而人民监督政府最主要、最经常的中介就是报刊这样的新闻媒体。在给朋友的一封信中，杰斐逊写道："要珍惜我们人民的这种精神（干预政府），并且让他们警惕地监督政府。不要过分严厉地对待他们的错误，而是要靠开化的办法去改正他们。如果一旦他们不去留心公共事务的话，你和我，以及国会和州议会、法官及州长都将变成狼了。这似乎是人类本性的普遍法则，尽管有个别人是例外。"②

2. 契约论

在基督教观念中，上帝和其子民的关系并不是一种单纯的庇护者与被庇护者的关系，也不是一种单纯的被信奉者与信奉者的关系，而是一种互有责任和义务的关系。上帝与人之间订立契约，通过契约相互约束，违者受罚。一部《圣经》实际上也就是上帝与人类所订立的契约，所以它又称为《新旧约全书》。

---

① ［美］汉密尔顿等著，程逢如等译：《联邦党人文集》，商务印书馆1982年版，第264页。

② ［美］托马斯·杰斐逊著，刘祚昌等译：《杰斐逊文集》（下册），三联书店1993年版，第981页。

到近代，西方政治学家将契约观念运用到人与国家的关系上，认为国家源自人民的契约。荷兰政治学家格老秀斯首先阐述了这种主张。他认为，在自然状态中，没有财产之分，人人自由平等，个人是自己权利的保障者，有权抵抗他人的不正当行为。随着人类发展，出现财产分割，人们觉得孤立的家庭不足以抵抗强暴的侵逼，于是人们共同订立契约，组成国家。后来，霍布斯比较系统地阐述了社会契约思想，洛克将它又进一步加以发扬光大，他提出政府源于人民的契约，政府如果违背了人民的委托而施强力于人民，人民就可以把滥用权力的人当作敌人来对待，用强力对付强力。

社会契约论极大地提升了公众舆论在政治生活中的地位。近代之前，统治者与被统治者的关系被认为是主人和奴隶的关系、牧羊人和羊群的关系，广大人民群众的意见即舆论对权力自然也就没有任何约束力可言。而社会契约论把国家视为全体人民经过同意让渡一部分权力的结果，舆论因此成为国家主权的来源，构成法律和政府存在的合理性根据。人民的意见既然是各级政府的基础，公众的舆论毫无疑问就应当成为约束权力的权力。

另一方面，从文艺复兴时期开始，随着商品经济的兴起，西方社会开始了一个世俗化过程，教会势力不断衰落，舆论的社会控制作用越来越受到重视。因为人们注意到，舆论作为一种社会评价，关乎一个人的声誉。世俗舆论所能给予的奖励——名声，是封建贵族和教会人士所不屑的，但商人们却趋之若鹜。哈贝马斯在分析舆论的古典含义时提到，舆论有两个原始意义：一为纯粹的意见即没有得到充分论证的不确定的判断；二为意见当中所表现出来的声誉，也就是一个人在他人舆论中的“名声”。“舆论如果尚未得到证实，就是一种不确定的意见；这种舆论和人群中可疑的声誉意义上的舆论是联系在一起的。”① 哈贝马斯对舆论的声誉意义所作的批判正是西方传统观念的反映。

在西方古典哲学中没有得到确证的意见的舆论，在近代学者的努力之下，不断趋于理性化，并且逐渐取得了与法律同等的地位。在洛克看来，各种法律可分为三类：神法、民法和舆论法。第一种法律判断人们的行为渎神还是虔诚，第二种法律判断人们的行为有罪还是无罪，第三种法律判断人们的行为是德行还是劣迹。卢梭则进一步论证道，舆论是铭刻在公民内心的法律，是构成国家的真正宪法。

在公众舆论被提升为立法权力的主要资源后，作为“多数人统治”的民主也就等同于“舆论的统治”了。宣扬民主的资产阶级政府要接受法律的监督，自然也就要接受舆论的监督。

3. 分权论

在资产阶级革命过程中，他们将政府的合法性基础从上帝的意旨转到被统治者的同意上来，即资产阶级主张政治合法性的基础是人民的一致认可。这一点是具有历史进步性的。然而由于资产阶级的虚伪性和革命的不彻底性，他们一方面以人民主权论相号召，用“民主即舆论的统治”为幌子，发动广大群众同反动落后的封建贵族和僧侣势力做斗争；另一方面又炮制出所谓的“分权论”，制造权力分散的假象，让人们误以为在资本主义制度下人民群众才是真正的掌权者。分权论虽然在客观为实现公众舆论对权力的监督提供了可能，但并不能掩盖它为资产阶级服务的本质。

分权论是关于国家的立法机关和司法机关之间、国家的整体和部分之间的权力分立和制衡的学说。简单地说，就是以权

---

① ［德］尤根·哈贝马斯：《公共领域的结构转型》，学林出版社1999年版，第108页。

力制约权力，从而避免因权力的过分集中而产生腐化现象。英国哲学家洛克提出，在立法机关和行政机关之间必须严格划定职权界限。他认为这两种权力如果集中在一个人或一部分人的手中，他们就不但不会遵守自己制定的法律，而且还会按照自己的一己私利去制定和颁布法律。孟德斯鸠将分权思想进一步发展为“三权分立”学说，他写道：“一切有权力的人们都容易滥用权力，这是万古不易的一条经验。有权力的人们使用权力一直遇到界限的地方才休止”，“从事物的性质来说，要防止滥用权力，就必须以权力约束权力”。①

美国政治家在“三权分立”的基础上，又提出“以社会制约权力”的思想，尤其是在第三任总统杰斐逊的推动下，西方分权论的发展达到了顶峰。杰斐逊强调，人民是政府的唯一监督者，如果人民同政府距离太远，或者插不上手，就无法关心政事。他说：“当每一个人都参与他们地区政府或较高级政府的监督工作，觉得自己不仅在一年一度进行选举的那天，而且每天都是事务管理的参与者；当每州没有一个人不是本州大大小小参议会的会员时，他们就会宁愿粉身碎骨，也不肯让凯撒和拿破仑那样的人来夺取他们的权力。”②

杰斐逊认为，舆论的拥护是政府存在的基础。只要人们利用报纸，自由地交流思想，就会认识真理，他们的分歧也会通过自由讨论而得到自行澄清。当提供新闻的自由和发表言论的自由得到保障时，政府就可以听到人民的声音，人民就可以有效地监督政府。报刊自由是人民其他一切自由和安全的保障。“哪里报刊是自由的，并且人人都能阅读它们，一切就是安全

① ［法］孟德斯鸠著，张雁深译：《论法的精神》，商务印书馆 1997 年版，第 154 页。

② ［美］托马斯·杰斐逊：《杰斐逊文选》，商务印书馆 1963 年版，第 58 页。

的。”因此，在杰斐逊看来，代表民意的报纸比管理人民的政府更为重要。他有一段名言：“民意是我国政府存在的基础，所以我们先于一切的目标就是保持这一权利；若由我来决定是我们是要一个没有报纸的政府，还是没有政府的报纸，我会毫不犹豫地立即回答：我宁愿要后者。”①

总之，从权力制衡的原则出发，资产阶级政治家认为除了立法、司法、行政三种权力之间具有相互制约的关系，公众舆论也可以作为一种权力形式对权力机构实行约束。而人民监督政府最主要、最经常的途径就是报刊等新闻媒体。这种思想后来就引申为新闻媒介是行政、立法、司法之外的第四种势力或第四种权力，拥有对政府的监督权。

三、中国舆论监督思想

舆论监督思想是近代民主政治的产物。而中国古代虽有“民主”一词，但却指“人民之主”或“人民的君主”，没有体现现代的民主含义。但这并不意味着中国传统文化中没有舆论监督思想。

1. 民本论

中国传统文化中的民主思想是与民本观念结合在一起的。所谓民本，基本含义有二：其一，人民的利益是国家和社会的价值主体；其二，君主的权力只有得到人民的拥护才能稳固。② 民本论基本上代表了中国传统政治思想的主流。《尚书》中即有“天聪明自我民聪明，天明畏自我民明威”、“天视自我民视，天听自我民听”、“民之所欲，天必从之”、“民可近，

---

① ［美］托马斯·杰斐逊：《杰斐逊文选》，商务印书馆 1963 年版，第 58 页。

② 张小平：《中国民主精神》，四川人民出版社 2000 年版，第 145 页。

不可下，民惟邦本，本固邦宁”等一类说法。后来孟子进一步提出“民贵君轻”的观点，认为“民为贵，社稷次之，君为轻。”①。他从历代为政者的统治经验和教训中总结出得民心者得天下、失民心者失天下的道理：“桀纣之失天下也，失其民也。失其民者，失其心也。得天下有道，得其民，斯得天下矣。得其民有道，得其心，斯得民矣。”②

从民为国本的立场出发，民本论认为民意即天意，违背民意就是忤逆上天的意志，必将受到老天的惩罚，失德失位。因此，为人君者必须“敬德保民”，顺民意，体民情。民意在名义上的至高无上的地位，使之对政治权力产生了一定的约束力。太康失国的故事便是一个很好的例证。据传，夏朝第三代君主、大禹的孙子的太康，贪图逸乐，沉迷猎狩，国政荒弛，以至民皆嗟怨，最终被国民所逐而失国。张居正的《帝鉴》记载：

> 太康即位，荒逸，弗恤国事。畋猎于洛水之表，十旬弗返。有穷后羿固民之怨，拒之于河，弗许归国。厥弟五人，作歌以怨之。太康失国，居阳夏。

在传统中国早期政治生活中，舆论在相当长的时间里发挥了监督作用，它通过让民众直抒胸臆，对当政者的过错加以批评。而贤明的君主，不仅不阻挠群众对政事的议论，还想方设法为他们提供表达意愿的渠道，如《吕氏春秋·自知》记载：“尧置敢谏之鼓，使天下得尽其言；立诽谤之木，使天下得攻其过。”

舆论对时政的褒贬在任何时候、任何地方都没有中断过。

---

① 《孟子·尽心下》。

② 《孟子·离娄》。

难得的是，在民本论思想的影响下，中国历史上许多勤于朝政的开明君主，大都能广开言路，虚心听取其臣属乃至庶民的议政之见，以便纠其偏、补其过、善其政，即使百姓所言没有道理，也不加谴责，而是留下供日后参考，若是其言有益于国事，有补于治道，则予以采纳。

但我们也应看到，民本论存在很大的局限性。它所谓的“民”只是对象性的客体，与作为主体的“君”相对。因而舆论监督作用的发挥完全视君主的个人道德品质而定，无法制度化。

2. 性善论

与基督教性恶论的观点相反，中国传统政治思想的人性论假设为性善论。他们从父慈子孝这一套亲属人伦关系出发，认为人的本性是善的，因而每个人都可以在道德上达到完美的境界，这使中国传统式的舆论监督更强调与人为善、治病救人，而不是暴露人性中阴暗、丑恶的一面。

孟子主张“人性之善也，犹水之就下也”①。他以水为喻，认为水的本性是向下游流动，但如受到阻拦也会漫上地势较高的地方，但这并非水的本性使然，而是情势所迫。与此相类似，人之为恶，常常是受到外界的诱惑，而并非人的本性就是恶的。因此，在孟子看来，只要不丧失本性，并不断努力看护和发展它，“人皆可以为尧舜”。中国古代也有一些思想家主张人性本恶，例如荀子，他看到如果人类天性善良，恶也就无由产生，所以主张人的本性就是恶的，礼仪乃是后天修为所致，不过他又认为人性是同一的，因此每个人都有成为圣人和君子的可能，结论与孟子的性善说殊途同归。总之，中国传统思想家们不管持哪种观点，最后落脚点都是人类可以也应当向善，都可以看作是性善论的分支。

---

① 《孟子·告子下》。

性善、性恶在政治制度的设计上并不仅仅是一个空洞的先天经验命题，其实际意义在于告诉人们应当如何去认识和看待统治者。既然主张性善，故治人者必为有德之士，而那些缺少道德修为的人就只能成为治于人者。汉代大儒董仲舒认为，人性分为三个等级，有圣人之性、中人之性和斗筲之性。① 圣人之性为善，故为君子、为王者；中人之性既可以为善又可以为恶，既能升腾而上，也可沉落而下；斗筲之性则未善，故为小人，只有由性善的人们掌握统治权力，用教化之法去陶冶其性。性善论在政治上运用的结果似乎是，权力越大的人越善，权力越小的人离善越远。

以性善论为指导思想的舆论监督，其宗旨并不在于制约权利，而是帮助那些丧失本性的掌权者迷途知返，治病救人。这一点可从古汉语"风"的含义上看出。

中国古代舆论因口口相传，常常化为歌谣，所以《诗经》中归入"风"这一类的作品都是民间诗歌，与作为贵族诗歌的"雅"和作为王室诗歌的"颂"相对应。作为民间舆论的"风"诗，多刺过讥失之语，以匡救当权者之恶德。因之，在中国传统政治思想中，舆论有救药之效，能治疗人主之疾。这样一来，"风"发展出疾病与医药的双重含义。《韩诗外传》卷3说："人主之疾，十有二发，非有贤医，不能治也：痿、蹶、逆、胀、满、支、隔、盲、烦、痹、风……无使百姓歌吟诽谤，则风不作。"这里讲的是百姓的嘲讽讥刺会使人主患上"风"病。为什么会如此呢？《汉书·五行志》说出了其中的原因："君炕阳而暴虐，臣畏刑而柑口，则怨谤之气发于歌谣，故有诗妖。"原来，群众的讽议乃是君主的一大心病。俗话说，心病还得心药医。这种疾病的疗药不是别的，正是"歌吟诽谤"的社会舆论。因此孔颖达的《诗经正义》认为：

① 《春秋繁露·实性》。

“《尚书》之‘三风十愆’，疾病也；诗人之四始六义，救药也。”

风兼有疾病与医药的含义，分训而背出，作为文艺理论或许有些费解，但舆论为执政者药石的思想并不复杂。据《左传》记载，襄公三十一年，有人向郑国执政子产建议拆毁乡校，以平息人们对朝政的议论。子产说，防民之口，甚于防川，“大决所犯，伤人必多，吾不克救也。不如小决使道，不如吾闻而药之也”①。不过，人之常情是讳疾忌医。舆论虽为良药，但喝下它却等于承认自己有错误。对执政者来说，这需要极大的道德勇气才行。

3. 喉舌论

近代报刊出现之后，中国报人普遍产生了一种“喉舌论”观念，梁启超可以作为他们的代表。他认为当时中国之所以积弱，濒于灭亡的危险境地，主要原因为“壅塞”。就是说，当政者闭目塞听，既不通世界之事，也不了解民情。这种政府好比长着耳朵、眼睛的聋子和瞎子，在这种社会中生活的臣民就像长着嘴巴的哑巴。而报纸对社会的作用就在于沟通上下，充当国君的耳目、臣民的喉舌。他写道：“报馆者，国家之耳目也，喉舌也，人群之镜也，文坛之王也，将来之灯也，现在之粮也。”② 这番对报刊作用的极尽夸张的描述，中心意思是将它比作国家的耳目喉舌。喉舌论形象地概括了报刊在政府和民众之间所能发挥的去塞求通、通上下之情的桥梁和纽带作用，集中国近代报刊功能思想之大成，对后世产生了深远影响。

在近代的喉舌论概念中，喉舌主要指人民喉舌、群众喉舌，我们今天认为这完全是理所当然的。但追溯历史，我们发

---

① 《左传·襄公三十一年》。

② 梁启超：《本馆一百册祝辞并论报馆之责任及本馆之经历》，《清议报》1901年12月21日第100期。

现情况并非如此。在中国传统文化中，喉舌观念源远流长，早有明确固定的内涵，那时的“喉舌”即掌握机要、出纳王命的重要官员。《诗经·大雅·烝民》说：“出纳王命，王之喉舌。”很明显，这里的喉舌指传递帝王政令，通上情于下的朝廷重臣，而不是梁启超所说的将下情上达的群众喉舌。又如扬雄《尚书箴》说：“是机是密，出入朕命，王之喉舌。”能掌握朝廷机密的不可能是一般百姓，只能是“王之喉舌”。再如《后汉书·左雄传》：“宜擢在喉舌之官，必有臣弼之益。由是拜（左）雄尚书，再迁尚书令。”说的是左雄这个人有才干且忠于朝廷，能堪大用，因此进入核心权力圈，也就是做了“喉舌之官”。从“王之喉舌”、“喉舌之官”等用法看，基本上可以说古汉语中的“喉舌”一词等同于官方喉舌，民众喉舌则完全是近代概念。正由于先后赋予“喉舌”的两种含义相互对立，近代报刊在舆论监督时面临着极其艰难的立场选择，对时局的批评因此窒碍难行。一直到今天，人们仍然未能全部摆脱这种传统观念的影响。

喉舌既为官方所有，它所进行的监督，其目的就在于加强权力，而非制衡权力。太平天国后期的领导人洪仁玕是近代新闻史上最早阐述报纸舆论监督功能的人之一。他非常重视报纸在监察百官、收集民心公议方面的作用。他这样写道：“有新闻篇以泄奸谋，纵有一切诡弊，难逃太阳之照矣。”① 报纸对官员的监督，在洪仁玕看来就像太阳照进了平日见不到阳光的阴暗角落一样，使他们的奸邪之行大白于天下，难以掩藏。这无疑是非常超前的意识，如果说它包含着当代“阳光法案”的某些萌芽也不为过。但我们也应注意到，在洪仁玕那里，报纸对政府机关及其官吏的监督，并非实现民主政治的手段，而

---

① 洪仁玕：《资政新篇》，转引自胡太春《中国近代新闻思想史》，山西人民出版社 1987 年版，第 27 页。

是加强政府权力、行使集权统一领导的有力工具。下面的一段话将他的真正用意暴露无遗："要自大至小，由上而下，权归于一，内外适均而敷于众也，又由众下达而上位，则上下情通，中无壅塞弄弊者，莫善于准卖新闻篇或设暗柜（即意见箱）也。"① 洪仁玕显然由报纸对官员劣迹的批评想到了唐代武则天时期怂恿臣民相互检举揭发、彼此攻讦的暗柜制度，新闻报纸不过是将秘密告发变为公开谴责，但两者同为官方喉舌，都有利于主上掌握百官、加强中央集权领导。

第二节　中西方舆论监督体制的比较

上一节关于中西方舆论监督思想的比较，主要是在历史的层面上进行的。下面就让我们把目光投向现实，对中西方舆论监督体制做一个简短梳理。需要说明的是，这里所说的体制是从宏观社会结构的角度着眼的，而并不局限于某些具体的法律条文或政策规章。

一、舆论监督体制的意义

关于舆论监督体制，目前学术界还没有一个明确定义。我们试图从它对实际的舆论监督活动所产生的影响这个方面作些初步的探讨。一般而言，舆论监督活动所涉及的主要问题为：监督目的、监督对象、监督级别。我们分别将对应的后果称之为监督的刚度、监督的强度和监督的力度，以下分而述之。

1. 监督的刚度

我国新闻学界关于舆论监督的定义大致可以分为两类：一类可称之为积极定义；另一类可称为温和定义。这里所谓的

---

① 洪仁玕：《资政新篇》，转引自张之华《中国新闻事业史文选》，中国人民大学出版社 1999 年版，第 5 页。

“积极”，并不取其褒义，而是这类定义基本将舆论监督等同于批评报道，认为舆论监督就是人民群众通过舆论手段对政府事务和社会生活所进行的批评、检举、控告、诘难等。另外一些学者则赋予舆论监督以更广泛的含义。他们认为舆论监督不仅包括对丑恶现象的揭露与鞭笞，还应包括正面的建议言论。郭镇之认为，舆论监督包括批评和建议，批评是负面的，建议是正面的，批评包括对决策和行为的批评，对行为的批评多一些，建议则往往是对决策的建议，并不一定是批评的内容。有的学者更是主张，舆论监督不光包括对错误事物的批评，同时也指对正确事物的表扬。童兵指出：“舆论监督是公众依据法律赋予的权利，并以法律和公共道德为标准对人们，尤其是对政府和公务人员实行的社会公判，它包括对模范行为的褒扬和对不法行为的批评及直接间接的制约和制裁。”①

彭朝丞试图将两种定义都囊括进来，一方面肯定新闻批评是舆论监督的最主要形式；另一方面也认为它还包括对各种问题的建言献策。他写道：

> 多年来，说到舆论监督，许多人都把它同批评、曝光画上等号，把它局限在对具体人具体事的揭露、批评上。无疑，这是一个认识上的误区。新闻批评是其最主要的组成部分，最重要的一种形式，但并非就是它的全部。舆论监督还应包括公众对工作和决策的参与，对民主法制建设提出建议、倡导和要求，以及对社会生活中的各种问题、矛盾进行及时的沟通、疏导、化解等等诸多方面的内容，及其与之相适应的多种多样的方法。②

---

① 童兵：《传媒监督与执法公正》，《新闻传播》1999 年第 4 期。

② 彭朝丞：《新时期舆论监督几个理论问题的思考》，转引自张威《比较新闻学——方法与考证》，南方日报出版社 2003 年版，第 260 页。

这段话似乎在告诉我们，在相当长的时间里以批评和揭露为主要内容的舆论监督的定义是许多人的看法，尽管它属于“认识上的误区”。正确的认识则是，不要一看到舆论监督，就把它和批评、揭露联系起来，它还具有建设性。

孙旭培在最近的一篇文章中也部分地反映了温和定义的要求：“舆论监督是指公众通过新闻媒介对党务、政务和一切公共事务的公开，对国家机关各级公务人员施政活动，以及社会公众人物（包括政治家、演艺明星、上市公司等）的监督。这种监督既包括揭露和批评又包括评价和建议。但新闻媒介对坏人、坏事，特别是腐败行为的揭露和批评，是中国现阶段舆论监督的主要和常见形式。”①

理论上的分歧实际上是体制上的矛盾反映。为简便起见，我们或许可以把只包括批评的监督体制称为刚性体制，而把包括建议和褒扬的体制称为柔性体制。从上面引文中可以看出，在我国建立刚性的舆论监督体制的呼声是非常强烈的。

2. 监督的强度

对于是否把一般公众、社会团体以及各种社会现象、社会问题都纳入舆论监督范围，我们称之为舆论监督的强度问题。只有政府部门及其工作人员和各种公众人物才属于监督范围的舆论监督体制，可以认为是高强度的，其他体制则强度要弱一些。

不管何种事实，不管是轰轰烈烈的壮举还是凡人小事，不论其是美好的还是恶劣的，都可以成为新闻媒体的报道对象，这是毫无疑问的。但到底哪些事实才属于舆论监督范围之内的，在我国理论界存在不同意见。

较为普遍的观点认为，只要是不良现象，如损人利己、损

---

① 孙旭培等：《推进舆论监督的三项举措》，载展江主编《舆论监督紫皮书》，南方日报出版社 2004 年版，第 84 ~ 97 页。

公肥私、不讲公德、侵害社会和他人利益等，都是舆论监督的对象。理由是舆论监督面向全社会，即使是一般社会成员其行为也应受到监督。对普通社会成员的监督和批评，同样具有扶正祛邪、扬善抑恶、净化社会风气的作用。不过这种观点也强调，舆论监督的重点是政府机关及其工作人员，包括作为执政党的中国共产党的各级组织。

也有的学者主张舆论监督主要是指对各种权力组织的监督，之外的批评和揭露则不在此列。陈力丹指出："我们无形中常把对劣质产品的揭露和对事故的揭露、对黑金事件的曝光与批评某些党政机关渎职，都视为舆论监督。其实，舆论监督主要是指对各种权力组织的监督，而对劣质产品、事故、经济活动中违规问题的查检，本来就应该是行政、司法的职责，媒介揭露这些事情则是在履行它的正常的报道职能。"① 这可以看作是关于舆论监督的一种理想化表述。因为即使在被许多人认为是舆论监督典范的美国，在其"揭丑"报道中，也并非全然是对政府黑幕的揭发，除了政界腐败、官僚主义、政府与黑道勾结等内容之外，它还包括大量的形形色色的社会腐败现象，如食物掺假、金融和保险公司肆无忌惮的欺诈性行为、专卖药中含有有害成分、自然资源遭到严重破坏等，因此那种认为西方媒体"看家狗"式的报道等同于对政府部门及其成员的批评有失偏颇。当然我们也不排除西方媒体对执政党情况的公开评议、对高级官员个人操守的关注、对权力腐败的曝光是其经常性的报道内容。

强调舆论监督的主要对象或重点是权力组织，与其说是理论问题，不如说它是现实困境的某种抽象写照。这就是郭镇之所指出的我国新闻媒体在进行舆论监督时所存在的"对上监

---

① 陈力丹：《关于舆论监督的几个认识问题》，载展江主编《舆论监督紫皮书》，南方日报出版社2004年版，第76～83页。

督不力”现象：

> 目前，中国的新闻传播在对权力实施舆论监督，特别是批评报道方面处于天然的劣势，从而产生“只打苍蝇，不打老虎”的问题。中国的新闻媒介从来没有独立揭发出真正重大的政治经济问题；披露严重的社会问题有时会受到限制；面对腐败现象少有作为。同时，由于监督对象及其上级部门越来越老练的抵制与干预，新闻媒介的舆论监督处于十分困难的境地。①

3. 监督的力度

西方新闻界在监督政府方面最值得炫耀的资本，是把最有权力的政府首脑人物作为批评的头号目标。根据历史记载，美国历任总统几乎都遭到过来自新闻媒体的指责。有“美利坚合众国之父”美称的华盛顿曾被报纸批评为“很少了解国家的真正情况”、“使美国民族堕落了”。林肯被凭空谴责为在酒醉醺醺之中作出命运攸关的决策，处于求胜心切而不必要地让军队去送死，甚至公然叛国。而《华盛顿邮报》对“水门事件”的报道导致尼克松总统辞职下台，更被认为是美国媒体批评政府的顶峰之作。

从以上对美国总统与新闻关系的简单勾勒中可以看出，在形式上，美国法律对于被舆论监督的权力级别是没有限制的。虽然普通公民的名誉受到法律保护，但政府官员不在此列。正如赛伯特所指出的：“在美国不论是政府官员或是公职候选

① 郭镇之：《关于当前舆论监督的结论和建议》，载展江主编《中国社会转型的守望者——新世纪舆论监督的语境与实践》，中国海关出版社2002年版，第37～46页。

人，在破坏名誉的法律方面很少保障。"① 1964 年《纽约时报》上诉沙利文一案中，美国联邦法院更是确立了"实质恶意"原则，规定被批评的政府官员除非能够证明批评者使用不真实材料，是出于恶意，即明知材料有假或有意忽视材料是否有假，否则一律不得获得损害赔偿。这使政府官员起诉新闻媒体变得更为困难。

在我国，舆论监督已逐渐成为新闻媒体的一项经常性工作，但批评大多集中于乡以下的基层机关、基层干部和社会生活方面的问题，涉及到高级领导机关、领导干部和政治生活的比较少，受监督的权力级别偏低的现象突出。孙旭培对《人民日报》1993～1997 年间的批评报道作了抽样调查，从 5 年的1 826天的报纸中抽取 420 天的报纸，共得批评报道1 028篇。结果发现这些批评报道有 58.6% 是刊登在读者来信版上，以不涉及具体人或单位的某种现象作为批评对象的占 53.2%，针对集体或单位的占批评报道总量的 17.8%，针对不法分子的占 17.1%，而针对各级干部的批评不到总量的 1/10（8.5%），针对处级以上干部的批评仅占 2.6%，且大多是根据有关部门查处结果报道的，完全由报纸自己搞出来的很少。②《人民日报》是我国最具权威性的党委机关报，它对批评报道的处理方式代表了国内新闻媒体的一般做法。2000 年"舆论监督与新闻纠纷"课题组对搜集到的 17 家中央和省级报纸的 118 个舆论监督案例进行分析后发现，涉及普通群众的 11 例，乡以下和企事业单位 59 例，县处级干部 35 例，市局

① ［美］韦尔伯·斯拉姆等著：《报刊的四种理论》，新华出版社 1980 年版，第 64 页。

② 孙旭培：《舆论监督的必要性和可行性》，《人大报刊复印资料·新闻学》1997 年 7 月。

级干部4例，省级干部5例。① 以上实证研究表明，在我国权力级别越高，受到的监督就越少。

在我国法律中并没有将舆论监督限制某一权力级别上的规定。当代新闻史上，也有过“渤海二号”报道对高级领导的批评、对商业部长吃请的批评等，但对高级领导干部的监督没有机制化，要实现这一点，需要进一步加强政治体制建设，加大监督力度。

二、西方舆论监督体制

前面的分析表明，舆论监督不仅是一种新闻传播现象，更是一种社会文化现象。如果仅仅停留在政府与媒介的关系上，局限于仅有的一些条文，对西方舆论监督的发生机制就不会有深入的理解。

1. 政教分离

政治学理论认为，按照权力的行使方式，可以将它分为三种类型：强制性权力、奖酬性权力和象征性权力。强制性权力利用物理的制裁或暴力威胁的手段，使被影响者认为影响者有能力惩罚他。奖酬性权力依靠物质资源来奖励处罚，如工资、奖金、报酬等。象征性权力通过受影响者某种内化观念如正义、公平、廉耻等而产生作用。在社会生活中，周围群体对个人的嘲笑、非难、蔑视所带来的“多数孤立的恐惧”，就是象征性权力的表现。因此，舆论是人类社会中的一项重要的权力。宗教也具有类似特征。

象征性权力与强制性权力的结合方式在中西方社会中是完全不同的。许多学者都注意到，西周时期宗教势力对政治生活的影响与商朝相比已是微乎其微，并且从此之后一直处于边缘

---

① 王强华、魏永征主编：《舆论监督与新闻纠纷》，复旦大学出版社2000年版，第10页。

地位。这种变化的实际结果是象征性权力被纳入强制性权力。正如德国著名社会学家马克斯·韦伯所指出的："中国的君主首先是一个大祭司，译成伦理语言的古代神秘宗教的祈雨师。"① 这实际上是说在古代中国政治权力与宗教权力是结合在一起的，它使中国传统社会具有明显的世俗化特征。而近代之前的西方世界则完全笼罩在宗教的神圣光环之中。在基督教的影响下，西方社会发生了世俗世界与精神世界的分裂，政治权力与宗教权力的分裂。国王被认为是世俗的领袖，统治人民的肉体的行动，教皇则是人类的精神领袖，管理人类的思想和灵魂。根据这种观念，政府是没有思想统治权的。因此，中世纪虽有宗教裁判所，对反对教会的各种所谓"异端邪说"进行残酷镇压，但与中国封建社会中的决于圣听的文字狱并不是一回事。因为宗教改革前，西方政府对人民群众的思想言论方面的事务是插不上手的。

在基督教势力衰落下去之后，西欧的封建君主们才乘机夺取了向来为教会所垄断的思想统治权，通过制定书报检查制度、颁发特许证等手段来控制舆论。但很快遭到新兴资产阶级的反对。他们出于商品自由流通的需要，对信息交流方面的管制和封锁也采取了抵制态度，最后发展到喊出"出版自由"这一伟大历史口号。

实际上，国王、教会、资产阶级分别可以看作是强制性权力、象征性权力和奖酬性权力的代表。西方历史上这些权力资源掌握在不同社会力量的手中，它们之间彼此约束、互相牵制，时而合作、时而对立的复杂情形，是许多现代社会制度的文化根源。王权与教权的分离所产生的影响尤为深远，一方面西方社会经历了漫长而黑暗的中世纪，另一方面也孕育了分权

① ［德］马克斯·韦伯著，王容芳译：《儒教与道教》，商务印书馆1997年版，第77页。

思想，特别是它为现代西方社会准备了政府不得干涉思想言论活动的观念，为新闻媒体批评政府的合法性提供了思想资源。

2. 言论自由

从历史发展来看，言论自由是资产阶级为争取自身利益尤其是财产权而斗争的产物。对财富的追求是一种相当现代的观念，传统社会对金钱甚为鄙视，东西方莫不如此。中国传统思想中尚义是君子风范，逐利乃小人所为，“义”永远高于“利”。古希腊罗马城邦以政治生活为荣，中世纪则把天国作为最高追求，财富观念都比较淡泊。

在早期基督教观念中，追财逐利与获得拯救是完全对立的，甚至认为富人死后进入天堂比骆驼穿过针眼还难。中世纪一则教父传记生动地描绘了教会的道德观念与商业精神的格格不入。当虔诚的圣·格腊耳主教从罗马进香回来，在帕维业遇到一些兜售东方货物与香料的威尼斯商人，乘机向他们展示了一件在罗马购买的庄严的主教袍，商人门纷纷祝贺他做了一笔好生意，因为这件主教袍在君士坦丁堡要花更多的钱。格腊耳立即责备自己欺骗了卖主，很快把差额寄过去，不愿捡便宜而犯贪婪的罪过。① 在教会观念的影响下，商人们尽管因追逐利润而变得富有，但良心不停地受到谴责，在内心深处总认为他们的财产是非法得来的，以至许多银行家和投机家在他们的遗嘱中表示要对那些曾经受到他们欺骗的穷人进行赔偿，并把一部分产业捐赠给教会。

而17世纪的资产阶级思想家则把财产权视为人的天赋权利。荷兰法学家雨果·格劳秀斯宣称：“当财产成立之后，一人若违反另一人的意志而掠夺他的财产，即为自然法所禁止。”英国哲学家约翰·洛克则认为，所谓“非义”就是侵掠他人的财产

---

① ［法］亨利·皮朗：《中世纪经济社会史》，上海人民出版社1987年版，第25~26页。

权利,因而在没有界定财产权利的社会中,既然不存在“我的”、“你的”这样的区分,也就没有相应的正义观念。在他看来,没有财产权利,便没有正义,这是像欧几里得几何学一样可信的真理。

财产的意义在于它有明确的边界,有“你的”、“我的”之分,可以为每个人的行为划定界限。反之,则是无穷无尽、无休无止的攫取与争夺。拉法格提到,在原始社会里,由于实行财产公有制,野蛮人在自己氏族的领土范围之内可以毫无约束地去用他所需要的食物,但是一旦越出了边界,他就会遭到邻近部落的追杀。为了避免战争、与相邻部落和睦相处,野蛮人就必须克制自己原始的本能。他们通常在自己领土周围设立一个中立地带,以免无休止的冲突。① 可见,即使是公有制,也得有个界限。

作为财产观念的反映,言论活动也被认为是可以划定界限的。也就是说,与财产属于个人所有一样,人们的思想言论也只是其个人私事,与国家无关。霍布斯从宗教内战的反思出发提出了这样的观念:信仰是私事,是个人信念,对国家没有什么意义;对于国家来说,任何一种信仰都具有同等价值。尽管他最终还是认为,没有对学说、书刊的检查权,谬论邪说就会蛊惑人心,引起叛乱,但我们也不难从他的前提中得出相反结论。

一切界限都是封建君主所不愿接受的。在他们看来,天下的所有东西统统都是他们的个人财产,他们的权利不应也不能受到任何约束与限制。这就与正在兴起的资产阶级不可避免地产生了冲突。关于言论自由的争端则是上述冲突的外在体现。

3. 法制保障

在西方法律制度的设计中,对舆论监督的保护主要有三项

---

① ［法］拉法格著,王子野译:《思想起源论》,三联书店 1978 年版,第 85～86 页。

举措，新闻媒体依据其中任何一条对诽谤指控进行抗辩如获成功就可以免予承担诽谤责任，因此在法律术语中又称为“全面抗辩”。与之相对的是“局部抗辩”，它只能减免责任，而不能免除责任。

第一条抗辩理由是真理或有理可据，这是对诽谤指控最有力的抗辩理由。如果能证明这一点，作为被告的新闻媒体几乎肯定可以胜诉。真实抗辩原则始于 1735 年的曾格案。当时北美殖民当局指控曾格犯有“煽动性的诽谤”、“力图以最恶毒的言辞诋毁总督阁下，并诽谤其政府”等罪行。律师汉密尔顿为曾格辩护，提出“谎言才构成中伤，才构成诽谤”，最终使陪审团作出无罪裁定。①

第二条抗辩理由是“公正评论”，即评论所发表的意见同客观发生的事件性质基本相符，作者显然出于善意，即使其所用的言辞片面、偏激，也不应追究法律上的责任。西方学术界认为，“公正评论”的原则体现了在社会公共利益与公民人格权之间，应对社会公益事业予以优先保护的立法用意，亦即宁可让某人的名誉偶尔受损，而不要使公众因为害怕诽谤而对危害公益的行为保持缄默。

第三条抗辩理由是特许权，又称特许报道权，主要是指新闻媒介报道行政、立法、司法事项及其他公共记录时，如果有关言论有诽谤性质，但只要媒介报道是公正而准确的，就可以免除法律责任。

以上三条原则都要求新闻媒介证明自身言论内容的真实性，在作为新闻侵权诉讼的被告时承担责任。这对没有侦查权的新闻媒体来说无疑是一个沉重的负担。20 世纪 60 年代之后美国在这方面作出了改革，进一步有效保障了新闻媒体对政府

① ［美］埃德温·埃默里、迈克尔·埃默里著，展江等译：《美国新闻史》，新华出版社 2001 年版，第 42～48 页。

的监督权。

1964年的《纽约时报》上诉沙利文一案中，美国联邦法院确立了“实质恶意”原则。美国联邦法院在该案所作的判决书中提出：法律应禁止政府官员向关于其职务行为的具有诽谤性的不真实的言论索取赔偿，除非他能够证明这种言论具有“实质上的恶意”，也就是明知虚假或者不计后果地漠视真假而予以发表。布伦南大法官认为，公务人员对社会福利、人民利益有重大影响，因此他们的言行需要受到人民的监督。错误在自由争论中即新闻媒介对官员言行进行监督是绝对无法避免的，这种错误的权利必须受到法律的保护，因为真理需要这种生存空间。

“实质恶意”原则体现了法律对批评政府官员的言论的宽容，使新闻媒体在诽谤诉讼中处于非常有利的地位，而政府官员要提起侵权诉讼并获胜的希望则变得非常渺茫。据传播法学者吉尔摩统计，1982年至1988年美国614件针对新闻媒体的诽谤诉讼，共有10%的原告获得胜诉，只有33个原告获得经济赔偿，其中由公务员和公众人物提起的诽谤诉讼共381件，只有19个原告获得胜诉。①

三、中国舆论监督体制

从20世纪50年代中国共产党提出利用报纸开展批评到近些年酝酿舆论监督立法，我国舆论监督体制在始终保持了自身特色的同时，也随着时代变化不断向前发展。

1. 党委领导

舆论监督体制从宏观方面说是政治体制的反映，从微观方面说它由新闻体制所决定。西方舆论监督是多党制的产物，所

---

① 参见魏永征、张咏华、林琳《西方传媒的法制、管理和自律》，中国人民大学出版社2003年版，第91页。

谓新闻媒体对政府的批评实际上不过是资产阶级不同派别之间争权夺利、勾心斗角的争斗在媒体上的表现。而在我国社会主义制度下，根据宪法规定，中国共产党是各族人民的领导者，并且新闻事业是党的事业的一部分，必须接受党的领导，才能更好地发挥它的各项功能，更好地实现为社会主义服务、为人民服务这一宏伟目标。因此，我国的舆论监督是在党和政府的领导下进行的，是有组织有纪律的，不是西方式的为批评而批评、可以随便乱说一通而不会产生任何实际有害后果的相互掣肘。

从党报批评提出之初，它就是在党的领导下进行的。1954年毛泽东指出，报纸上的批评要实行“开、好、管”的三字方针。“开”就是要开展批评，不能害怕批评，更不能压制批评；“好”就是批评的效果要好，要对人民有利，不能乱批一阵；“管”就是党委要把这件事管起来，否则批评就开展不起来，开也开不好。① 从中我们可以看出，在这个后来成为我国新闻媒体开展舆论监督和新闻批评的指导性方针中，“管”是关键。脱离党的领导，批评就无从谈起。

“管”首先是新闻媒体的舆论监督工作要接受党的领导。一般情况下，批评性稿件在刊发之前须征求党委部门的意见，特别是一些重大批评事先更是要主动请示，争取党委的支持，要坚持在党委的领导和帮助下开展舆论监督。同时，各级党委也要积极创造条件，鼓励和支持新闻媒体开展舆论监督活动，创造一个良好的舆论监督环境。总之，党委领导是我国舆论监督的最基本的制度，是中西方舆论监督体制上最重要的区别。对于保证新闻批评的社会主义性质，坚持舆论监督的党性原则，取得良好的社会效果等方面，党委领导制起到了重要作用。

在实践中，一些人干扰和抵制批评、压制和破坏批评、为舆论监督设置重重障碍，这并不是“管”的本义，更谈不上

① 《毛泽东新闻工作文选》，新华出版社1983年版，第117页。

“领导”。有些人一方面阻挠和压制批评，另一方面又冠之以冠冕堂皇的理由，说什么舆论监督会“破坏政府形象”、“给党的事业抹黑”、“给国家添乱”、“不利于社会稳定团结”等。这些混淆是非的借口，时不时被用作对付舆论监督的“挡箭牌”。我们决不能把对领导和管理的错误理解与错误运用当成领导和管理本身。

“管”变成压制的情况虽然是极个别的情况，但它的客观存在也说明在坚持党委领导制的同时，还有一个如何发挥党政部门领导者开展舆论监督的积极性问题。从吕日周担任山西长治市委书记期间，利用新闻媒体大力督促领导干部解决问题的情况看，党委领导人在舆论监督活动中确实起到了至关重要的发动和保障作用。吕日周所造成的巨大轰动效应还表明，我国的党委领导体制所蕴含的潜能是非常巨大的。

2. 垂直监督

1953 年，广西《宜山农民报》在报纸上对宜山地委作出批评。中宣部在给广西省委宣传部的批示中明确提出，党报作为党委机关报，无权以报纸与党委对立，不经请示擅自在报纸上批评党委是一种严重的无组织无纪律的现象。如果党报对同级党委有不同意见，可以向同级或上级反映，但不能在报纸上争论。如果党委犯了错误，党报可向上级揭发这些错误，但批评必须是由党委以自己的名义在报纸上进行自我批评。① 此后便形成党报不能批评同级党委的原则，并一直沿用至今。这一原则，一方面是党委领导制的体现；另一方面也具有它自己独特的意义。

党委机关报不能公开批评所属党委和上级党委的规定，形成了中央媒体监督地方政府、上级媒体监督下级政府的现象。

---

① 《中国共产党新闻工作文件汇编》（中册），新华出版社 1980 年版，第 279 页。

也就是说，我国新闻媒体的舆论监督方向在公开表现上是垂直的，尽管它可以采取内参等形式水平或向上监督，但主要方向是向下的。这意味着不同级别的新闻媒体被赋予了大小不等的监督权限，级别越高，监督的权限越大。中央级媒体如新华社、《人民日报》、中央电视台、中央人民广播电台，可监督各地政府；省级媒体可监督地、市一级党政机关，依次类推。因此，与舆论监督向下运行的方向相联系是舆论监督资源有一种向上集中的倾向。

在新闻市场竞争中，批评报道是新闻媒体争夺受众的重要手段之一。一些市场化程度较高的地方，新闻媒体一方面希望自己的舆论监督越多越好；另一方面又为自己的级别所限制，于是便积极寻求突破，其结果便产生了所谓的"异地监督"现象。也就是一个地区的新闻媒体对其他地方的政府部门及其官员所作的批评，有的学者也称之为"跨地区监督"。例如《南方周末》一向以敢于批评著称，民间甚至流传着"北有焦点访谈，南有南方周末"的美誉，但该报关于广东地区的负面报道极为少见，因此被视为异地监督的典范。例如 2000 年湖南嘉禾县发生高考舞弊事件，省内媒体被指示不得刊发相关报道，《长沙晚报》的一位记者在稿件遭"枪毙"后转投《南方周末》，迅速被采用，并产生了强烈的震撼作用。

孙旭培认为，我国新闻媒体与党和政府合为一体的管理体制是"跨地区监督"存在的根源。也就是说，党委对新闻媒体的管理权限与行政区划相对应，媒体主管部门只有在它们的同级政府的管辖区域内才能有效行使新闻管理职权，对外地区媒体则"鞭长莫及"，只能听之任之。① 简单地说，就是一个

① 孙旭培：《如何看待"跨地区监督"——以广东报纸的三篇监督性报道为例》，载展江主编《中国社会转型的守望者——新世纪新闻舆论监督的语境与实践》，中国海关出版社 2002 年版，第 47 ~ 58 页。

地区的党政部门可以管住本地区的新闻媒体，但无法控制外地的媒体，这就为“异地监督”提供了可能。而新闻运作的市场化则将这种可能转化为现实。

异地监督是在水平方向上运行的，它与垂直监督互相配合、互相补充，对推动我国舆论监督的发展具有重要意义。

3. 走向法治

我国舆论监督体制在相当程度上取决于党委尤其是党委主要领导者的积极性，这就是通常所说的“党委不管，批评就开展不起来”的现象，因此它带有一定的“人治”色彩。在这种体制下，如果得不到同级和上级党委的帮助与支持，舆论监督就很有可能胎死腹中，被监督者完全可以对媒体批评置若罔闻。另一方面，20 世纪 50 年代提出的党报批评主要是政治框架内运作的，对被批评者往往上纲上线，强调批倒批臭，不注意保护批评对象的合法权益，一旦被点名就会抬不起头来，甚至身败名裂。这些情况都表明舆论监督需要法制规范。

自 1987 年《民法通则》颁布实施以来，我国舆论监督便开始走上法治的道路。民法中关于公民人身权利的规定，使新闻媒体在进行舆论监督时必须以不侵害公民的名誉权、姓名权、隐私权等人身权利为限度，否则就要承担法律责任。这就把新时期的舆论监督与改革开放之前的政治色彩极浓的报纸批评区别了开来。以事实为依据、以法律为准绳在新闻媒体频频遭受新闻官司的过程中逐步被确立为新的舆论监督原则。这无疑有助于纠正我国新闻媒体过去那种习惯于使用政治批判语言、下结论比较随意的倾向，对舆论监督的规范化有着重要意义。

然而民法以及其他法律中的相关条文都是制约舆论监督的，缺少保障性、授权性条款。因此，在现实中，“我们的新闻批评和舆论监督常常陷入困难和尴尬的境地。一些媒体和新闻工作者在采写批评报道和进行舆论监督时常常感到‘孤立无援’，正当的采访报道权利受到侵害，有时甚至财产和生命安全都会受到威胁。近年来，记者被打、被抓、被关的情况时有发生，以致全国记协不得不一次次地出来发表声明，声援和保护正当权益遭受侵害的新闻工作者”。① 另一方面，新闻官司也越来越频繁地被用于抵制舆论监督，新闻媒体的批评报道中如果有个别字眼失当、局部细节不准确，都会成为被监督者提起侵权诉讼的理由。

在舆论监督缺少有效保障的情况下，加快舆论监督立法的呼声越来越强烈。1998 年，全国政协委员张虎生、艾丰等提出加强舆论监督、制定《舆论监督法》的议案。新华社总编辑南振中、中科院院士何祚庥等社会各界人士，也纷纷撰写文章、发表讲话，呼吁抓紧制定《新闻监督法》或《新闻舆论监督条例》。他们认为，既要以法律保障新闻媒体的舆论监督权，又要通过法律约束，防止滥用舆论监督权力。

制定全国性法规难度较大，而地方性法规的制度相对容易一些。1999 年 6 月珠海市委和市政府出台《珠海市新闻舆论监督办法（试行）》，这是我国第一个关于新闻舆论监督的地方法规。该办法第六条明确规定：“批评性报道刊播前，各新闻传媒要确保事实确凿，但任何被批评对象不得要求审稿。”这对长期沿用的批评报道发表前须与批评对象见面的规定是一个突破。此外，其他一些地方也相继出台了类似规定。地方舆论监督法规的出台，可以为将来的舆论监督法积累经验，是我国舆论监督进一步走向法治的重要举措。

第三节 中西方舆论监督性质的比较

出于对舆论监督的热切期待，国内学术界和普通群众中都

---

① 郑保卫：《力度 · 效度 · 制度——对当前抓好舆论监督的思考》，载展江主编《舆论监督紫皮书》，南方日报出版社 2004 年版，第 73 页。

存在一种不切实际的想法，认为只要新闻媒介能充分发挥监督，许多不良社会现象便可得到抑制甚至消除。对舆论监督作用的过分夸大表明正确认识舆论监督的性质是一个尚未完成的课题。

一、舆论监督性质的影响因素

从某种意义上说，舆论监督是民众与政府之间的一种互动，是人们通过舆论手段对各种权力组织及其工作人员自由表达意见的结果。在现代社会中，公众意见的流通主要是借助大众传媒进行的，因此，新闻媒介、政府权力和社会结构都会对舆论监督的性质产生某种影响。

1. 新闻媒介的性质

根据李良荣教授的意见，新闻媒介具有双重属性：一是经济属性；二是意识形态属性。前者又称为形而下属性，后者又称为形而上属性。我们认为这种观点是符合客观实际情况的。新闻事业的社会功能包括舆论监督作用的完整发挥，关键就在于找到两种不同属性之间的一个合适的平衡点。但在新闻史上却长期存在片面强调新闻事业的某一种属性而忽略另一种属性的情况。

历史上，我国新闻工作者和新闻学者大多偏重于新闻事业的意识形态属性，而对其经济属性往往不太注意，甚至比较轻视。因此新闻媒介在多数时候是自上而下地产生作用，广大群众的积极性、主动性没有被调动起来，致使新闻媒体的舆论监督功能不能得到充分发挥。

学者黄旦注意到，美国早期报人的办报活动往往以盈利为目的，尽管他们在独立战争前后也参与了政治，但主要原因还是因为自身的经济利益受到损害。美国早期报刊介入政治的这种方式“与中国的梁启超们一出手就是‘报馆有益于国事’并亲自撰写、发表‘笔锋常带感情’的连续文章，试图‘哀呼疾号，以冀天下之一悟'，并不是一回事"①。也就是说，在中国早期报人那里，报刊本身就是政治的一部分，办报是政治活动的一种方式。之后，在长期的革命斗争中，报刊的政治功能更是被不断地强化和巩固，似乎成为某种与经济毫无联系的东西。新闻媒体向意识形态一端愈滑愈近，结果必然是离群众也越来越远，舆论监督的作用也就更加难以发挥。

相反，西方媒体在绝大多数时间里更愿意突出其经济功能，把赚钱作为它们的首要目标。自由主义报刊理论认为，报社是独立自主经营的私人企业，任何人只要有足够的资本都可以开办这种企业，至于其成功或者失败，则取决于其获取利润的能力，也就是满足顾客的本领。按照这种理念，报刊经营上的首要任务在于争取读者的最大化，从而吸引到更多的广告收入。商业化的运作方式，迫使新闻媒体拼命地讨好受众，有利于舆论监督功能的实现。但商业化媒体有一个无法克服的弊端，即煽情主义倾向。受此影响，舆论监督容易发生变形，被简单地等同于曝光、扬丑，以追求某种轰动效应。于是，以揭露政界官员劣迹为主要内容的"揭丑新闻"成为西方新闻媒体舆论监督的主要方式。西方学者也注意到商业化模式的局限，试图以社会责任理论来纠正，但收效甚微。

综合起来说，过去我国新闻媒体舆论监督的作用行使得不充分，与其经济功能受到抑制是有着重要关联的。但媒体如果在商业化的道路上走得太远，也会违背舆论监督的初衷。

2. 政府权力性质

前面我们已经指出，在中国封建社会中，儒家士大夫官僚根据他们所掌握的伦理资源，对最高统治者也起过一定的制约作用，在一定程度上实现了舆论监督作用。但我国历史上封建

① 黄旦：《美国早期报人及其办报思想》，《新闻大学》2000年春季号，第57～61页。

王朝从未摆脱兴衰相继、治乱循环的周期性现象。这个问题直到中国共产党执政时期才在理论上得到彻底解决。

1945 年，毛泽东在与民主人士黄炎培的谈话中，就未来的人民政权如何走出“其兴也勃焉，其亡也忽焉”的历史周期律时指出：“我们已经找到了新路，我们能跳出这周期律。这条新路，就是民主。只有让人民来监督政府，政府才不敢松懈。只有人人起来负责，才不会人亡政息。”① 让人民来监督政府，这是以毛泽东为代表的中国共产党人对数千年中华文明的历史总结，也是中国共产党密切联系群众、批评与自我批评相结合的思想作风的集中体现，当前它正在成为我国重要的民主机制。

尽管在“让人民监督政府”的文字表述上，毛泽东和杰斐逊极为相近，但却存在原则性区别。资本主义政治体制在根本上是代表资产阶级利益、反映资产阶级意志的，所谓监督政府实质上是政治上的反对派为取得执政地位而争取民意的手段，是资产阶级内部不同利益集团之间矛盾和冲突的反映，因而资产阶级新闻媒体的舆论监督在本质上不能不具有欺骗性和虚伪性。正如学者樊炳武所指出的，西方报刊等新闻媒介的所谓监督政府，不过是资本主义社会固有矛盾在新闻事业上的反映：“根据马列主义的基本原则，资本主义社会存在两个基本矛盾：一个是资本家和工人之间的矛盾，再一个就是资本家和资本家之间的矛盾。资本家的派性很严重，有在野党和执政党之争，有大资本家与小资本家之争，有工业资本家与农业资本家之争……这种斗争反映到新闻事业上，就成了所谓‘监督

---

① 薄一波：《若干重大决策与事件的回顾》，中共中央党校出版社 1993 年版，第 156 页。

政府'。"① 以西方新闻界最引以为自豪的《华盛顿邮报》对尼克松"水门事件"的揭露为例，实际上就是尼克松所代表的西部资产阶级和东部资产阶级矛盾的体现，也是尼克松所属的共和党与民主党冲突的反映。

在社会主义制度下，共产党是执政党，它主动提出接受人民监督和民主党派监督，与资产阶级在多党制的牵制下被动地求诸舆论是不可同日而语的。从历史上看，还没有哪一派政治力量在取得统治地位后真正心甘情愿地将自己置于人民的监督之下的，多数不过做做样子、装装门面而已。而中国共产党在新中国成立初期就已认识到，执政党的地位容易导致党内出现官僚主义、违法乱纪等现象，利用报刊等舆论监督形式公开揭露自己的缺点和错误，是铲除腐化现象的有效形式。

总之，政府权力的性质对舆论监督的属性具有决定作用。只有政府权力来自人民、属于人民、服务人民，才会有真正的舆论监督。

3. 社会结构特点

在任何社会中，舆论监督的终极作用都在于使统治秩序有效运行，维护社会稳定。正是在这个意义上，美国传播学先驱拉扎斯菲尔德等人将媒介的监督功能称为"促进社会准则的实行"作用。他们认为，大众媒介对偏离社会准则的行为的揭露，使人们不能继续回避问题，不得不公开地表示赞同或反对的立场，并且往往迫使人们采取一定的行动来反对他们曾经在私下予以容忍的偏向。

但舆论监督只是维护社会稳定的手段之一。从根本上说，社会稳定的程度取决于社会结构本身，而非大众媒介的监督作用。

---

① 樊炳武：《新闻学概论》第 175 页，转引自王益民《系统理论新闻学》，华中理工大学出版社 1993 年版，第 159 页。

社会结构如何才能稳定呢？西方政治学的开创者亚里士多德注意到，一切国家中公民都可以分为三部分——极富、极贫和介于两者之间的中产阶级。他认为极富阶级因生活在舍弃的环境中，只顾发号施令，不愿也不能接受别人的统治；而极贫阶级往往太卑贱而自甘暴弃，仅知服从而不堪为政；同时，极富、极贫阶级互不信任，容易引起党争，发生动乱。因此亚里士多德提出，只有以中产阶级为基础才能组成最好的政体，因为在他看来，中产阶级比其他任何阶级都较为稳定，他们既不像穷人那样希图别人的财物，也不像富人那样容易引起穷人的觊觎，既不对别人抱有阴谋，也不会自相残害；他们过着无所忧惧的平安生活，具有“适中”的美德，所以最适合于充当富者和穷者之间的仲裁人，以免除党争，减少内讧。① 从亚里士多德的理论中，我们可以推论出这样一条普遍原则：最稳定的社会结构是中产阶级占多数的社会。

从西方历史来看，它们的舆论监督主要就是反映中产阶级愿望的。在后文分析德国著名学者哈贝马斯的“公共领域”理论时，我们将会看到，中产阶级在那里被视为理性的化身，只有它们才能真正代表舆论，对政府权力进行监督。这当然是极度夸张的片面之辞，但也确实包含了一定的合理成分。

中产阶级对维护社会稳定具有重要意义，这个命题不仅在西方社会成立，对中国社会也同样有效。对于我们所讨论的课题来说，它的重要意义在于，我国新闻媒体在舆论监督中要注意纠正价值取向上在贫、富者之间摇摆不定的现象，应当认清在将来发达的社会主义社会中依然是中产者占主体的发展趋势。而对贫困阶层和富裕阶层中存在的不利于社会稳定发展的倾向必须予以足够的警惕。当然，这并不等于说我们要抛弃对

---

① 参见徐大同主编《西方政治思想史》，天津人民出版社 1989 年版，第 50 页。

弱者的同情，对强者要一律施压。实际情况是，我国新闻媒体在历史上曾将人民等同于穷苦大众，而在市场经济环境下又常常不自觉地站到了先富起来的一部分人那一边。新闻媒介要有利于社会的长治久安，就必须有稳定的舆论原则。

二、西方舆论监督的性质

舆论监督在西方学者看来是新闻媒体非常值得自豪的社会功能，经常不停地进行美化和夸大，冠以种种动听的名目。对这些说法如果不加以批判分析，无疑将是有害而无益的。

1. 第四种权力说

“第四种权力”是西方学界关于舆论监督性质最普遍、最流行的说法。根据资产阶级的天赋人权理论，生命、自由、幸福是人类最基本的权利，为了保障这些权利人们才组织政府。为了防止政府的专权和腐化，除了实行“三权分立”之外，最根本的一条是要让政府接受人民的监督。而人民的监督主要是通过新闻媒介来实施的，因而报纸等新闻媒介应该起到一种其他机构无法起到的监督作用，用美国第三任总统杰斐逊的话来说就是：“自由报刊应该成为行政、立法、司法三权起到制衡作用的第四种权力。”①

与第四种权力相接近的还有所谓“第四等级”。后者起源于19世纪的英国。根据史料记载，1828年英国国会举行会议时，政治家爱德蒙·巴克在会上称记者为“第四等级”。他说，议会中有三个等级（贵族、僧侣、资产阶级），但是记者席上坐着一个第四等级，它比那三个等级都重要。中国近代著名报人梁启超就曾对“第四等级”说表示赞赏，并引用过巴克的观点。他说：“《清议报》事业虽小，而报馆之事业则非

---

① ［美］韦尔伯·斯拉姆等：《报刊的四种理论》，新华出版社1980年版，第54页。

小。英国前大臣波尔克（即巴克），偿在下议院指保管、记事之席而叹曰：‘此殆于贵族、教会、平民三大种族之外，更为一绝大势力之第四种族也。’”①

“第四种权力”说的核心思想是将舆论监督视为新闻媒体对政府的批评，并认为新闻舆论能否批评和监督政府，是有无新闻自由的试金石。如杰斐逊曾宣称的那样：“如果一个政府在批评面前站不起来，就该倒台，而联邦政府的真正力量在于愿意允许公众的批评，并且有能力抵挡批评。”②

我们认为，问题的关键并不在于资产阶级政府是否愿意接受批评，而在于这种批评乃是不可避免的。政府听取批评意见可以变被动为主动，这有利于塑造一个良好的政府形象。相反，压制批评常常会造成矛盾激化，引起民众的不满和反抗。更为重要的是，资产阶级新闻媒体对政府的所谓监督实质上是党派纷争的结果，却硬要披上舆论监督的外衣，蓄意制造一种民主的氛围。但人们看到的往往是媒体披露出来的事情的表象，真正的内幕则秘而不宣。许多时候甚至连媒体也被蒙在鼓中，充当了政客攻讦、打击异己力量的工具而不自知，还得意地以为自己是揭开黑幕的英雄。

美国批判学者阿特休尔认为，新闻媒介的监督作用有一个重要前提，即它必须是一个独立的机构，否则它就不可能消除滥用权力所产生的弊端。然而通过对新闻史的分析，阿特休尔发现新闻媒介对权势的监督必须以不违背占统治地位的思想信念为限，因此所谓的“监督性报刊”不过是自夸自封的。③ 这

① 梁启超：《本馆第一百册祝辞并论报馆之责任及本馆之经历》，《清议报》1901 年 12 月 21 日第 100 期。

② ［美］韦尔伯·斯拉姆等：《报刊的四种理论》，新华出版社 1980 年版，第 54 页。

③ ［美］阿特休尔著，黄煜等译：《权力的媒介》，华夏出版社 1989 年版，第 84 页。

一批评可谓击中了西方新闻媒体的要害。

2. 守望犬理论

“守望犬”（watch dog）是西方对新闻媒体舆论监督性质的另一种较为流行的提法，强调媒体对异常情况的监视作用，就像看家狗那样，忠实地守护主人的财产，因此有的学者又将其翻译为“看家狗”。

比较新闻学学者张威指出，在西方，舆论监督通常以“守望犬”（watch dog）的方式表达出来。这一比喻意在表明，媒介犹如一条警觉的狗，社会上有什么风吹草动它就狂吠不已，以引起世人的注意。他还认为，与舆论监督相比，“守望犬”一词具有其特定内涵：“主要特指新闻媒体作为一种独立的社会力量对政府官员的舆论监督——如果政府部门的官员做了错事，政府做了错误的决定，媒体就要将其曝光。”据此他认为中国式的舆论监督和“守望犬”并不是处于平等层次的概念。①

作为一个西方概念，守望犬概念强调：第一，新闻媒体是独立的社会力量，不同于维护当局利益的官方机构；第二，舆论监督的对象是政府官员，不论何种级别都应无一例外地受到监督；第三，监督的内容是政府及其官员的丑闻丑行。这些原则原本无可非议，但在经济利益的压力下，西方新闻媒体的舆论监督不可避免地发生了扭曲变形。为了追求新奇、刺激的效果，本应严肃认真的舆论监督往往演变成浅薄无聊的新闻炒作；本该对各种新闻事件的来龙去脉作深入的调查分析，却大多集中于对高级官员个人操守的关注；本应对各类社会丑恶现象及其根源进行揭露和鞭笞，却满足于对离奇事件的现象展示。就像有些论者所指出的，狗吠固然报告了某种值得警觉的

---

① 张威：《比较新闻学——方法与考证》，南方日报出版社 2003 年版，第 257 页。

情况，但它不能告诉你是哪种具体情况：是破门而入的窃贼呢，还是邻家的一只碰巧经过的猫？

更重要的是，西方媒体口口声声称自己是公众利益的代表，实际上不过是垄断资产阶级的“看家狗”。在以美国为首的北约轰炸南联盟科索沃、悍然用导弹袭击中国驻南斯拉夫大使馆时，美国主流媒体不顾事实，公然为政府的谎言张目。学者明安香对此评论道：“一个长期标榜新闻自由、以民众的‘看家狗’为荣、以政府的反对派自居、以监督政府为己任、以挖掘各种丑闻内幕为专长、以进行客观报道为圭臬的美国主流新闻界，对于当局在轰炸期间的新闻发布，明知有假、有隐，仍旧照抄、照传、照报；对于当局轰炸新闻媒体的所作所为装聋作哑、不闻不问；对于中国驻南使馆被炸、人员伤亡的严重国际事件只作简单的报道一带而过，而对于三个美国俘虏被释放的消息却用数小时的时间来报道；对于中国驻南使馆被炸中，明眼人一看即知的诸多疑点、漏洞不闻不问、讳莫如深，对于莫须有的所谓科索沃‘万人坑’却兴味盎然……”①

如果“看家狗”一词意味着对主人的忠实，很显然西方新闻媒体忠实的对象是各种权势，而不是它们所声称的人民群众；是当权者，而不是普通百姓，或许这才是它的真正含义。

3. 公共领域说

公共领域这一概念经德国著名思想家尤根·哈贝马斯阐发，成为当代非常重要的政治术语。哈贝马斯指出，17 世纪以后西欧各国的重商主义政策深刻地影响到了资产阶级私人企业的兴衰，这就导致市民逐步意识到自己是公共政策的对立面。于是，围绕公共权力的产业政策，形成了以市民为主体的对公共权力进行批判的公众。他们利用巴黎、伦敦等地的文艺

---

① 明安香：《美国新闻自由历史性沉沦的里程碑》，《新闻与传播研究》2000 年第 5 期。

沙龙、咖啡馆以及欧洲各地的新兴报业为手段，进行自由聚会讨论。在这些讨论中形成了一个资产阶级阅读群体。随着这样一个阅读群体的诞生，一个相对密切的公共交往网络也就从私人领域内部形成了。

从社会结构层面来说，在市场原则的作用下，社会一方面变成了一个与国家相对立的私域；另一方面随着市场经济的发展，社会生活的范围大大超越了私人家庭的限制，成为一种公共利益的事务，成为人们共同关心的对象。最后，在作为私人自主权领域的市民社会与作为公共权力领域的国家之间，衍化出一个公共领域。它由作为私人聚集而成的公众组成，公众在这一领域中对公共权威和其他共同关心的问题作出评判，调节国家与社会的需要。也就是说，在介于国家和社会之间的公共领域中，公众将自身组织成公共舆论的载体，并通过信息公开的原则对国家的活动实施民主监督。

哈贝马斯认为，公共领域的理想模式是18世纪至19世纪初的书籍、杂志、报纸以及各种社团组织。资产阶级革命后，为瓜分胜利果实，资产阶级组成各种各样的政治党派，它们利用其掌握的新闻媒介相互攻击、争论不休，这就是新闻史上的政党报刊阶段。在此期间，政党舆论居于主导地位，但表面上它却打着公众舆论的旗号。政治上的反对派总是以国民的代表者自居，希望公众作出裁决，从而显得站在正义一方，以此影响议会中的决定。这种机制旨在调和资产阶级不同派别之间的利益冲突，维护资本主义国家的和平稳定局面，然而形式上它又是自由的议论，尤其是它包含着对政府及其官员的指责，因此被视为后来舆论批评的样板。因而这一时期的报刊仿佛是在公众的批判中成长起来的，它好像只是公众讨论的一种机制，发挥传声筒和扩音机的功能。于是，报刊由过去的纯粹发布消息变成了公众舆论的载体和主要舆论流通渠道，此时的报纸发行人也由“一个贩卖消息的商人变成一个公众舆论的掮客”①。

简单地说，西方国家政党报刊阶段的新闻事业，由于不像它的前人及后来者那样以利润为目标，而以代表公众监督、批评政府作为其主要活动，因此，在哈贝马斯看来，它们堪称舆论楷模。然而随着新闻媒体的商业化，它逐渐受到国家官僚机构、大型商业企业及联合利益集团的双重控制，公众舆论由批判的力量变成私人利益的展示力量与官僚操纵的力量，资产阶级公共领域从此走向分崩离析，或者说已经变得“再封建化”。但对哈贝马斯来说，公共领域作为一种理想，却是挥之不去的。

三、中国舆论监督的性质

由于中西方社会制度的不同，二者舆论监督的性质也不一样。在如何认识中国舆论监督性质的问题上，由于一些特殊困难，学术界存在分歧。

1. 人民民主权利说

国内多数学者一致认为，舆论监督在本质上是人民的民主权利。因为舆论就是人民群众的意见，人民的利益和愿望、人民的意志和情绪、人民的批评和建议通过新闻媒介反映出来，形成舆论，受到党和政府的重视和考虑，这就是舆论监督。简言之，由于舆论主体是人民群众，所以舆论监督的主体也是人民群众。

民主权利说在宪法和国家领导人的讲话中也可找到依据。《中华人民共和国宪法》第41条规定：“中华人民共和国公民对于任何国家机关和国家工作人员，有提出批评建议的权利；对于任何国家机关和国家工作人员的违法失职行为，有向有关

---

① ［德］哈贝马斯著，曹卫东等译：《公共领域的结构转型》，学林出版社1999年版，第219页。

国家机关提出申诉、控告或者检举的权利，但是不得捏造或者歪曲事实进行诬告陷害。”宪法的这一规定意味着，舆论监督实质上是公民的批评建议权的具体化。江泽民同志指出：在我国，“广大人民群众享有依法运用新闻工具发表意见、表达自己意志的权利和自由，享有对国家社会事务实行舆论监督的权利和自由”①。这段话表明，人民群众是舆论监督的主体，舆论监督是人民群众行使民主权利的重要方式。

不过也有学者认为，在法律意义上，人民群众只是一个抽象的群体概念，不仅不能承担责任和义务，也难以有效地行使监督权利，因此人民群众并不是合适的主体概念。从传播学的角度而言，传播者才是法律意义上的主体。大众传播的传播者是新闻媒体，舆论监督通常只有通过新闻媒体才得以实现。因此，新闻媒介才是能享有舆论监督权利和承担由此引起的义务的法律意义上的主体。也就是说，舆论监督存在本质意义上的和法律意义上的双重主体。②

将舆论监督理解为人民民主权利，包括将新闻媒体视作舆论监督在法律意义上的主体，在理论上是没有问题的。但在我国当前的新闻实践中，存在两个需要解决的问题：一是新闻媒体的采访权问题；二是政府的名誉权问题。到目前为止，采访权仍然只是我国新闻媒体的习惯性权利，或者是由公民的言论自由推论出来的抽象权利，而非法定权利。在一般性报道特别是表扬性报道的情况下，采访对象对新闻媒体和记者是持欢迎态度的，但遇到批评性报道时，这种态度就会来一个一百八十度的大转弯，甚至有些监督对象对新闻媒体的采访权表示质

---

① 江泽民：《关于党的新闻工作的几个问题》，《求是》1990年第5期。

② 王强华、魏永征主编：《舆论监督与新闻纠纷》，复旦大学出版社2000年版，第25页。

疑。这种状况使新闻媒体在进行舆论监督的过程中常常得不到有效的法律保护，有些被监督者还以舆论监督缺少法律依据为由，抵制新闻媒体的批评。缺少必要的法律保障，使舆论监督成为一种风险性很大的活动，面对暴力干预、消息封锁等各种手段，记者只能感到无可奈何。此外，由于舆论监督的主要对象是国家机关及其工作人员，但政府是否享有名誉权，并可否依此权限提出侵权诉讼，在我国法律上并无明确规定。而从我国新闻司法实践看，凡是政府机关及其工作人员状告新闻媒体侵害其名誉权的，人民法院都一律予以立案，而不是予以驳回。这表明法院事实上是承认政府机关享有名誉权的，至于侵权行为是否成立则另当别论。不难理解，作为原告的政府在新闻侵权诉讼中总是处于有利地位，上述保护性措施是形成近年来官方机构及公务人员纷纷状告新闻媒体浪潮的最主要原因。①

2. 行政权力延伸说

持此说的学者认为，中国的舆论监督并不是新闻媒体作为一种独立的社会力量对政府官员的监督，在媒体与政府的关系上，并非对抗关系而是配合关系，因此中国的舆论监督是行政权力的延伸和补充，实质上是行政监督而不是舆论监督。例如，景跃进指出：

> 中国的舆论监督不是独立的媒体力量和根据法律对政府进行监督，而是由政府控制的，根据当前政策的需要而进行的一种自上而下、有管理的舆论监督，在本质上乃是

① 参见徐迅《中国新闻媒体侵权纠纷的第四次浪潮——官方机构及公务人员诉媒体现象对法制建设提出的挑战》、《中国新闻媒体侵权纠纷的第四次浪潮——一名记者眼中的新闻法治与道德》，中国海关出版社 2002 年版，第 19 ~ 33 页。

一种行政/领导监督。①

陈力丹主张把中国的舆论监督视为“党政权力的延伸”。他认为，舆论监督首先不等于媒介监督。大众传播媒介代表舆论只是一种理论上的假设，能不能真正代表舆论，则需要具体分析。但在新闻实践中，媒体监督和舆论监督基本上被看作是一回事，这种情况不论在国内还是在国外都是如此，虽然媒体代表舆论实施监督的程度有所不同。对我国新闻媒介来说，在计划经济时代，它就是党政机关的一个部门，在一定程度上代表公共权力，具有很高的权威性。进入社会主义市场经济阶段之后，尽管国家基本上不再给媒体拨款，但它在政治方面的性质并没有发生变化。从以上现实出发，陈力丹指出：

> 我国的大众传播媒介都是国家资产，主要媒介是党和政府直接控制的，众多的其他媒介也都分属主要媒介、各个政党机构、党领导的团体。它们的重大批评报道，通常需要得到主管机关的指导，有的重大批评报道是由记者首先发起的，但事后必须得到主管机构的认可才可能继续下去。一些针对最基层权力组织的批评，针对小型企业和违法事件的批评（这种批评的对象不是权力组织，不属于媒介监督的范围，但是现在一般把这类批评也看作是舆论监督），媒介本身尚有一定的自主权。因而，媒介监督在我国某种程度上是党政权力的延伸或对这种权力的补充。虽然批评者是媒介，但通常被视为某一级政府或党组织的

① 景跃进：《如何扩大舆论监督的空间——焦点访谈的实践和新闻改革的思考》，《开放时代》2000年第5期。

意见，权威性很大。①

陈力丹认为，正是由于我国舆论监督的上述特点，媒介在某种程度上代行行政职能（如检查劣质产品）也被混淆为媒介监督或舆论监督："我们无形中常把对劣质产品的揭露和对事故的揭露、对黑金事件的曝光与批评某些党政机关渎职，都视为是舆论监督。其实，舆论监督主要是对各种权力组织的监督，而对劣质产品、事故、经济活动中违规问题的检查，本来就是行政、司法的职责，媒介揭露这些事情正是在履行它的正常的报道职能。"② 在他看来，概念上的这种混淆在理论上造成了对舆论监督的性质把握不准，在现实中则是舆论监督范围的界限模糊不清。

3. 社会控制机制说

行政权力延伸说表面上与人民民主权利说唱反调，但都是以权力为出发点，都是以西方的舆论监督思想为参照系的。事实上我们知道，舆论监督并不完全是近代权利观念的产物，而是与人类社会相始终的。因此上述两种观点虽然都能自圆其说，但与舆论监督的本义仍有一定距离。

从社会学的角度看，舆论监督是一种社会控制机制。公众对某个行为是善还是恶、是高尚还是卑鄙的判断，人们对某个个体表现的或崇敬或憎恶、或尊重或嘲笑的态度，这些都构成舆论，对社会生活产生实实在在的影响。正如《社会控制》一书的作者罗斯所指出的："很少有人能在其他人认为他行为肮脏的情况下，认为自己的行为纯洁；或在人们把自己视为卑

① 陈力丹：《关于舆论监督的几个问题的认识》，载展江主编《舆论监督紫皮书》，南方日报出版社 2004 年版，第 76～83 页。

② 陈力丹：《关于舆论监督的几个问题的认识》，载展江主编《舆论监督紫皮书》，南方日报出版社 2004 年版，第 76～83 页。

鄙小人的时候，自己却把自己看作英雄好汉。人之为人的基本前提在于他具有一种自己反省自己的力量，在于他能够把自己置于自己所具有的任何杰出观念的拷问台上。粗俗而生命力强的人可能不在乎社会污名，有教养的人则可能尽量设法避免邻居在其他时间和范围的评价中对自己的轻蔑。对大多数人来说，社会的谴责和赞许就是生活的主宰。”①

美国人类学家罗伯特·路威注意到，在初民社会中，虽无宪法，无牢狱，无天启之宗教，却能维持常态和平，最大的原因便是舆论。在许多原始部落中，一个人倘若犯有过失，便会遭到他人的议论；如果某人罪大恶极，等待他的将是更加严厉的制裁——众人一致的当面斥责。② 正是由于舆论在原始社会中具有管理和调整社会关系的重要作用，因此即使在没有国家暴力机器的情况下，氏族成员也能和睦相处、相安无事。恩格斯对此评论道：“氏族制度是从那种没有任何内部对立的社会中生长出来的，而且只适合这种社会。除了舆论以外，它没有任何强制手段。”③ 可以说，舆论就是原始人的法律。同时它也向我们表明，舆论的监督作用源自人类的本性。

现代社会不可能退回到原始社会那种仅仅依靠舆论来调节社会成员行为的状态，而主要依靠法律来约束。但在现代社会中，舆论同样是不可或缺的社会控制方式。与法律相比，舆论监督具有许多优越性。例如，它比法律作用的范围更广泛，在任何地方的人们都能感受到；它的实施比法律更为灵活，能对各种条件进行充分考虑，而不像法律那样僵硬和机械；它能预

① ［美］E. A. 罗斯著，秦志勇等译：《社会控制》，华夏出版社 1989 年版，第 69 页。

② ［美］罗伯特·路威著，吕叔湘译：《文明与野蛮》，三联书店 1992 年版，第 157 页。

③ 《马克思恩格斯选集》第 4 卷，人民出版社 1972 年版，第 165 页。

先发出警告，防止可能出现的有害结果，而不必像法律那样要等待明显行为出现才能予以制裁；它的运行成本比法律制裁更经济，能有效节约社会资源，等等。总之，舆论监督在任何时候、任何地方都是必不可少的社会控制手段。从这个角度去认识我国的舆论监督，也许会更实际、更客观认识它的性质以及它所起的作用。

第六章
舆论监督与价值传播系统

舆论监督不仅仅是惩治腐败的手段、批评社会不良现象的工具、向权力机关反映情况的渠道，它更是一种价值趋向和价值追求。舆论监督的社会影响和政治作用，已经超出了舆论内容本身，其倡扬的价值观念、强调的思想意义和社会规范已成为全社会共同的精神财富，成为全社会追求正义，渴望公正的价值诉求。

自人类出现以来，传播活动就发挥着信息传递、价值传承、教育与娱乐等功能，成为维系社会进步的纽带，与社会整体利益休戚与共。随着信息科学技术的发展和人类文明的进步，经济全球化和文化多元化的进一步深入，价值传播愈来愈显示出其重要性。作为文化传播系统的核心环节，价值传播在社会文化延续、人的社会化等方面发挥着不可忽视的重要作用。舆论监督本身就是价值传播的一种方式。它基于价值观念又倡导价值观念，是价值传播系统进一步平民化、大众化的推动力量和标志。传播媒介的网络化和舆论监督的深入发展，将引导并推动价值传播系统成为表达各种价值观念和诉求的主要途径，成为一个民主化、平民化、大众化的价值观念交流的舞台。

第一节　价值与价值传播系统

价值是基于主体的需要和客体的特有属性，在社会实践中形成和存在着的主客体之间的效用关系。追求和实现价值是人类各项活动的目的和动机，而某物有无价值或价值大小由既定的价值观念来判断。价值观念是价值在主体意识中的反映，是主体对价值的认识。人的本质是社会性，因此人需要交流，需要交往。而交往和交流本身就是一种传播活动，没有信息的传播，形成不了交流。从这个意义上说，传播使人成为人，传播是人的天性。人与人之间的信息交流和传播包括多方面的内容，其中价值观念的传播是最核心、最关键的传播。

一、价值与价值观念

价值传播系统的核心内容是价值观念而不是价值。那么价值和价值观念分别是个什么概念？它们之间有什么样的联系呢？

（一）价值是主客体之间的效用关系

客体的属性是价值生成的前提。人把外部世界作为自己的生存环境，就在于人能利用客体的属性来满足自己生存和发展的需要。客体的属性是价值的客观基础和内容，没有客体就没有价值。只有具备了客体、客体属性，再经过人的实践活动的改造，才能生成价值。价值客体作为价值主体进行价值活动的对象，客体的属性、存在状况、发展规律对价值活动提供了客观内容。如果鸟不会捉虫，水不能灌溉、发电和饮用，它们就不能与人构成价值关系，获得“益”与“利”的评价，得到“益鸟”和“水利”的称呼。没有价值客体，就无所谓价值主体，也就不可能进行价值活动，特定的价值客体，决定其只能进行特定的价值活动。价值客体可以是物，也可以是人。

主体的需要是价值生成的根源。主体是具有思维能力并运用一定物质和精神手段去认识和改造世界的人，是具有能动性、创造性和自主性的人。因此说，主体是人，但人不一定都是主体。需要是人的本性所在，是一种匮乏的状态。需要是主体创造价值的最终驱动力，它引发动机，塑造目的。任何社会实践活动都是为了满足人的需要进行的，而反过来，社会实践活动又进一步发展了人的需要，并创造出新的需要。

价值取决于主体，取决于主体的需要。各种客观事物及其属性在人出现之前，就已经客观存在了，但价值却是人出现之后的事情。特别是自然价值，在人出现以前，自然与人的关系只是自然与猿猴的关系，与现代社会自然与动物的关系没什么两样。在人类形成以后，自然才真正拥有了与人相对的价值。价值是在满足人的需要的主体的活动中创造出来的。因此说没有主体，没有主体的需要，就无所谓价值。在没有人的地方谈论事物有无价值或价值大小是毫无意义的。木材对于人类来说，是有价值的东西，但是只有经过人的各种加工，进行各种实践改造，它的价值才能体现出来。拥有了客观事物的属性，还只是一种价值的潜在状态，而只有与主体的活动和需要联系起来，价值才有可能变为现实。

社会实践是价值生成的直接动因。实践是主体和客体联结的桥梁，也是产生主体和客体的土壤。在实践中，施动者（即以不同方式认识世界和改造世界的人）是主体，而受动者（即主体实践活动所指向和所掌握的客观对象）是客体。也只有在实践中，主体才成为主体，客体才成为客体，主客体之间的关系才能实现。什么是实践？人类为什么要实践？马克思在谈到生产实践时指出，实践归根结底是“制造使用价值的有目的的活动，是为了人类的需要而占有自然物”。实践是在改变物质存在形式的同时，实现自己的预期目的、满足自己的需要。任何实践产品既是一件按照客观规律制造出来的新物件，又是一个达到某一预期目的、满足某一需要的新客体。人们在某种对价值的认识指导下进行实践，同时，社会实践又创造出新的价值。

主客体之间的效用关系是价值的实质内容。价值是一个关系范畴，李德顺曾经指出，“价值不是一个实体范畴，它不表示在主体、客体之外的第三种实体，不能把它理解为一种独立存在物；价值也不是一个属性范畴，在孤立的主体或客体身上都不存在着‘价值’这种属性，不能把价值理解为任何存在物生而有之的固然属性；价值是一个关系范畴，它表明主客体之间一个特定关系方面的质、方向和作用。”① 而主体和客体之间的关系很多，价值是其中的效用关系。这里的效用不是经济学上的经济效用或实用、功利，而是大于这种实用和功利，涵盖了各种物质效用和精神效用。价值既是主体的物化又是客体的人化，客体人化为人的无机身体，主体物化为客体的现实。

因此说，价值既不在于客体，也不在于主体，同时既离不开主体，又离不开客体。价值存在于二者的关系中，是一种动态的、不断发展、不断生成的关系范畴。它是客观的、自在的，产生和存在于人的社会实践之中，它只能被创造和认识，而不能被传播。

（二）价值观念是人们对某种对象所具有的价值的观点和看法

价值观念是观念的一种，是价值意识的中心层次。狭义的观念是指人们对于客观事物的总看法和理解。它不是对某一客观事物的具体反映，也不同于某一活动的具体方案和计划，而是通过有关具体知识的概括和总结，在一定社会关系中形成的某类事物的总观点。② 而价值观念是关于某客体所具有价值的总观点和看法。价值观念是社会文化体系的核心，是人的世界

---

① 李德顺：《价值论》，中国人民大学出版社 1987 年版，第124～125页。

② 袁贵仁：《价值学引论》，北京师范大学出版社 1991 年版，第 378 页。

观的组成部分，是在价值认识基础上积淀成的深层心理结构，是人们进行价值判断和选择的范型和定势。

价值观念是在需要的驱动下，在自我意识的引导下，在价值活动的基础上形成的。具体到每个人来说，一个人的价值观念来自于他所生活的环境，人一生下来就处于特定的社会文化环境之中，家庭、学校、工作单位都将这种社会文化体系中的价值观念源源不断地向个体灌输。这个灌输的过程就是个体社会化的过程，也是文化传播和价值观念传播的过程。这种传播在纵向上是世代延续的，在横向上是交叉互动的。同时，随着年龄的增长，自己也在价值活动中验证各种价值观念，如果被实践证实，该价值观念就会得到强化，如果被实践推翻，该价值观念就会遭到怀疑，被其他观念所代替。

价值观念是个体社会化的核心内容，是群体和组织的粘合剂，是人们社会活动的定向器。并且，价值观念的作用往往是不容易被觉察的，暗含在人的文化意识和文化素养之中，对人的作用和影响是一种“润物细无声”式的方法。人们往往感觉是“脱口而出”或“不言而喻”的东西，也都是在价值观念的指导下进行的，只是价值观念已经成为一种“集体无意识”。只有在人的价值观念发生冲突，或价值观念滞后的情况下才能明显地体会到它的存在和束缚。

价值观和价值观念是两个不同的概念。价值观是个大概念，是关于价值的根本看法，包括对什么是价值，价值的本质、功能、产生和发展等一系列基本问题的总的看法。例如，我们可以在“哲学价值观”、“马克思主义价值观”等意义上使用“价值观”概念。而价值观念则是个小概念，是对某一类事物有无价值、价值大小的认识和理解。价值观是对各种价值观念的进一步抽象和概括，是价值观念的理论基础；价值观念是价值观在具体事物上的体现和具体化。日常生活中所提到的“价值危机”、“价值冲突”等都是价值观念的危机和冲突，而不是价值观的问题。

（三）价值传播系统传播的不是价值而是价值观念

从价值和价值观念的概念分析可知，价值属于关系范畴，是存在于主客体之间的动态的东西。而价值观念则是一种观念和看法，是一种状态。因此说，价值是不可以传播的，通常所说的价值传播，传播的只能是价值观念。

个体价值观念的形成很大一部分依赖于价值观念的传播。家庭引导、学校教育、社会舆论的影响等都是价值传播活动。价值观念是社会文化的核心，而文化的本质在于传播，传播也只是文化的传播。那么究竟什么是传播？价值观念的传播同其他文化形式传播有什么区别呢？

二、传播与价值传播系统

人之为人，从传播开始。一个人的生活方式就是他的文化传播方式，也可以说，一个人的文化传播方式就是他的生活方式。正如美国文化传播学者威尔伯·施拉姆（Wilbur Schramm）所言："我们既不完全像神，也不完全像动物。我们的传播行为证明我们完全是人。"① 传播是文化的传播，价值观念是社会文化体系的核心。因此，价值观念的传播是文化传播的重要组成部分。

（一）传播是人的存在方式

在中国古代，汉语中的"传"与"播"最早是分开使用的，它与"布"、"流"、"宣"、"扬"、"通"、"递"诸字同义，在用于人类信息交流时，其义位相同而义象各异："传"表示纵横地传播，"播"表示广泛地传播，"布"表示伸展地传播，"流"表示连续地传播，"宣"表示庄重地传播，"扬"

① ［美］W. 施拉姆：《传播学概论》，新华出版社 1984 年版，第 39 页。

表示宏大地传播，“通”表示言语的通达，“递”表示物件的沟通。据考证，“传播”一词在我国出现于1400年前，即可能始见于《北史·突厥传》中的“传播中外，咸使知闻”一语。在西方，英语中的传播“Communication”一词源于拉丁语的 Communicatus 和 Communis ，其原义为“分享”和“共有”。14世纪在英语中写作 Comynycacion，15世纪以后逐渐演变为现代词型，其义繁多，包括“通信、会话、传达、沟通”以及“交流、交往、交通”等。19世纪末，“传播”一词已经成为日常用语并一直沿用至今。Communication 是英语中使用最为频繁的词语之一。①

胡正荣教授认为，我国学者对“传播”含义的研究，尽管定义不同，但有两点是共同的：一是认为传播是一种行为、一种活动，传播是动态的；二是认为信息是交互流动的，即比较强调信息流动的双向性。而西方学者对“传播”的理解差异较大，美国学者曾列出98种关于传播的定义，主要强调以下几点：一是强调“共享”，即在传播的时候，是想同谁确立“共同”的东西；二是强调“互动、关系”；三是强调“符号”；四是强调“目的、影响、反应”。②

人的本质是社会关系的总和，社会性是人的本质属性。因此，人的一个最本质的需要就是交往、交流，没有人与人之间的交流和交往，人将是孤立的。没有交往、完全脱离社会的人是不存在的，或者说其已经不是真正的人了。而交流和交往本身就是传播，是双方信息的交换和对话。传播是一切社会交往的实质。

---

① 庄晓东：《文化的传播与传播的文化》，《云南艺术学院学报》2002年第1期。

② 胡正荣：《传播学总论》，北京广播学院出版社1997年版，第60页。

“传播是人类生活唯一的手段和目的。作为手段，它把我们从各种事件的重压中解放出来，并能使我们生活在有意义的世界里；作为目的，它使人分享共同体所珍视的目标，分享在共同交流中加强、加深、加固的意义。……传播值得人们当作手段，因为它是使人类生活丰富多彩、意义广泛的唯一手段；它值得人们当作生活的目的，因为它能把人从孤独中解救出来，分享共同交流的意义。”① 传播是人类特有的活动，人是传播的主体。人既是信息的传播者，又是信息的接收者；既是行为的施控者，又是行为的受控者；既是产生传播的原因，又是导致传播的结果。传播与人类如影随形，不可分割。传播是不同信息的交流、沟通与共享。在信息传递过程中，传播者不是简单地输出信息，受传者也不是被动地接收信息，两者是互动的和动态的，传播者和受传者之间是相互影响、相互制约、交互作用的。传播还离不开媒介和符号。媒介负载符号，符号负载信息。符号与媒介是一切传播活动赖以实现的中介。最后，传播是一个有意识、有目的的自觉的活动。传播主体都希望达到一定的效果，使受传者发生相应的变化。因此，我们可以说，传播主要指的是人类动态地传递信息、观念和感情以及与此相联系的人类交往沟通的社会性活动。②

传播离不开人，人也离不开传播。传播是人的信息和情感的交流和对话，人是在互相的交流、交往中，在彼此情感和思想的传播中存在和发展的。因此，传播是人的存在方式，是拓展人的视野、使人社会化的主要途径。

（二）价值观念的传播在内容上区别于其他文化传播形式

文化是传播的文化，传播是文化的传播。文化传播是人类

---

① R. B. Westbrook, *John Dewey and American Democracy*, *Ithaca*, New York: Cornell University, 1991, p. 276.

② 庄晓东:《文化的传播与传播的文化》,《云南艺术学院学报》2002年第1期。

特有的各种文化要素的传递扩散和迁移继传现象，是各种文化资源和文化信息在时间和空间中的流变、共享、互动和重组，是主体间进行文化交往的一种创造性的精神活动。文化传播是人们共享文化的过程，也是社会价值观念的不断传送、强化和人们接受社会教化的过程。

传播者是文化传播活动的首要因素，是传播的首端，是传播赖以实现的基础。一般来讲，传播者主宰着对信息的筛选、加工的权力，充当“把关人”的角色。文化传播的传播媒介是传播者与受众之间的中介。媒介是由传播者操纵的，但它却不是完全被动的，一旦进入传播过程，就有它自身的内在规律和特性，对社会有着潜移默化、直接有力的影响。受众是文化传播的对象，是传播过程的末端，是传播过程得以存在的前提，同时又是传播效果的反馈者。传播内容是传播者发布给受众的信息。

文化传播是人与人之间进行的一种社会交往活动，离开人这个传播的社会主体，传播活动就不能进行；文化传播总是在一定的意识支配下的有目的有指向的活动，无论是传播者还是受众，都是广泛的社会文化背景下的活动者，都是有一定需要、目的和动机的。这就和动物本能性的机械生成传递有着本质的不同；在文化传播活动中，人类对信息的收集、选择、加工和处理，处处都体现着人类的智慧，彰显着人类的创新能力，促使文化的增值和新文化的出现；文化传播是双向的，是传播者与受众之间信息共享和双向沟通与交流的过程，忽视任何一方都不是真正的传播，也达不到文化传播的效果；文化传播生生不息，绵延不断。只要人类存在，文化就存在，文化传播就不会消失。它超时空、跨种族，贯穿于人类社会发展过程的始终，是恒久不变的人类活动。

价值观念是文化系统的核心，价值观念的传播是文化传播的重要内容。价值观念的传播也同其他文化传播形式一样，是有着传播者、受众、媒介和传播内容所组成的过程，有着文化传播所具有的一切特征。价值观念传播区别于其他文化传播的关键在于传播内容的差异。价值传播的信息内容是价值观念，即关于某对象有无价值或价值大小的观点和看法。它不同于审美观念、真理观念、善恶观念等精神文化的传播，也不同于服饰、建筑、饮食等物质文化的传播。

三、价值传播系统的社会意义

"社会传播是社会这个建筑物得以粘合在一起的混凝土。"① 价值传播系统作为文化传播系统的核心，从古至今，都对社会个体的社会化，社会整体的稳定和变迁，起到十分重要的作用。

（一）实现人的社会化的主要途径

所谓社会化是指在特定的社会与文化环境中，个体形成适应该社会与文化的人格，掌握该社会公认的行为方式。人的社会化是一种"内化"过程，即个体接受所属社会的文化和规范，并把这种文化作为自己行为的价值准则的过程。在这种内化的过程中，一个人逐渐学习了社会文化，从生物人变成了社会人。在这个过程中，个体是在进行文化学习和文化适应，社会则是将社会文化向个体文化传播。而这种文化传播和文化学习最根本的是将社会的价值观念和价值标准与社会个体分享。社会化贯穿于个体的一生和整个社会过程，个体从一生下来到死亡的整个生命过程，都在不断地进行社会化。社会化是人之为人的内在要求，是社会得以延续、人类得以传承的重要途径。

人社会化的核心就是接受社会既定的价值观念，理解社会的价值判断标准，并体现到自己的社会实践活动中去。社会个

① ［美］维纳：《人有人的用处》，商务印书馆 1978 年版，第 17 页。

体通过行为媒介观察周围人的行为方式，通过语言媒介聆听周围人或教育者的言论和观点，通过符号媒介体会作者的愿望和旨趣，这就是在不断地与外界交往交流的过程，理解社会对自己的期望和要求，明确社会现存和要求的价值观念，并把这些价值观念自觉地吸收为自己的行为规范和价值选择标准。之后在工作、生活和学习中自然而然地无意识地体现出来。当然，社会化的过程决不是一味地教育者或传播者对被社会化对象的影响和灌输，而是通过彼此内心潜在的或现有的交流和对话来进行。个体对价值观念的反映是主动、自由和有选择的，总是根据自身的需要有目的地统一自身的价值认识，规范、调节自身的行动。个体对价值观念的接受，是一个经过自身意识的评价之后再创造的过程，加进了自身在社会实践中得出的价值观念。个体在吸收社会价值观念的同时，肯定会遇上众多的价值冲突与矛盾，而这种种冲突和矛盾的解决最终要靠个体自身去解决。离开了个体的主动性、主体性，社会化过程就无法进行。这也就是社会化与个性化统一，越是社会化，越有个性的原因所在。

（二）进行社会调适的重要手段

价值传播的过程是一个传者与受众互动、合作、配合的过程，但在这个过程中，传者还是占主导地位。传者在自己的价值观念指导下，通过对各种信息的采集、选择、解释和评论，把人们的视线引导在某种特定的事情上。这就是我们通常所说的“议题设置”功能。所谓“议题”（agenda），是“依据重要性的不同，而将相互联系的一系列问题进行排序”①。价值传播媒介若对一些问题予以重视，集中报道，而忽视或掩盖对

---

① James W. Dearing, and Everett M. Rogers, *Agendasetting*, Sage Publications, 1996, p. 2. 转引自孙英春《传播效果研究的一种途径》，《浙江学刊》2002 年第 2 期。

其他问题的报道，就能影响公共舆论。受众倾向于关注和思考传播者所关注的问题，并采用传播者为各种问题所确定的先后顺序来安排自己对于这些问题的注意力。价值传播可以有效地转移和控制公众的关注热点。尽管现在整个传播系统已经把传播的中心向受众转移，但这种功能还是存在的。犹如课堂上的教师与学生一样，学生是中心，但教师的主导作用还依然存在的。在价值传播系统中常常是通过这种议题设置的方式来调节和规范人们的社会思想和行为的。

（三）实施政治干预的重要武器

任何一个政府宣传和倡导的价值观念都带有政治意图和政治目的，而这种目的一般是隐蔽的，不易觉察的。达到的效果也是有一点自觉的味道。传统价值传播是纯粹的从上而下的政治统帅和干预，是权力机关对民众的价值观念的驾驭和控制的主要方式。如“文化大革命”时期，一小部分人操纵国家权力向民众灌输极左思想，一些具有自主意识的人们敢怒不敢言，一些主体意志薄弱的人们便跟着“闹革命”了。

封建社会的“夫为妻纲、父为子纲、君为臣纲”、愚忠愚孝、贞节牌坊等都是统治阶级的价值观念，成为人们的行为准则和活动规范，起到了稳定民心、稳定局势、统一思想的作用。

如今社会的发展、政治的民主化进程不断加快，舆论监督实践日益活跃，不断普及，通过各种价值传播渠道，例如网络评论、公共论坛等对政府决策和公众人物进行问责，影响政治决策，把握社会运行方向。

（四）延续传统文化的重要方式

价值观念是文化的核心，它的传播必定能延续文化。甚至可以说，价值观念传播的过程就是文化传播的过程。人是文化的动物。人类超越其自然属性而区别于其他动物的根本属性（即人的社会性）就是文化的创造。文化是人类社会的现实存在，是人类从野蛮走向文明的重要维度。文化不是一代人创造的，而是世代相传逐渐积淀的。人的生命是短暂的，一代人在历史的长河中只是一闪而过，文化的存续必须依靠传播、传承。正如摩尔根所指出的："人类是从发展阶梯的底层开始迈进，通过经验知识的缓慢积累，才从蒙昧社会上升到文明社会的。"①

正是文化的延续形成了文化的融合、变迁、增值等文化的发展样态。没有传统文化延续下来，人类便成了无根的浮萍，就需要重新探索每一项奥秘，洗掉所有的文化差异，人与人之间的差别也就消失了。

人们通过文化典籍、影像制品等间接形式，或教育者有意的传播、长辈的教导或言谈举止等价值观念传播形式，能将传统的文化世代延续，源远流长。

（五）促进生产方式变革的前奏之一

随着世界工业社会型经济逐渐向全球化的知识经济发展，信息资源已取代传统的其他资源，而成为战略性资源。信息既可以作为物质生产和再生产的手段成为配置性资源，也可以参与社会时空的组织而成为权威性资源。在当今世界，劳动的重新组合和分工都以信息化方式作为前提，新的信息处理手段的大量普及推动着生产领域内的技术革命，计算机网络和自动化技术成了新的生产力，生产方式发生了变化，信息和传播是生产方式革新的主要内容。在这种大背景下，传播是社会生产和知识更新的催化剂。信息传播成为人们重新征服时空、占领市场和建构存在意识的工具，是现代社会的发动机。也就是说，在信息资源无限丰富而边际成本趋向于零的情况下，追求信息权利的平等成为推动社会关系和社会生产力发展的动力性因

① ［英］摩尔根：《古代社会》（上），商务印书馆1983年版，第3页。

素。英国人类学家葛迪说："传播模式的多样化经常是和生产模式的重要性是一样的。因为它不仅暗示人际关系的发展，也包括在知识秩序当中进行储存、分析和创造的可能性。"一种意识观念总是会回过头来再次创造产生这种意识观念的现实。葛迪仔细分析过传播在人类思想发展史上的贡献，尤其是文字在社会发展阶段中所起的作用。他认为，文字的出现使得人工记忆向知识贮存转化，成为人类一种外在化的技术，让人类的信息传递打破时空局限，脱离口语传播的局限，并通过语义空间的隔阂推动人类发明新的智能技术。显然，体现读写文化特征的语言传播活动与书写技术的发展分不开，并对文化产生个体化和专业化的效应。正是通过书写，知识方能够独立于叙事者和受众的社会互动而被记录和传播，充分呈现可能产生的逻辑上的不一致性和矛盾性，营造批判的意向和批评的条件，在扩展主体性思维的同时为社会发展提供叙事的可能性。①

正如麦克尔·哈特和安东尼奥·奈格里在蜚声世界的《帝国》一书中指出："传播网络的发展同新世界的出现具有有机的联系，换句话说，这涉及到结果与原因，产品和生产者。传播不仅表达也组织着全球化运动，并通过各种手段在增值和结构中的相互连接。它不但表现而且控制着所有传播连接中的想象的意义和方向。换言之，想象在传播机器的环境中被引入和疏导。那些在权力的现代性理论中被认为是超验的成分（外在于生产关系和社会关系）此时在内部形成，内在于生产和社会关系之中。中介被吸收入生产机器之中，社会空间的政治合成被固定在传播空间之中。正因为如此，传播工业今天占据如此核心的位置：不仅仅在新的规模上组织生产，使人接受适应于世界空间的新结构，而且还从自身内部提供辩护。"在

① 转引自陈卫星《传播学是什么——〈传播的观念〉导论》，《博览群书》2004 年第 1 期。

这两位作者看来，传播是当今世界生产方式的主要内容，从事传播、合作以及各种情感的生产与再生产已经在市场经济的构成结构中占据核心位置。①

价值观念与实践是一种你中有我，我中有你的复杂关系，就像鸡与鸡蛋一样，没人可以分清谁先谁后。价值观念来源于实践，没有实践就没有人类的出现，没有价值行为和价值的产生，也就没有价值观念。反过来，人的任何实践活动都是有目的的，都在一定的价值观念指导下进行。

以全球化电视工业为例。20 世纪 80 年代中期以来，跨国电视工业兴起。全球化电视既是一种促进经济增长的能动力量，又是由现代性所建构的文化—意识形态力量。通过全球电视新闻、电视专题节目、电视连续剧、电视教育和电视服务，使世界各地和各个文化范畴中的人们进入到共享的视听情境中。这不但直接刺激了全球电视生产、节目生产、卫星发射和节目市场，而且为跨国公司的“世界品牌”广告商增出亿万受众——消费者。电视从单纯的大众娱乐教育工具转而成为全球市场和生产体系的关键环节。全球电视深刻地改变了人们对于世界进程、文化认同及日常生活方式的态度，并对生产周期的运转发挥了积极作用。

第二节　舆论监督与价值传播系统的互动

传播媒介的市场化推动了中国舆论监督的勃兴，在客观上提升了公众参政议政的热情。而舆论监督本身就是价值传播的方式之一，舆论监督是价值传播观念民主化、大众化、法制化的标志它的健康发展极大地促进了价值传播系统的完善。

---

① 转引自陈卫星《传播学是什么——〈传播的观念〉导论》，《博览群书》2004 年第 1 期。

一、传播媒介产业化推动了舆论监督的勃兴

现代社会作为价值传播的载体，媒介已经逐步产业化，对政府的财政依赖越来越少，与社会的经济联系越来越密切。从而使传播媒介的经营空间也越来越大，政治效益和经济效益并重，为舆论监督的发展提供了良好的土壤。

（一）价值传播媒介的产业化发展

在传统社会的自然经济条件下，人们在一小块土地上用父辈教给的方式耕作，日出而作，日落而息，自种自收自用，日复一日，年复一年。人们除了祈求风调雨顺、五谷丰登、六畜平安之外，对外部世界没有多大依赖。人们的生活空间非常之小，完全可以在"不知有汉，无论魏晋"的状态下幸福地生活。而随着社会商品经济的发展，科学技术的进步，人们对信息的依赖越来越明显，不读书，不听广播，不看电视，不看报纸，不上网，不发手机短信，那感觉就像与世隔绝一样地孤单。传播媒介已经成为现代人生活的一个重要组成部分，须臾不能离开。

传播媒介是受众感觉器官的延伸，通过媒介人们能看到自己不能直接看到的东西，能听到自己不能直接听到的声音，能感知自己不能直接感知的事物。每个人的生活空间总是有限的，单凭自己的感官所能直接感知的世界是狭小的、零碎的、不完全的。传播媒介是社会文化的聚焦镜。现代人关于外部世界的知识绝大部分都是通过传播媒介得来的。而这些信息是人的观念和态度建立的基础。各种新闻评论、理论文章和学术论著，还为人们认识世界、改造世界提供思路，影响人们的认知结构，调节人们的行为倾向。各种文艺作品通过艺术形象直观地再现典型人物在典型环境中的内心体验，使受众的情感得到某种满足或宣泄，唤起受众的共鸣，从而引起受众情感倾向和强度的改变。

媒介不仅仅作为价值传播系统的工具和载体存在，它的伟大与可怕之处还在于它能够有意无意地影响甚至把握观众的趣味、喜好，以及欣赏习惯、文化生活之模式，乃至深层的心理文化结构。借助媒介，价值传播的速度更快，传播范围更广，传播效率更高。

传播媒介对客观事物的反映，总是带有媒介自身的主观映射，自身思维方式和价值取向的投影。媒介中传播的信息都要经过媒介管理者或掌握者的筛选和提炼，这本身就是一个在一定的价值观念指导下的行为。而媒介自身的特点也对其传播信息有一定的影响，电视、电影上看到的形象栩栩如生，生动活泼，比起广播和报纸似乎更有一种身临其境的感觉，对信息的渲染就更具感召力。这也是电视后来居上，对受众的覆盖面大于广播和报纸的主要原因。

传播媒介产业化主要是指各种媒介在信息服务的过程中依照公平竞争的市场法则取得经营效益，逐步形成有序竞争的行业生存格局，最终实现传统媒介宣传职能向现代企业化职能的转变，在优胜劣汰的市场机制下形成具有品牌效应的规模化产业集团。

媒介产业本身具有资金投入大，内容制作、采编成本和通路维护成本大，单一受众费用支付能力有限的特点。单一媒介的局限性经营，媒介规模偏小或者媒介间资源共享性较低，都不可能实现媒介产业本身资金的良性运营。媒介间的互动合作是降低成本、实现新营销模式的重要方式，这促进了媒介产业内部运用资本和品牌的纽带进行跨媒介的经营整合，实现规模效益。传媒市场的充分发育提供了产业化进程的必要条件。在行业利润超过社会平均利润的预期下，各种媒介经营主体正依托各自在专业领域积累起的资源，试图通过资本和经营层面的扩张实施对传媒资源的进一步占有，传媒产业高投入、规模化、规范化的经营特点正逐步体现于各个经营层面，形成了传媒产业内部多种经营主体并存的格局。不仅同媒介间展开了竞争，如这些年的省台卫视品牌竞争；在不同媒介间也展开了争夺受众和强化受众粘性的竞争，如互联网对广告份额的分食。从经营模式角度，传媒经营产业的内涵和外延都在不断延伸，传统的以广告为主要赢利模式的传媒经营方式正在被多元化、多途径的生产、经营和服务的方式所取代，传媒产业市场正在被不断细分，同时新增媒体传播方式及产品所附加的价值正在不断被市场所认可。

产业化的发展使各种传播媒介把重点转向受众，或者说开始重视受众，因为受众的选择与否、喜欢与否直接决定着、直接影响着它们的经济收益和社会效益。而只有符合人民利益，说出民众心声，道出民众诉求，民众才会喜欢。舆论监督是社会正义、社会良心的体现。它站在社会整体发展的高度，对社会生活中一切偏离社会价值观念的不道德行为、当权者的贪污腐化行为以及社会政策方针的偏差问题等进行全方位的监督。它依靠舆论的力量，对社会运行中一切偏差行为进行揭露、曝光，做出否定性评价、跟踪追查，直到纠正这些行为。舆论监督的主体是广大人民群众，对象是包括当权者在内的社会全体成员的行为和观念，目的在于促进政治生活进一步民主化、透明化、法制化，推动社会发展。因此说，广大人民群众是舆论监督的主体和最终受益者。传播媒介做好舆论监督就能吸引更多的受众。这自然是媒介产业化的要求，同时也应该是媒介自身的职责所在。

近年来，随着媒介产业化的不断深入，舆论监督也日益勃兴。各大媒体上登载或报道的舆论监督案例，引发了社会公众的讨论，激起社会各界的广泛关注。国家官员的贪污腐败、玩忽职守，足坛的“黑哨”风波，社会青年的婚前同居，国际舞台上的霸权主义，艾滋病的预防和救治，农民工的工资拖欠……都曾在某一时期或长期成为公众关注的焦点。

（二）价值传播媒介是舆论监督的平台

舆论监督的前提是形成舆论。少数人的观点和意见构不成舆论，只有相当多数的人议论纷纷，最后形成倾向较为一致的观点和看法时才能称之为舆论。无论是古代还是现代，舆论的形成总是在人与人之间传递观点、进行议论的过程。这种传递本身就是价值观念的传播过程，而这种传播通常是依赖媒介才能进行；传播媒介承载着一个人或一部分人的观点向另一部分人散播，引起更多人的关注和参与、讨论和评价，最终形成一定规模，成为舆论。

在传统社会，舆论的形成主要靠人际传播，靠人与人之间的语言文字交流，大多数是面对面的直接交流。当时的舆论参与者、舆论影响面和影响力度都少于和小于现代社会，原因主要在于媒介的发展程度较低。现代社会里，舆论的形成主要靠的是广播、电视、报纸、网络、手机等高效、快捷的价值传播媒介，同时也离不开人际传播和组织传播结合的各种媒介形式。

现代社会舆论监督的形成最主要的还是依赖大众传播。大众传播媒介拥有庞大的与之认同的受众群体，加上它的公开性和广泛性使它获得了一种无与伦比的社会权威，而舆论的权威也正在于它的多数性、评价性和公开性，因此借助大众传播能够充分发挥舆论的权威性。俗话说“不怕领导，只怕登报”就是这个道理。大众传播媒介将舆论向社会广为传播，一方面使舆论的多数性权威得到加强，一方面又代表着权威的社会多数公开向有关社会组织和个人提出批评和要求，从而产生了一种巨大的社会压力迫使有关社会组织和个人接受舆论的监督和批评，顺应舆论的要求。

价值传播媒介是舆论传播的途径，是实施舆论监督的平台，是舆论监督的扬声器。

在现代社会，舆论监督的重大作用是不容置疑的。但也正因为它所拥有的威慑力和影响力，实施起来才困难重重，往往是调查问题时没有人配合，揭示隐情时找不到途径。而舆论监督又必须借助价值传播媒介才能最终形成并发挥其巨大威力，这就为价值传播媒介提出了严峻的课题。反过来看，正是因为由媒介来发起和倡导的舆论监督的影响力和社会作用极大，才会遇上重重困难，困难本身就已经证明了这项工作的价值。它值得媒介迎难而上，值得媒介勇往直前。我们相信，随着民主的进一步实现，社会权利意识的进一步提高，舆论监督的难度将会越来越小，阴云最终要被阳光驱散，正义最终要战胜非义。

（三）价值传播媒介的产业化发展拓展了舆论监督的广度和深度

价值传播媒介的产业化发展加强了受众的选择权利，体现民意、反映良知的舆论监督通过传播媒介受到公众的普遍欢迎，两者的一致性需求，进一步拓展了舆论监督的广度和深度。

第一，价值传播媒介产业化增强了舆论监督的效果。

价值传播媒介的产业化发展使受众成为各媒介的命根子，掌握更多的受众就等于掌握了更多的主动权。每当新闻事件的发生，每当社会偏差行为的出现，各媒体都竞相报道、追踪，以此来提高自己的知名度和信誉度，吸引更多的受众。各媒体的记者遍布全国甚至覆盖到其他国家，敏锐地洞察社会生活中发生的有意义的事情，并尽早进行报道或刊发，追求“独家报道”、“首次披露”的轰动效应。未能抢到头彩的其他媒体也不甘示弱，会争取在问题评说的深度或角度等其他方面给予与众不同的关注，引起公众的注意。这样一来，公众不仅会在尽可能早的时间里，获悉事实并开始关注该事件，而且，各媒体的不一致的评论或介绍，也会进一步引发社会各界的讨论和关注，议论纷纷的局面短时间内就会形成，无疑就增强了舆论监督的效果。

2004年新春伊始，哈尔滨“宝马撞人案”成了八大网站的关注热点。只要网民点击163（网易）、sina（新浪）、sohu（搜狐）、people（人民网）、yahoo（雅虎）、xinhua（新华网）、qianlong（千龙网）、dayoo（大洋网），每个网站都设有“宝马案”专题。据《沈阳今报》报道，1月4日该报关于哈市“宝马撞人案”可能重新调查的消息见报后，从上午11时至晚上8时，新浪网的网友跟帖量就突破了1万条，据说创下了该网站当日单击新闻网友跟帖量之最。1月8日，《北京晚报》报道：记者今天得到消息，黑龙江省“宝马撞人案”在新浪、搜狐网上的点击率名列第一，超过“非典”时期的点击率。当“王子犯法，能否与庶民同罪”这个中国人千百年来的疑问撞上了少数富豪为富不仁、权钱交易、操纵司法的现实阴影时，无数的讨伐声就顺着“宝马撞人案”这一决口喷发出来，积累了一段时间的社会情绪找到了一个总爆发的导火索，难以描摹的种种不平衡心理夹杂其中。

第二，媒介的产业化拓宽了舆论监督的覆盖面。

价值传播媒介的产业化发展在全社会范围内形成多元化的媒介格局，各媒介之间的竞争对峙促使它们寻找新的发现、新的焦点和热点，披露人们热切关注的社会问题。很多媒介开始调动受众参与的积极性，电视台或广播电台设置新闻热线，全天开通，公众遇有新闻事件，即可随时拨打，经过媒介的调查报道，有较大价值的还要给予一定的物质奖励。也有的受众自己遭遇到不公平时，知道及时地给媒介打电话，媒介便凭借自己的职业特点进行调查采访，并披露曝光，引起有关部门的关注，使问题得以解决。这样既使群众感觉到自身的价值，提高了他们参与节目的积极性，同时也增强了媒介自身的新闻搜索能力，扩大了媒介的影响力。媒介自身的高度警觉，再加上群众的积极参与，使舆论监督的覆盖面大大拓宽。

第三，媒介的产业化增强了舆论监督的威力。

舆论监督是社会公众行使民主权利的有效形式，它渗透于社会生活的一切过程和领域，没有哪一种方式能像它那样有效地动员亿万公众自觉参与国家管理。而舆论监督的基础就是公众参与，即公民通过各种合法方式参加政治生活并影响政治体系的构成、运行方式、运行规则和决策过程。舆论监督的参与者越多，覆盖面越广，威力越大，震慑力越强。

媒介产业化后在更广阔的范围内调动了受众，在客观上扩大了舆论监督的参与圈。“众口铄金”、“千夫所指”的局面往往让人望而却步，快速纠正个人或组织的偏差及错误行为。应当说，现代社会舆论监督的覆盖面越来越广，舆论监督的威力越来越大，一些不道德、不合法的行为者在相当的程度上得到遏制，一些有悖于社会价值观念的行为方式受到舆论的监督和人民的斥责。舆论监督在预防和救治社会偏差行为上显示出应有的威力。

二、舆论监督是价值传播的方式之一

舆论监督本身是一种价值评价形式，是立足于一定的价值观念来进行评论、报道和发布的。舆论监督的形成是传播少数人的意见和评价，引发多数人的评论，达成倾向较为一致的意见的过程。而舆论监督是在肯定己方价值观念的同时，否定监督对象的价值观念，本身就是一种传播和倡导价值观念的途径和方式，是价值传播系统的组成部分。

（一）舆论监督的基础是价值观念

舆论监督是一种社会评价，评价的依据是价值观念。具体到每一个舆论的参与者，都是在一定的价值观念指导下进行各种评论，发表自己的意见的。不具备特定价值观念的人只能是人，而不是主体，参与不了舆论的形成。舆论的主体是社会主体，是对单个人的一种超越。舆论监督所依据的价值观念是个体价值观念的抽象和综合。它决定着社会主体该对什么事情、什么现象进行监督，即什么是社会偏差行为，决定着社会主体如何进行监督，以及监督的力度和深度把握。

人们先天的遗传因素、受教育程度、性别、年龄、种族、社会地位、职务、经济状况、所处的社会环境以及成长过程的一切经历，像一个背负着的“生命空间”一样影响着人们的价值观念，而价值观念不同，对同一事物就会有不同的反映。人们面对无数的信息，价值观念就像人的“有色眼镜”，又似一只筛子，它帮助人们筛掉那些与己不合的信息，不去理睬，不去关注，而留下与自己原有倾向一致的信息，并总是在寻找能够支持和证实他们实际行为的信息。如果有些时候人们不能自我决定，避不开那些自己不愿意关注的信息，就会在对那些信息的理解上，即在“译码”过程中，以既有的价值观念影响人们对信息的理解。如人们对某些信息的增添或删减，误解或曲解等。但如果在自我价值观念引导下做出的解释仍在内心与既有价值观念发生冲突，价值观念就会进一步影响信息的储存，如人们总是倾向于记住自己感兴趣或赞同的信息和意见，对于那些自认为枯燥乏味、毫无意义、漏洞百出的信息内容则往往如过眼云烟。

如果不去关注该信息，那么对该问题的意见和看法就无从谈起，更谈不上参与舆论监督了。不得已而了解到了这一信息内容，却用既有的价值观念去曲解或删减它，还是无法形成较有说服力的观点，不能融入到人们对问题的议论中来，无法成为舆论主体的组成部分。如果违背自己的价值观念，而趋同于某种舆论之中，也最终会在价值观念的斗争中倒向既有价值观念的一边。一些贪官污吏们总能把国家发布的关于惩治腐败分子的各项法律法规说得头头是道，而在实际行动中又离题万丈，而最终还是要为自己的真实价值观念和行为向人民做出交代，受到法律的制裁。

价值观念是舆论监督的基础和先导，是舆论监督的内在支撑和决定因素。

（二）舆论监督的形成是一种价值传播的过程

任何观点都是在交流中产生或改变的。舆论在它形成以前只是存在着的个别的个人意见，或者只是多数个体内心潜在的、模糊的倾向和情绪。要想从个别的、潜在的、游移不定的意见转变为大多数人一致赞同的、明确的、声势浩大的公众意见，必须依靠传播、沟通和互动。

人类早期舆论的形成主要靠人际传播，以公众讨论的方式面对面地进行交流和对话，它使最初只为少数人拥有的意见逐渐扩大为多数人，或者将原先埋藏在公众个人心底的呼声在与他人议论的过程中得到认同和呼应，从而成为公众可以公开表达的一致态度，并形成强大的舆论。现代社会舆论形成的主要途径是大众传播。大众传播媒介可以传播言论，直接反映舆论，经过舆论主体的分析、判断，形成舆论。大众传播媒介也可以传播事实，而事实本身是经过选择的，当然，选择本身就是以价值观念为基础。大众传播媒介是处理大量社会信息的“过滤器”，媒介工作者是决定信息是否被允许进入渠道的“守门人”。世界上每时每刻都有新的事实出现，为什么选择这一个而舍弃另外一个，其决定因素是价值观念。组织传播也可以形成舆论，组织传播往往是有目的的，引导性强，主要通过会议动员和协商对话等形式来引导组织成员的价值趋向和意见观点。

在舆论监督在形成过程中，各种传播形式彼此配合，彼此联结。特别是大众媒介和人际传播，在舆论的形成之中互为补充。大众媒介在提供信息、先声夺人方面具有特别优势；而人际传播在深化认识最终促成态度改变、行为发生方面则更胜一筹。

对舆论的引导“与其用公开鲜明的主张直接地领导舆论，

不如用制造信息环境的方法造成舆论'一边倒'的局面，从而间接地诱导舆论。在现代社会，后者不仅比前者更普遍，而且可以说效果更大"①。李普曼认为，人们总是根据"脑海中的世界图景"来行动，而这幅图景与客观的外在世界存在巨大差异，因为人们对自己所处环境的认识大都是从大众媒介间接得来的。人们过分依赖媒介制造的信息环境，便使得大众媒介实施大规模舆论控制具备了必要的前提。媒介通过制造信息环境诱导舆论是默默进行的，不仅毫无痕迹，而且效果惊人。

舆论监督的形式是舆论，目的是监督。它的形成是由少数人的意见和看法、价值观念和态度，向多数人传播，达成倾向一致的价值取向和观点。这个过程是一个价值传播的过程。

没有传播，一个人或少数人对某事件的评说及其背后的价值观念都只能是单个的、孤立的、不为人知的一家之言，产生不了影响，发挥不了作用，"独清其清"、"独浊其浊"，对社会的意义很小，只有将自我的价值观念和由此而产生的观点、看法、意见建议表达出来，传播出去，才能引发人们的讨论和评价、切磋和交流，在观点的碰撞中，在价值观念的冲突和调和中，使意见趋向一致，指向社会偏差行为的主体，实施舆论监督。

（三）舆论监督效果是价值传播效果的一种

传播效果的研究已经逐步突破"议题设置理论"，而趋向"使用与满足理论"和"议题设置理论"的结合，从以传播者为中心转向以受众为中心，围绕着受众来研究受众如何对待和利用媒介信息，即以受众个体接触媒介信息的动机和目的是否得到满足，来确定效果的有无和大小。"使用与满足理论"不仅要考察受众"从媒体中获得满足以后行为的反馈作用，而且考虑到使用者的需要、价值观和信念的社会和心理根源，这

---

① 转引自张学洪《舆论传播学》，南京大学出版社 1992 年版，第 129～130页

些形成了人们行为的动机”①。受众可以随心所欲地选择信息和选择媒介。但是，在传播的实际发生过程中，由于受到“议题设置”、“把关人”等过滤，受众的主动性是有限的，“人们还应注意到，在传播活动中，还有一个居于更加有利地位的、更加活跃、有时甚至是极其固执的和独断的传播者”②。因此，价值传播的效果是媒介议题设置和社会公众自主选择结合而成的，强调任何一面都不能达到好的效果。

“舆论监督”一词是一个主谓结构的词组，主语部分是舆论，而谓语部分的监督隐含着一个表示效果的宾语，即公众通过舆论这种意见形态对社会上各种偏差行为或观念自由表达意见从而产生的一种客观效果。对社会偏差行为不产生社会效果的舆论不能称之为舆论监督。舆论监督所强调的是一种结果，即监督成效。它是由媒介先将议题设置出来，引起公众的注意，同时，随着社会公众权利意识和自主意识的增强，公众也在用自我的价值观念来衡量媒介所设置的议题，汲取满足自我价值需求的信息。当二者吻合，达成一致时，公众便会对一致认同的社会偏差行为者进行抨击和谴责，使社会偏差行为得到矫正，实现舆论监督效果。因此说，舆论监督的效果是价值传播效果的一种表现形态。

三、舆论监督的发展推动价值传播系统的完善

舆论监督是价值传播系统民主化、大众化、法制化程度的标志。舆论监督的深化和发展，必将进一步敦促价值传播系统的逐步完善，促进价值传播系统的进一步健全。

---

① 常昌福编选，刘铁花译：《大众传播学：影响研究范式》，中国社会科学出版社 2000 年版，第 265 页。

② 张隆栋主编：《大众传播学总论》，中国人民大学出版社 1993 年版，第 184 页。

（一）舆论监督的发展是价值传播系统民主化、大众化、法制化程度的标志

舆论监督的参与者越多，表明价值传播系统越民主，越受民众欢迎。舆论监督发展完善的表现之一是参与者增多，参与者越多，舆论监督的威力越大。只有在民主的政治制度保障下，人民才有机会、有权利参与到舆论监督中来。舆论只有关注大众生活，关注民众安危，真正地为民众的需要和利益考虑，公众才有可能投身于监督，提高参与热情。

在阶级社会里，统治阶级操纵价值传播系统，操纵和压制舆论，广大民众敢怒不敢言，舆论监督向两极化发展：要么声音微弱，直致消逝；要么在地下传播，直到形成一定规模，拥有一定组织，才从地下转到公开，以极端的形式（即起义或暴动）来反抗统治阶级的统治。在现代社会里，随着民主制的进一步扩大，言论自由成为人们具有现实意义的基本人权，广大群众有权利对某种社会问题发表看法，提出批评意见，通过一定的途径发泄心中的不满，表达自己的心声，使群众和权力机关的意愿得以沟通，使社会偏差行为得以纠正，大大促进了社会的稳定和社会的良性发展，提高了舆论监督的威力。

舆论监督的群众参与度、舆论监督的效果和深度是价值传播系统民主化、大众化、法制化程度的晴雨表。舆论监督的覆盖面越宽，表明价值传播系统越民主化、法制化。自下而上的舆情反映才越完善。

（二）舆论监督的之于媒介的环节之中

舆论监督是广义上的，是对一切社会偏差行为的纠正之于媒介的环节之中具有特殊的意义。

第一，媒介的自我监督和约束。

在媒介传播中信息的生产者与接受者之间的关系是断裂的。符号形式虽然是为了（姑且这么假设）公众而生产而传播的，但这个过程恰好发生在公众的直接反应缺席的时候。

“事实上，大多数新闻记者并无意去掩盖和扭曲事实的全部和真相。恰恰相反，他们的职业训练首先强调的是真实报道。”问题出在媒体的商业化上，媒体为了迎合观众的猎奇与感官刺激需要，故意渲染个别的暴力场面，而不是详细介绍事件的整个经过。当各种媒体都这样进行“竞争”的时候，其结果是不但没有导致媒体内容的繁荣与多样，反而使它变得千篇一律。①

计划经济时代，媒介是党政机关的一个部门，它在一定程度上代表公共权力，权威性很大。进入市场经济时代，特别是媒介产业化以来，虽然媒介的政治属性没有变化，但是经济结构发生变化，于是媒介本身同时也成为重要的社会利益单元，必须考虑在经济意义上最大限度地争取受众，于是，媒介受到广告商的制约。当媒介实行舆论监督时，它本应该代表公共利益，然而由于舆论监督的报道通常具有较大的新闻价值，于是，出于媒介自身的公关需要，常常会出现将严肃的舆论监督进行有意炒作的现象，甚至会为了争取公众，制造假新闻，歪曲事实，制造效应，蓄意利用人性的弱点，过分迎合人的自然性，置价值判断、理想教育、道德情操于不顾，在传播中充斥着暴力、色情和无聊的趣闻、虚假的消息。媒体这种追求感官刺激的风气是对世俗消费文化的一种迎合，世俗消费文化拒绝崇高与理想，回避思考沉重而深刻的问题，着力于给受众带来愉悦、宣泄和刺激，从而使大众在不动脑筋的乐与笑之中，放松了或放弃了理性批评与世界重建的意愿，放逐了对生活的反思以及对人生的真善美的价值判断。

传播媒介在总体上应当为全社会的经济文化进步、推进政治民主化和保护本土传统文化作出积极努力。西方普遍认可的传播自由，是指没有检查制度、许可证和政府其他的控制，以

① 赵斌：《依然怀念一九六八》，《读书》1999 年第 9 期。

便公众有不受妨碍地自由表达的权利，自由接受新闻、思想主张、教育和文化传统的平等权利。这种理想理论看似很有优势：对掌权者和施政集团或机构进行密切的公共监察，向社会公众提供关于掌权者的充分信息，即使这种信息的提供因为迎合市场趣味而过分侵犯到个人隐私；给予公民自由表达观念、信仰的机会；保护社会组织和个人处于信息丰富的、便于自为自决的环境中；为文化和社会的持续不断的反思、变革、创新提供有活力的和宽容弹性的空间。传播的多样性使潜在的、对立的群体可以通过交流增加理解而限制社会冲突，为边缘的少数人的利益和观点提供生存和表达机会，因此增加了社会的丰富性、自我调适性。

但这种自由是有限定的，传播媒介在维护社会秩序和团结，促进社会整合方面应承担责任，以及进行必要的自我约束。麦奎尔指出，任何掌权者都强调传播媒介应心照不宣地维护社会秩序。问题是，多元的社会不只有单一的支配秩序。媒介应当通过关注社会不公平状况而促进社会改良和整合，而不应当鼓励、渲染罪案或违法行为而破坏法制和秩序。在涉及国家安全的问题上（战争、国防机密、恐怖主义威胁、外国颠覆等），传播自由应当根据国家利益受到限制。在关于性、暴力和语言使用等涉及基本道德、公正和趣味的问题上，媒介应当按照为人民大众普遍所接受的准则对传播内容进行控制。同时，传播的内容和语言应当体现出人民的现实生活。媒介应当致力于弘扬本国的文化遗产，积极推动文明教育，鼓励高品质的文化创造。它主张扬弃旧的传播观念，在传播制度、职业伦理等层面进行变革。①

---

① D. Mcquail, Mass Communication and the Public Interest: Towards Social Theory for Media Structure and Performance, *In Communication Theory Today*, Polity Press. 1994, pp. 249-251.

舆论监督在实施价值选择和评判的过程中，不能歪曲事实、哗众取宠、新闻炒作，媒介在一些重大政治问题和国家安全问题上要有约束和限制，要兼顾经济效益和社会效益，奉行有约束的自由传播和表达。

第二，传播内容的自我优化。

随着媒介产业化进程的不断加快，媒介越来越热衷于趋同受众。但现今关于受传者的调查多着眼于短期，对出现的问题，往往是头痛医头、脚痛医脚，缺少宏观的分析和预测。体现在传播形式上就是频繁改版，频繁更换栏目。在传播内容上也只是关注眼前的问题，很少从社会公众长远的价值观念进行定位。

为了新颖和奇特，媒介有时把外国流行或时尚的东西搬进国门，加以渲染。如韩国的服饰、电视连续剧、网络游戏，好莱坞的电影，美国标榜的自由、民主等，都成为价值传播的热门内容。有的信息内容虽然没有直接表明不益的价值内涵，但其信息背后隐藏着不健康的价值观念。如今，许多在韩国本土都禁止青少年玩的游戏却大量地涌入我国，影响了青少年的学习和生活，有的甚至因为玩电脑游戏而误入歧途。因此，舆论监督就要监督和检查价值传播内容是否积极向上，是否有利于民族的发展，是否有利于公民素质的提高，是否有利于社会公众长远的价值观念的建设。

第三，价值传播者的监督责任。

传播者是价值传播活动的主导，他们发起传播，用自己的价值观念来衡量传播内容，选取传播方式和媒介，对价值传播的发展和效果的达成具有至关重要的作用。如果传播者故意歪曲事实，将会误导人们对信息的理解和判断。“文化大革命”时期，“四人帮”严重歪曲事实，误导受众大搞“阶级斗争”。

以往的价值传播者是固定的，易于掌握和控制。而现代社会，传播者具有相当的随意性。在网络上，任何一个网民都可以自由发表言论，陈述事实，并在瞬间传遍全球，很难对其进行及时的监督和教育。有些网民在网上发布一些无聊或黄色信息，这些信息也会迅速地传播，造成极坏的影响。

舆论监督要对传播者进行适时的监察，要求各个主体都要自律自尊，对于发布无聊信息或错误信息者进行谴责和抨击，要求每一个人都要对自己的行为负责，对他人负责。

舆论监督之于价值传播系统的各个环节，就像警钟长鸣，时刻提醒着各个部分、各个环节，不要出问题，要及时修理完善，敦促各个环节要不断地发展和完善自我、优化自我。

（三）舆论监督的勃兴推进了价值传播系统的新发展

传播媒介产业化促进了舆论监督的勃兴，而舆论监督的深化和发展又推动了价值传播系统的健全和完善。

第一，价值传播媒介进一步规范化，媒介工作者逐步职业化。

传播媒介一方面作为信息工具和感知媒介极大地提高了人类感知外部世界价值信息的能力，并且以空前未有的密集信息为人提供了丰富的价值享受；但另一方面，由于它超负荷运载价值信息所造成的功能紊乱，又给人类的价值感受带来了混乱和模糊，进而给人类的价值意识及其整个价值判断和选择带来了迷惘。

价值传播媒介作为信息传播的载体和意见表达的平台，既保障大众参与公众生活讨论、表达各自意见的自由权利，又对国家机器和民主进程行使批判和监督的功能。但如今媒介受到政治和经济的双重控制，保障和推动公共领域的功能日渐式微。

“媒体以在制度上与经济上独立来保证公正，这一直是一个没有完全实现的理想，而这个理想的实现除了媒体自身的道德追求和对社会责任感的自觉担当以外，更重要的是要靠媒体所在社会的制度保证”。“社会制度与媒体制度之间其实是有着唇齿相依的关系，唇亡齿寒。它决定了任何媒体制度的改革都必须和社会制度的改革匹配而行”①。

在现代社会，大众传媒已经成为世界上最大的传声筒和最好的洗脑机器，正如拉扎斯菲尔德所说，大众媒介是一种可以为善服务、也可以为恶服务的强大工具。而总的来说，如果不加以适当控制，它为恶服务的可能性则更大。正因为大众传媒能够统一受众的思想观念、价值取向和行为规范，正因为它是一种体现民意军心的意志力量，所以也应该为大众传媒“套上笼头”，使它受到严格的监督和控制，尤其在我国目前的转型时期。

媒介工作者策划选题时，应该有政治意识、大局意识和责任意识。采写报道的目的是解决问题、促进工作，而不是给党和政府添乱，这也是媒介责任意识的体现。媒体获取的信息包罗万象，有的涉及敏感的政治问题，有的属公民隐私，有的牵涉各种官司……林林总总，进行选题时要严守新闻纪律，要有敏锐的政治嗅觉和较强的鉴别力，要站在党和人民的立场上，以维护人民群众的根本利益为出发点，着眼于帮助党和政府改进工作。采访时要有全面意识、现场意识和证据意识 。写作时要有把关意识和平等意识。

如今，价值传播者已经开始就价值传播的不同内容，选择适当的传播方式。能够通过丰富多彩的形式来展示和传输特定的价值观念，改变了“板着面孔”的老传播形象。如在保持共产党员先进性教育的活动中，河南不仅安排了大型的报告会和讲座，而且组织了党员观看豫剧，参观老革命根据地“小延安”，看电影《焦裕禄》，组织普通党员讲学习心得，谈学习体会。通过灵活多样、生动活泼的方式，宣传共产党员的先进性，警醒党员时刻保持自己的先进性。这比起纯粹的讲座和

① 吕新雨：《媒体的狂欢》，《读书》2000 年第 2 期。

空洞的讲解要更为深刻，更为生动，更容易得到人们的理解和接受，收到了良好的效果。

第二，价值传播内容在多元兼顾的同时，注意引导价值取向。

在多元化的文化背景下，价值传播的内容肯定是主流文化与边缘文化、大众文化与高雅文化、民族文化和异域文化并存的。多元的价值观念是价值传播系统永葆活力的源泉，是价值观念发展变化的动力和基础。价值传播不能忽视多元环境，不能不兼顾多元的价值观念状况。作为一种利益诉求的表达方式，它也回避不了多元价值观念的冲突和碰撞。

但作为塑造人的价值信念，影响人的价值行为的重要力量，价值传播应该在多元兼顾的同时，注意引导价值取向。因为价值传播系统不仅仅是在传播价值观念，而且也在倡导价值观念，帮助社会树立价值意识，引导价值取向。在反映社会现实、民众心声和揭露社会弊端的同时，重点放在社会的进步和发展上，在关注国外的先进技术、较高的福利待遇和优越的生活条件时，要把重点放到我国的飞速发展和提高上，放在不同的社会历史条件和具体的国情上。在整个内容中，要以积极向上、不懈进取为主题，兼顾经济效益和社会效益，结合长远利益和眼前利益，积极致力于塑造和引导民族价值取向，指导价值行为。

第三节　价值传播系统的过去与未来

价值传播系统的本质是对话和交流，而关注多元价值观念，聆听多方面的声音和诉求，才称得上交流、称得上沟通。随着民主制度的不断推进和舆论监督的进一步深入，价值传播系统将成为一个民主化的舞台，成为各种价值观念相互沟通，相互促进的文化精神领空。

一、我国价值传播系统的历史发展和经验教训

（一）我国价值传播系统的历史发展脉络

正如生产工具是生产力发展的标志一样，价值传播的媒介是价值传播系统发展的标志。传播媒介的每一次发展和改进，必然促进传播的发展。文字是视觉的延伸，笔是手的延伸，书是眼睛的延伸，无线电通信是人的耳朵的延伸，衣服是皮肤的延伸，房屋是人体调温器官的延伸。总之，媒介是人体功能的延伸，随着传播媒介的发展进程，就能找到价值传播系统的演进过程。

第一，价值传播的口头传播阶段。

最早的传播是分散的、不成系统的。在人类社会的前科技时代，主要以烽火、狼烟、旗语、鼓号等作为媒介进行远距离信息传递，人们更多地是以面对面的传播方式互相交流有关社会信息。语言，包括体态语言，是文字、书刊等媒介诞生之前最为便捷、最为普遍、覆盖面最宽的价值传播方式。在古代社会里，普通百姓识字很少，他们主要采用民谣、诗歌、隐语等口语传播方式表达自己的意见和价值观念。其中，民谣是人民表达意见、传闻叙事、抒发情感乃至讥讽或颂扬的最普遍形式，它的特点是语句简单、声音和谐。“男女有所怨恨，则相从而歌；饥者歌其食，劳者歌其事。”古代的文字资料里，保留着极其丰富的民谣，如《凤阳花鼓》：“说凤阳，道凤阳，凤阳本是好地方。自从出了朱皇帝，十年倒有九年荒。三年水淹三年旱，三年蝗虫闹灾殃。大户人家卖骡马，小户人家卖儿郎。奴家没有儿郎卖，身背花鼓走四方。”说的就是明太祖朱元璋做了皇帝后，给他的凤阳人民所带来的一连串的灾难，在天灾人祸的逼迫下，人民只得卖儿卖女逃荒卖唱。《台、温、处树旗谣》更是反映了元朝末年浙江东部一带的农民举起义旗、进行反抗的情绪：“天高皇帝远，民少相公多。一日三遍

打，不反待何时。”这些广为传播的民谣，无不反映人民的愿望和诉求，体现人民的价值观念和价值判断。但是当时口耳相传的价值观念是没有原本的，是在传播中创作和加工的。

语言是思想的直接实现，观念不能离开语言而存在。当人类还不知道用火时，人们没有发音分明的语言，也没有制造工具的能力。人类的价值意识和价值观念是随着语言的出现和工具的制造而逐渐发展起来的。① 语言传播媒介的产生，使得人类记忆、传递知识和表达复杂概念等的能力大大提高，使得人们能够比较有效地把自己在生活生产实践中所获得的知识传授给社会中的其他成员特别是年轻一代，促进了价值传播的发展。

虽然现代社会是具有高度组织的社会，但人类对语言的依赖仍然很强，特别是在人际交往中，语言仍是人们交流的重要方式。人本身就是媒介，人群便是价值传播的最有效的大众媒体。人作为信息通道，随处可见，随处可得。人既是最普遍的传播渠道，又是取之不尽、用之不竭、有很强生成能力的信息源。

当人们发现文字、开始用文字来记载和表达思想时，传播才开始形成系统。

第二，价值传播的文字传播阶段。

文字的发明，使人类的传播有了巨大的进步。阅读成了获得知识、展开想像力、享受艺术、开拓人类精神领域的最佳方式。

文字的发明是人类文明史上的一次巨大变革，它缩短了人际交往的距离，节省了传播的时间，提高了改变现实生活的速度。中国自古就重视文字记载，图书典籍和文献资料汗牛充栋，浩如烟海。早在周代，政府就设置史官，而且以后的历代王朝都沿袭此制度。从《尚书》、《尧典》到《清史稿》、《清

① 司马云杰：《文化价值论》，山东人民出版社 1992 年版，第 63 页。

实录》，从《史记》到《明史》，记载了大量古人的生活实践活动。编者不仅收集了前代的大量资料，而且在收集采编的过程中也融入了个人的价值观念，或者说本身就是带着一定的价值观念进行工作的，为的是“以史为镜”、“以史为鉴”。尽管中国很早就有了竹简，后来又有了毕昇的活字印刷，但是真正对大众传播有革命性影响的是德国人古登堡发明的印刷机。印刷机反映了早期工具理性的胜利，工具不仅延长了人类的手臂，也延长了人类的思想。也正是基于文字的发明，各种大众传播工具，如报纸、杂志、书籍才最终出现，价值传播才呈现出多面性，渠道多样，方方面面，互相联系，彼此相通，构成一个较为简单的传播体系。传播已经成为在人的组织下的自觉行为，规模和范围都得到空前扩大。

在这一时期的传播活动中，传播者与受众双方的对称已被打破。传播者可能是一个人（书的作者），而受众则是独立各异的群体。这时的价值传播已经突破了面对面的、直接的传播，可以跨越时空，传播的广度和深度都大大提高了。传播时间的延迟性取代了即时性；在空间上超越了直接可感的距离。传播者对受众的对话回应已成为对传播效果的预期，受众与传播者的对话也因接受、理解程度的差异表现出思想和行为反馈的巨大不同。

文字的发明，使人类文明得以延续，使人类文化得以传承，提高了价值观念传播的广度和深度。而文字的一个负面影响就是它在一定意义上限制了受众的范围，把价值观念的传播仅仅局限在能识字、有文化的人中间，有时还需要相当的理解力和判断力，无疑有一种“贵族化”的味道，形成了传播者的优势地位。

第三，价值传播的电子传播阶段。

电子媒介的出现是传播史上的又一次重大变革，是人类史上最伟大的飞跃之一。电子传媒比印刷传媒拥有更为强大的力量。广播、电影、电视、音像、多媒体相继产生。如果说广播的现场直播让人类感受到了与现实世界“有距离的同步”，那么电视的现场直播则令人类享受到了“没有距离感的同步”。电视的现场直播给人类造成了一种虚幻的感觉误区，似乎人类真的在新闻的发生现场，而事实上，人们只是呆在家里看电视，电视几乎是悄悄地“消灭”了人们与新闻之间的时空距离，使人类恢复了自文字印刷传播兴起后已长期失落的接受信息刺激时五官并用的本能，恢复了人类感官的平衡，使人类能像生活中那样立体地认识问题，单向度地重现了人际传播的对话情景（传播者看不到受众），但远远延长了时空距离。电视作为技术，为其使用者创造了一个空间，这是一个操作的空间，又是一个能够创造意义的空间，一个有着可能性及不确定性而有待填补、有待扩展的空间。虽然没有绝对的分界，电视（以及其他信息与传播技术）区别于非交流性的家用电器的地方，就在于它的双重连接作用，它本身具有意义，同时，它还是意义的传送者。

电子媒介的出现意味着信息时代的到来，大大提高了价值观念传播的速度。传播手段十分简单，只要有一台接收机，即可收到电台或电视台发出的信号，无需中间环节。信息种类也大大增多了，人们不仅可用听觉代替视觉，而且可以看到真实的画面了。由于它们能迅速传播信息并有声有色，越来越受到观众和听众的青睐，“后来者居上”，它远远超过了文字书籍。

广播电视等电子媒介能通过电波逼真地传递音响和活动图像，将活动现场的一切信息立刻告知受众，受众即使在万里之遥的穷乡僻壤也可以如身临其境一般耳闻目睹事实的全貌，彻底打破了时间、空间乃至不同文化对文化传播的限制，实现了超时空跨文化的传播，把几乎整个人类变成了它的受众，使文化成果不再是少数人专享的精神财富，而是为一切人所共享。全国上下，不分男女老幼和教育程度高低，亿万人共赏春节电视晚会，便是最典型的景象。传播媒介已经成为社会文化环境的主要构造者，人们已不能离开它而生活，不得不接受它的影响。受众可以听到或看到传播的信息，他们的回应就是对电台、时段、频道的选择。

网络的出现是价值传播媒介的又一次历史性飞跃，它的重要影响和作用在下一部分进行详细论述。

（二）我国价值传播系统中存在的问题

长期以来，我国价值传播系统中存在着许多问题。它们对现代价值传播系统的完善和健全起到敦促和警示的作用。

第一，强调政治价值，忽视文化和娱乐价值。

传统的价值传播系统是政治活动的重要组成部分，它的目的被限定在控制和掌握舆论上，属于当权者控制、财政上依赖政府拨款的活动。

传统的价值传播系统一般都有固定的组织或机构来进行，负责采集信息、编辑新闻、发布消息。它们的主导思想是政治稳定、政治第一。我国传统的价值传播中，无论是政治信息，还是经济新闻，都严重地忽视了受众的反映，忽视了受众的主体性，把一些政治主张武断地强加给受众，忽视了价值传播中的价值观念是作为文化的一部分而存在的。

第二，强调灌输，忽视对话和交流。

传统的价值传播系统是一种自上而下的模式，由上面的权力机关安排好定势的价值观念，筹划好传播的方式和途径、传播的受众和预计达到的效果，然后，自上而下传达下来。受众根本没有思考的余地，这也是“子弹头”理论的支撑，大大降低了受众的兴趣和积极性，让受众一直处于被动，没有思考和评判的权利。这种传播方式是纯粹的独白式灌输。对于人际交流，独白式的特点是“自我中心”，排斥他人。“独白”是一条“单行道”，只有一个方向。“独白”表明，一个自我又回到原来的自我那里去了，不与他人发生关系。独白式的传播往往会产生“我的绝对正确”这种负面修辞。当一个社会只有独白式传播，或者让其占主流，只鼓励这种传播样式时，就会因过于“独白”，而产生严重对立的问题。这种传播方式缺少真正的对话，是“自我中心”的传播。

我国在这方面的教训也很多。“大跃进”时的狂热，“文革”时的棍棒，都形成了对受众不容置疑的“强势话语”传播。马尔库塞在《单向度的人》中，对工业社会制造虚假需求和虚假意识、压制个人愿望、形成一种单向度的思想和行为方式进行了详细论述。在这些论述中，大众媒介作为一种灌输和操纵的手段，在制造虚假需求、助长虚假意识的同时，又使人意识不到这种虚假性而形成单向度的思想和行为方面，都起着十分重要的作用。

从新中国成立到20世纪80年代初的30多年间，中国处在计划经济时代，所有的媒体都是按计划来设置的大一统格局。全国的情况是“一报”（《人民日报》）、“一刊”（《红旗》杂志）、“一台”（中央人民广播电台），后来发展到中央电视台开播。从省（市）一级看，基本格局长期是“一报、一台”，到80年代初才有了电视台。除了像《光明日报》、《文汇报》、《新民晚报》、《北京晚报》等屈指可数的几份报纸外，党委机关报就是报纸的全部，媒介经济几乎是一张白纸。

然而，按照巴赫金的观点，人类社会生活不是一个人的“独白”，而是交流；不是封闭的自我言说，而是开放的对话。与布伯一样，巴赫金对人类经验中的独白同样持批评的观点。对他而言，一个独白的自我、隔绝的自我、孤立的自我、封闭的自我、不向他人传播的自我，都是丧失自我的基本原因。这样说来，人类的传播应该是多种声音的对话。①

---

① 王怡红：《对话之于人类传播的意义》2004年1月24日，《传播学论坛》网站。

第三，强调共性，要求整齐划一，忽视个性和特殊性。

传统的价值传播系统是一种单向的集中模式，强调整齐划一、排除异己。“焚书坑儒”、“罢黜百家，独尊儒术”都是历史上为了统一价值观念而进行的大规模的一体化措施。“文化大革命”时期，“割资本主义尾巴”也是一种集权制度在价值观念传播中的体现。只是强调集体利益和国家利益，忽视个人利益，甚至将谈个人利益者说成“个人主义”加以抨击和反对。片面地强调了“大河无水小河干”，忽视了大河本身就是由小河汇集而成的。这样的价值传播模式也曾经维护了虚幻或真实的集体，形成了我国传统的新闻“大一统”体制。

传统的价值传播系统忽视或不允许其他非官方的声音和价值观念存在，整个社会必须按权力机关规定的方向，按权力机关认可的方式去发展自己。整个社会都成了“千篇一律”、“千人一心”、“千报一声”了。自我个性的长期压抑和控制，往往会造成口服心不服，表面一套、内心一套的双重人格。隐蔽的反抗与对峙比正面的反抗与对峙更可怕，这样的结果只能是适得其反。

尤其是在现代社会，随着社会公众主体意识和自我意识的增强，个性和主体性的凸显，社会文化多元化和全球多极化的发展，再去要求整齐划一，不仅是荒唐的，也是根本做不到的。

第四，强调传播者的绝对主导作用，忽视受众的主体性选择。

传统的价值传播系统强调传播者的重要性，一切议程和内容、方式和方法都由传播者事先做了策划，受众没有主动选择的余地，形成了传播者的强势和受众的弱势。二者在地位上是不平等的，传播者高高在上，居高临下；受众只能自愿或非自愿地服从。传播者与受众之间的不平衡，导致传播者忽视受众，忽视受众的利益和诉求，忽视受众的身心发展规律和个体差异，削减了价值传播的效果。

由于传播者漠视民众的意见，民众因而无法真正参与他们所处的社会，政府官员亦因此无法听到民众的声音，从而堵塞了政府与民众之间的沟通渠道。

我们一直倡导"全心全意为人民服务"，只有将全心全意为人民服务与每个人的工作要求等结合起来时，为人民服务才拥有了自己坚实的内容。每个人只要能在自己的工作和学习岗位上兢兢业业，刻苦奋斗，就是为人民服务。每一个人，包括私营企业主，都可以做到这一点。因此说，任何价值观念都只有与主体的特殊性结合起来才能拥有实际意义。

二、价值传播系统的发展趋向

（一）价值传播媒介的网络化成为价值传播系统当前的重要课题

第一，网络媒介对价值传播系统的重要影响。

网络的出现是传播方式的一次大的飞跃。网络就如同社会运行的神经，无处不在，无时不有，有如人体的经络，贯通血脉，沟通气血。

从某种程度上说，网络是人类目前为止最为理想、最能体现民主观念的传播工具。网络面前人人平等，每个人既可以是网络上的传播者，又可以是网络的受传者。"网络中，传播者和受众的身份不再明确，传播信息和接受信息几乎可以同时完成，人们在瞬间就能进行角色转换。每个人都是传播者，每个人又都是受众。这是由于网络的互动性造成的，它的互动性给予了人们转换角色的自由，受众不再是被动地接受信息，而是主动地掌握和控制信息，并参与到信息的提供和传播之中。"①网络拒绝权威，现代社会的权威在很大程度上是依赖组织和机

① 陈力丹：《大众传播理论如何面对网络传播》，《国际新闻界》1998年第5期。

构的，而网络恰恰是推崇松散的社团状态。

网络是人类迄今为止所发明的最富于“个人主义”色彩的媒介，但是，它有着突出的平民化色彩。它平易近人，谁都有权并且有可能接近网络。网络强调的是传播的权利，而不是传播的权力。网络就是一个公共的社会平台，所有人都能运用它，社会群体也许更想利用它，而社会个人则更想使用它。网络传播方式的出现，某种程度上降低了价值传播的政治价值和教育价值，提高了其娱乐价值。

网络打破了传播者和受传者之间的界限，网络是典型的平行式传播模式，没有主次，既不是以传播者为主，也不是以受传者为主。它使传播者的强大化为乌有，它彻底打破了传播的上下之分，传播工具不再是垄断的，如果说其他的传播方式有点像商店，那么网络则像超市，任何人都可以到网络这个大仓库去自取。网络可以说是企图最大限度地满足个人获取信息的需要，它是工具理性的胜利，它强调形式，忽略内容，确切地说，它是用形式“颠覆”了内容，如同提倡没有思想的知识，在过程中“消解”了目的。

在网络时代，受众拥有前所未有的权利：不仅可以自由选取自己感兴趣的信息，而且可以在网上自由地发布信息；信息的重要与否，不再完全由传播者决定，而是可以由受众自己决定。尽管在许多场合下，例如知名的新闻类网站，对网络新闻仍然有编辑权，仍然有网络记者和网络编辑在充当“把关人”角色，但是，由于受众享有极大的选择权和主动权，新闻传播者的地位受到削弱，权利在向受众倾斜。网上媒体采用多媒体技术向网上发布信息，不仅发布关于该信息的文本，还能显示图像、声音，供受众自由选用。在信息的编排上，网上媒体除少数重大新闻事件采取同步传播外，对大多数信息采取异步传播，将各种信息散布在网上，并随时更新，让受众去“点播”，使受众可以随时在网上按自己喜爱的顺序浏览或下载新闻信息。正如尼葛洛庞帝在《数字化生存》一书中阐述的那样，从前所说的大众传媒正演变为个人化的双向交流，信息不再被“推给”消费者，相反，人们将把所需要的信息“拉出来”，并参与到创造信息的活动中。

中国现代媒体委员会常务副主任诗兰认为，网络传播有三个基本的特点：全球性、交互性、超文本链接方式。在此基础上，他给网络传播下的定义是：以全球海量信息为背景，以海量参与者为对象，参与者同时又是信息接收与发布者并随时可以对信息作出反馈，它的文本形成与阅读是在各种文本之间随意链接、并根据文化程度的不同而形成各种意义的超文本中完成的。我认为，网络传播是以计算机通信网络为基础，进行信息传递、交流和利用，从而达到其社会文化传播的目的。它是通过计算机网络的人类信息（包括新闻、知识等信息）传播活动。在网络传播中的信息，以数字形式存贮在光、磁等存贮介质上，通过计算机网络高速传播，并通过计算机或类似设备阅读使用。网络传播的读者人数巨大，可以通过互联网高速传播。

网络传播较之传统的价值传播方式有以下几个特点：突破了价值传播的区域界限，各种信息一经上网，在空间上立即可以覆盖全球，成为在全世界范围内传播的信息；突破了发布信息的时间界限，一个网络媒体可以按照不同的时间梯度发布信息，集时更新、日更新、周更新、月更新于一个网站中，以往媒介特别是报刊媒体的刊期界限，在网际信息传播中已经开始消失；突破了各类信息传播方式的界限，网络传播可以同时调动文字、图片、声音和影像手段，增强传播效应，同时，还可以在网上运行各种内容丰富的信息数据库。以往报刊、广播和电视各种媒体独有的优势，在网际传播中已经开始融为一体，加之传统媒体未曾拥有过的信息传播优势，网络媒体已经将这一切融合成一种人类历史上全新的信息传播方式。

第二，价值传播媒介网络化促进价值传播的平面化发展。

在整个人类历史中，人类一直在改进对周围事物的信息的接受能力和吸收能力，同时又设法提高自身传播信息的能力、速度、清晰度和便利性，不断更新信息传播的技术和方法论的思考，使传播成为社会发展的生产性要素。正是在这种意义上，我们可以说信息传播技术是社会组织形式和文化模式的决定性因素。也就是说，信息传播的技术网络成为一个社会发展形态的神经系统。

特别是网络传播的出现和发展，拓宽了传播的广度和深度，打破了以往人类多种信息传播形式的界限，它既可以实现面对面传播，又可以实现点对点传播。当信息面对多个上网用户传播时，网络传播可谓大众传播工具，而个别独立的上网用户之间的交流可谓点对点的人际传播。网络传播将人际传播和大众传播融为一体，融合了大众传播（单向）和人际传播（双向）的信息传播特征，在总体上形成一种散布型网状传播结构。在这种传播结构中，任何一个网结都能够生产、发布信息。所有网结生产、发布的信息都能够以非线性方式流入网络之中。

当然，这里的网络化不是只就网络传播而言的，而是以网络媒介为主导，网络传播为主线的整个传播媒介的交错互补的网络化状态。

（二）价值传播系统的未来发展思路

当代社会价值传播系统应该是一个开放的、民主的舞台，多元文化、多元价值观念的并存，在这个系统中不同利益诉求的主体，不同的价值观念都可以自由表达。网络上的每一个人既可以成为传播者又可以成为受众，就已经昭示了这一发展趋向。

第一，价值传播的民主化发展。

民主首先是一种价值观念。它提倡平等，特别是在政治领域，是一种不分贫富贵贱、远近亲疏的价值追求。

现代的民主政治与法制社会为传媒提供的是一个竞争性的、舆论相对自由的社会环境。在这样的环境中，大众传播常常不能被操控在某一个政治力量或经济利益集团手中（尽管这样的政治与经济集团不可能很多），而是各种政治与经济力量共同争夺与使用的工具。正是这种相对来说多元的竞争格局，使得某个党派的政治家或经济利益集团不能彻底控制、更不能垄断大众传播。多元的政治格局与多元的大众传播形成紧密的相互联系与相互支撑。这也就是说，民主的政体是大众传播不至于与极权主义政治联姻、彻底落入某种社会权力集团控制的基本前提。

在民主制度大环境的保障下，价值传播的传播方式和内容也要进一步民主化。传播方式上要一改往日的传播者高高在上的姿态，耐下心来，虚心地听取广大群众的意见和建议。争取以多样丰富、群众喜闻乐见的形式，以平等对话的方式进行传播和交流。

价值传播要宽容地对待每一种价值观念。凡是已经存在的东西，都有或者曾经有其合理的一面，不能横加阻断。即使有些价值观念与社会主流文化与主流意识不合拍，需要加以引导和疏通，也要仔细分析，认真研究，在宽容理解的基础上，让其与其他价值观念进行碰撞和交融，在比较分析中加以引导。

民主是一种价值观念、社会制度和政治形态。未来的价值传播系统要倡导民主，弘扬民主；价值传播要以民主的社会制度作保障，以民主的方式进行。

第二，价值传播的大众化趋向。

价值传播媒介的产业化发展使得媒体不可能再依靠传统的生存之道：国家财政拨款和公费订阅。走向市场，进入激烈的市场竞争，争夺自己的一席之地成为传媒业的唯一出路。于是，媒体以前所未有的热情把目光投向社会中的普通人、生活在社会下层的老百姓等弱势群体，关心他们的生存状态，关注他们的喜怒哀乐，关注他们的情感需求。价值传播也必将越来越大众化，成为人人都能参与其中的系统。

当前中国正处于社会转型期，各行各业都发生着深刻的变革，各行各业的人们承受着越来越多的精神压力。现实中人与人的疏远及人与自然的隔阂更加深了人的孤独感、压抑感。然而，人要健康发展则需要情感的疏导和宣泄，那么，作为现代社会“精神解压器”的传媒应义无反顾地承担起这个责任。价值传播不仅应从物质的层面、从道德和思想的层面关怀人，更应从思想和情感的层面体现出真诚的人文关怀，积极倡导健康向上的社会价值观念体系。

如今价值传播的关怀眼光大都投向弱势群体，如下岗工人、漂泊在城市的打工者、乡村教师、山区青年、残障青年等。这固然能够揭示一部分人群的生活和心态，冲击受众的固有观念，使受众由好奇而生发同情心和责任感，由此显现传播的人文价值。然而真正的人文关怀的关怀对象是“苍生大众”，它体现为对每一个人的尊重和关怀，对每一个人的生存状态的平等体味和理性思考，并不是一提到关怀的对象就想起贫穷和落魄、伤感和同情。价值传播对大众的人文关怀不是一般意义上的关爱和善意的表达，不是抽象的人道主义和空洞的泛爱精神，不仅仅是眼泪和同情，它所揭示的是平凡人的内在的精神、品格、信念、理想和尊严，所弘扬的是蕴含于其中的质朴、坚忍、善良和互助这些美德。

第三，价值传播向对话和交流的回归。

从人类传播的要素分析，“当一个人决定使用一种已知语言符号（比如一个词，或是有标准解释的某物体），以便在另一个人心目中唤起具体含义时，传播的基本行为就开始了”①。

① ［美］梅尔文·L·德弗勒等著：《大众传播通论》，华夏出版社1989年版。

个体传播的前提是两个人而不是一个人对传播符号的含义感知和确定。一个人发出符号而没有确定的接收者是构不成传播的。“施者与受众对话”是传播活动的本质。

在阶级社会里，统治阶级除了用暴力工具等国家机器保证国家安全外，还需通过宣传、灌输统治阶级的思想意识和价值观念来实现它们的统治。统治阶级正是作为价值传播的施动者通过固定的媒体有目的地、主动和集中地传播它们的思想意识和价值观念，从而形成国家的意志表达。由于受众的被动和分散，这就形成了强势话语权，使施者和受众的平等关系失衡。如今，随着当代社会经济全球化、世界多极化的趋势逐渐明朗，不同文明、不同文化、不同国家间的矛盾和问题的解决从争端走向对话已是大势所趋，这为传播的本质回归奠定了外部条件。国家的民主化程度不断提高，民众的声音受到更多的重视，大众传播包括网络传播的发展，强势话语权的地位受到越来越多的质疑。网络媒体、光纤传输、卫星通讯、数字技术、多媒体制作、DV 革命、手机短信……都改变了以往的传播方式和接受方式，消除了传播者与受众之间的强制关系。电视文化成为真正的人人都参与游戏的文化广场；网络平台完成了传播者和接受者的角色互换。我们的时代因此进入平等、平行、互动的传播时代，进入多元化和差异性并存的宽容时代，为价值传播回归到真正意义上的对话提供了条件。

真正的对话是“转向他人”的交流。这并非指一个人身体的转向，而是要求人带着自己的心灵探寻，甚至带着疑问和惶惑，带着尊敬和自我尊敬，倾听他人的意见，听听他人都说了些什么。在对话中，我们既理解了他人，也重新理解了我们自己。如果没有这种正常的对话心理，交流就会沦为独白。在对话式的交流关系中，人不是一个孤独的观察者、独白者，而是一个参与者、倾听者、言说者与思想者。对话是一种高品质的交流。只有通过对话，人类才能正确地面对差异，交流者个体才有可能达成精神上的相遇。① 对话不是追求结果，不是将意见强加于他人，而是与他人交换意见的过程。对话具有一种力量，它使谈话得以进行，因为对话能创造一个使传播或交往得以发展下去的情境。对话是沟通对立观点与接受差异的园地。交流更深刻的意义还在于，人们通过对话共同创造一个更大的人类认识空间，通过差异的碰撞，创造出前所未见的新思想、新行为。

从传播内容来看，价值传播媒介的产业化发展，使价值信息的垄断和独霸已不可能，彼此的差别只表现在时间、深度和背景的不同，先入为主的意识形态，说教式的假、大、空强势话语也逐渐被反映社会全面生活的信息服务所取代。从传播方式上看，随着人们受教育水平的普遍提高，以传播者为中心的单调教化、灌输和布道语态逐渐向以受众为中心的分享、交流和对话转变。从总体上看，就是传播活动从“传者为中心”向“受众为中心”的深刻转变，这种转变是传播本质特征回归对话的基本前提和标志。中央电视台《东方时空》提出的“真诚面对观众”不仅仅是一句口号，不仅仅是宣扬他们的态度，也是一种可以指导节目操作的方法提示。“真诚面对”就是要给信息传播带上强烈的个性色彩，传播者与观众必须建立一种“与话双方”的平等，平等之后才能建立亲近感。

许多电视人已经认识到，电视节目的思想源泉来自于嘉宾和观众的参与。中央电视台的《对话》节目，将目标受众定位于“关注经济改革动态并具有决策能力的社会精英人士”，为这些精英阶层搭建一个平等交流、交锋思想的对话平台；《艺术人生》让著名的艺术家讲述自己的人生故事和艺术历程，并真诚地与观众交流对话；《面对面》聚焦新闻人物；

① 王怡红：《对话之于人类传播的意义》2004年1月24日，《传播学论坛》网站。

《实话实说》围绕社会热点话题与观众展开思想交锋和对话；《开心辞典》、《幸运52》、《非常6+1》、《挑战主持人》等节目都是让观众积极参与、相互挑战、场上场下互动，从而形成气氛热烈的群体体验的交流对话场景。①

未来社会的政治稳定，也需要各种利益实体的对话、谈判、妥协以求取各方的合作。传播的公共空间便是这样的对话圆桌。和平与发展的时代主题，世界多极化和经济全球化的发展，要求各国在政治上应相互尊重、共同协商；在经济上应相互促进、共同发展；在文化上应相互借鉴、共同繁荣；在安全上应相互信任、共同维护。通过对话和合作解决争端等已成为当代世界的发展趋势。主张维护世界多样性，提倡国际关系民主化和发展模式多样化已成为世界越来越多的人们的共识。价值传播向对话和交流的回归已经成为当务之急，还要进一步细化和深化。

社会发展到今天，不同社会群体利益的不一致性已成定局，各种利益诉求的表达将会成为一种常规性的社会现象。目前，在我们的社会中，利益表达的渠道还太狭窄。我们不应当把利益表达看得过于敏感而讳莫如深，而应当用有效的制度安排来加以规范和疏导，这样价值传播系统才能日渐完善，整个民族的价值观念和价值意识才能逐步趋向合理化，顺利实现社会转型，推进社会主义现代化建设。

---

① 陈默：《电视文化的新理念——多元对话性》，《现代传播》2003年第4期。

第七章
舆论监督案例评析

在中国舆论监督的历史过程中，相对于舆论监督理论研究的滞后，中国新闻舆论监督的实践活动令人欣喜地走在了理论研究的前列。从20世纪80年代的第一篇具有里程碑式的新闻监督式报道《“渤海二号”钻井船翻沉说明了什么》作为开端，中国的新闻报道就一直在实践的层面上促进着舆论监督的理论研究和探索。经过20多年的历程，有中国特色的舆论监督越来越深入地参与到中国的社会生活、民主政治的建设与发展之中。特别是近几年来，随着市场经济的发展、政治及法制文明建设的进步，舆论监督的实践活动日益引人注目，产生强烈的社会反响。这不仅因为它体现民意受到百姓的热烈欢迎，并且在相当大的程度上它得到了党和国家领导人的高度重视，从而在我国现代化民主政治建设中，以直接或者间接、显性或者隐性的方式发挥着重要的推动作用。

作为社会公意的代表，舆论监督是惩治腐败的利剑，是呼唤社会良知的号角，是维护社会正义的盾牌。透过对社会特定现象的揭露和批评，舆论监督从社会公意的角度促进舆论监督意识深入大众，使舆论监督活动成为人类在追求全面自由发展过程中自觉的行为方式，并逐渐演变成为一种社会文明的标志，成为衡量社会整体进步水准的重要尺度之一。

本章选取了在我国影响较大、具有典型性的舆论监督个案进行评析，试图从具体的案例中，解析舆论监督在促进中国法制建设、推进民主化进程中的具体作用和实践意义；试图探索舆论监督方法的规范化、合法化道路；试图理顺司法公正与舆论监督的关系；试图寻找出有中国特色的社会主义舆论监督模式；试图为制定和完善新闻法规、建构有中国特色的新闻法治体系提供有益的理论参考。

一、“渤海二号”：跨入禁区的脚步

●“渤海二号”事件的揭露，是1949年以来我国第一次对重大责任事故向领导部门问责的新闻报道，并因此而被誉为中国“新闻改革”的一个里程碑式的事件。自此以后，中国媒介一直在努力改进并发展批评新闻报道。

（一）事件回放①

20世纪70年代初，我国的石油工业准备大规模地走向海洋。1973年，大连造船厂制造了我国第一艘钻井船，命名为“渤海一号”。同年，石油工业部从日本购买了“渤海二号”钻井船，自购进以来，该船已在渤海湾的十多处海域上进行过钻探作业。

1979年，我国渤海油田的探测人员又发现了一个新的油井。当年11月19日，石油工业部的一位领导要求“渤海二号”钻井船从已经打完的一口钻井迁到相距117海里的另一个井位打一口资料井，要求12月底打到2 500米，取岩心70米。海洋石油勘探局为此事曾对石油工业部汇报说完成任务很困难。勘探局和钻井处考虑到：临近冬季，“渤海二号”不抗冰，新井位水位太浅，不宜就位，并多次表示不同意打这口井，建议春季解冻后再打。但是石油工业部领导对这种建议不予理睬。11月24日，“渤海二号”钻井船向新的井位驶去。

---

① 朱克冰：《禁区内的脚步——难以忘怀的“渤海二号”报道事件》，《新闻爱好者》2002年第3期。

然而，海上的大风越刮越猛，七级，八级，九级，十级！作业组组长刘学在组织奋勇抢救的同时，接连几次向不远处的282号拖轮发出紧急呼救，但是，均没有得到回答。在大海和狂风的肆虐中，11月25日，“渤海二号”钻井船沉入海底。船上74人全部落水，死亡72人，总损失达3 700万元。海难发生后，有关部门的领导对这一重大事故抢先定了调子：“突遇大风，不可抗拒。”“领导指挥无误，大家英勇抢险。”在这个既定的调子下，有关部门围绕这次“抢救”搞了“大总结，大评比，大宣传，大表彰”。

但是，前去采访的《工人日报》记者却揭露出令人吃惊的情况——282号拖轮并不是没有收到呼救信号，它不但收到了，而且几次都收到了。事后282号船长蔺永志在回答为什么对呼叫置若罔闻，不前往抢救时说：“当时被吓傻了！”这是叫人难以相信的回答，是不能掩盖的失职行为。有关专家断言，假如拖轮一开始就参与抢救，后果绝对不是这样！“渤海二号”的作业组组长刘学说，此前，“渤海二号”曾经多次向石油工业部海洋局打报告，提出应重视钻井船的作业安全，解决保障安全的设备，但是，报告一一被驳回。这给事故的发生埋下了隐患，结果事故中最先打断的就是急需更换的通风筒，海水由此直灌到没有隔离的通舱，发电、动力系统全泡了汤。并且在这次事故发生之前，气象部门已经发出了台风的警报。作业组组长刘学先后向海洋局发了三封电报，再三要求落实保障安全的措施，但领导认为没有必要，漠然置之。

然而，所有这些要害问题，在石油工业部主要领导人的大事化小，小事化了的原则下，全部被掩盖了！

经过8个月之久的努力，《工人日报》终于将这起重大责任事故的真相和石油工业部主要领导的错误态度和做法公布于众。1980年7月8日，《工人日报》发表了《“渤海二号”钻井船翻沉说明了什么》的文章，对“渤海二号”钻井船翻沉事故作了完整的报道，不仅报道“渤海二号”钻井船翻沉，还详细报道了翻沉的原因、经过，以及翻沉后的处理，揭露了某些官员欺上瞒下、推卸责任的官僚主义作风，锋芒直指政府高官的渎职和不作为，报道发出后，舆论大哗。随后，《人民日报》转载了这篇报道，在全国引起了强烈的反响。此后，《工人日报》还连续发表了六篇评论员文章，对不按经济规律办事，不尊重科学，冒险蛮干和瞎指挥的官僚主义进行了批评。

1980 年 8 月，由全国总工会和国家有关部门组成的调查组，在“渤海二号”翻沉事故的调查结束时，认为这是一起责任事故。事故是由于海洋石油勘探局在接到石油工业部紧急转移钻井地点的指令后，采取了违反安全拖船操作规定的方法，异常降低平台拖船造成的结果。为维护国家和人民的利益，重新整顿、改善石油工业状况，当月 25 日，中央书记处、国务院举行联席会议，康世恩列席会议，会议决定解除石油工业部部长宋振明的部长职务，给予主管工业的副总理康世恩记大过处分。不久天津市人民法院审判，对认定在事故中负有责任的石油工业部海洋勘探局局长、党委书记骥祥等四人分别判处有期徒刑。

（二）舆论监督史上的重大突破

“渤海二号”事件真相的揭露，以及后来产生的巨大的社会影响，第一次显示了新闻舆论监督的力量，其意义在于它不仅突破了新中国成立以来新闻报道的“禁区”，把应该让人民知道的事告知了人民，而且更在于这是中国新闻媒体首次将新闻舆论监督的矛头直接指向较高层的决策机构，由此，在舆论监督史上具有里程碑的意义。它直接的意义是中华人民共和国成立以来的三个“第一次”：由于领导失误，政府部长被解除职务是第一次；由于严重事故不能被及时正确处理，给国务院副总理记大过处分是第一次；由于对事故处理承担责任，国务院领导声明自己工作失误是第一次。①

“渤海二号”事件也使中国的新闻报道逐渐从“党报为本位”一元化的新闻宣传向“新闻本位”的发展，并在20世纪80年代实现批评性新闻报道的三个突破：一是突破了对重大事故和重大决策性错误不公开报道的做法。国务院在关于处理“渤海二号”事故的决定中指出：一切重大事故均应及时如实报道，不得隐瞒和歪曲。从此，新闻媒体对后来发生的重大事故均做了及时如实的报道。二是突破了对先进典型的缺点错误不公开批评的做法。一段时间以来，在“左”的错误思想指导下，先进典型被神化了，谁若是批评指出他们的缺点错误，谁就会被指责为“砍旗”、“抹黑”。“渤海二号”事件的报道率先冲破了这一“禁区”，为人们提供了正确对待先进典型的范例。三是突破了对高级领导干部的错误不公开批评报道的做法。“渤海二号”事故的报道就涉及不少高级干部。可以说，这是“渤海二号”事件报道真正的实践意义，对后来的新闻实践活动产生了深远的影响。

随着20世纪80年代一批震撼人民群众心灵的、颇具穿透力的重点报道相继问世，如关于大兴安岭火灾、关广梅现象等，我国的新闻报道逐渐摆脱了一元化的宣传模式，日益凸现了新闻的舆论监督功能。自1980年开始，从“农业学大寨”虚假性的曝光到“渤海二号”事件真相的披露以及双城堡火车站野蛮装卸事件、大兴安岭火灾等事件的调查报道，我国的新闻报道在党和政府的支持下，冲破了一个又一个的“禁区”。

批评性报道的发展，引起了新闻学界的注意并逐步展开了对它的研究。此后，大多数的相关讨论皆以“舆论监督”来称谓批评报道，并在舆论监督的框架下对之展开讨论，由此，

① 王雄著：《新闻舆论引导》，新华出版社2002年版，第200页。

为舆论监督概念的提出，作了相应的理论准备。从这个方面来说，称“渤海二号”事件的报道具有里程碑意义并不为过。1987年10月党的十三大政治报告中提出：“要通过各种现代化的新闻和宣传工具，增强对政务活动的报道，发挥舆论监督的作用，支持群众批评工作中的缺点错误，反对官僚主义，同各种不正之风作斗争。”这就意味着在党的报告中不仅首次提出了“舆论监督”的概念，而且赋予舆论监督更加广泛的意义，使新闻媒介开展舆论监督有了政策上的依据，并且使得开展舆论监督成为党赋予新闻事业的一项重要任务。

究其理论根源，舆论监督特别是通过批评报道进行的舆论监督，是无产阶级政党报刊与生俱来的一个重要功能，并不是后天的附加。马克思曾经指出：“报刊按其使命来说，是社会的捍卫者，是针对当权者的孜孜不倦的揭露者，是无处不在的眼睛，是热情维护自己自由的人民精神的无处不在的喉舌。”①我国的新闻媒体既是党和政府的喉舌，同时也是群众的喉舌，是公民表达意见的公共领域。当然由于我国新闻媒体的事业性质，尤其是在计划经济时代，新闻媒体的国家工具性表现得较为明显，在相当长一段时期，只强调党和政府的喉舌作用，强调媒介代表党和政府实施对社会公众的宣传、教育和引导的职能，而忽略了公众的知情权。在这样的背景下，作为拥有政治话语权力的新闻媒体——《工人日报》，能够走出意识形态的羁绊，在实践中勇敢地跨入禁区，针对高级官员的失误进行批评，显示出极大的胆略和勇气。

这种勇气和胆略体现了新闻记者实事求是、追求真理的职业精神。面对有关部门的领导抢先定下的调子“突遇大风，不可抗拒”，“领导指挥无误，大家英勇抢险”，《工人日报》的记者没有盲从，不唯官，不唯权，以高度的社会责任和追求

① 《马克思恩格斯全集》第6卷，人民出版社1963年版，第275页。

真理的科学精神，顶着重大事故不能见报的禁令，突破了报道“只打苍蝇，不打老虎”的老规矩，经过8个月的深入采访，终于详细披露了“渤海二号”葬身海底的原因。这在极左思想还很有影响，媒体普遍遵行“报喜不报忧”，加之其他媒体普遍回避的情况下，难能可贵。

这种勇气和胆量来自于新闻记者对人民负责、对历史负责的高度责任感。今天的新闻就是明天的历史。忠实地记录事实是记者的天职。天职，就是社会最需要你的时候，你必须在岗位，天职意味着责任，意味着公正。只有坚持正义，热爱真理的人，才敢深入灾情，才敢报道内幕，才敢揭示真相，发表真话。

“渤海二号”事件的报道，不仅反映了在思想大解放的时代，新闻传媒记者角色本位的回归，而且更是一种职业意识的觉醒，正像当代记者卢跃刚分析当时的《中国青年报》舆论监督工作时所说的一样：“觉醒什么？我理解，就是记者要有起码的职业尊严，不能重蹈荒诞年代的假大空、人云亦云、指鹿为马、助纣为虐、落井下石的覆辙……就是以天下为己任，以推动天下为己任，以推动社会进步为己任，无论出现什么情况，无论面临怎样的压力，都能保持清醒的头脑，用自己的大脑思考，并作出写什么不写什么的选择。”① 这种职业意识的觉醒促进了我国新闻职业精神的回归，翻开了我国舆论监督的新一页。

这正体现了中国第一“揭黑记者”王克勤所言的：“记者的荣誉就在于深刻地关注和忠实地记录人类社会正在发生和形成的历史，不断地揭示历史进程中的瓶颈因素和问题所在，深刻地反映社会制度与政策的弊端，从而以新闻的力量推进社会

① 杨明品著：《新闻舆论监督》，中国广播电视出版社2001年版，第60页。

的进步与文明。”①

二、“南丹矿难”：媒体首先撩起黑幕面纱

● 南丹事故是新中国成立以来首例由新闻记者揭露出来的重大安全事故。

● 南丹矿难真相的揭露，实现了中国新闻界的良知和社会责任感与政府高层的正确决策的良性互动，它已成为我国舆论监督史上一个里程碑式的范例。

（一）矿难事故：在追逐政治和经济利益下被隐瞒

2001年7月17日凌晨3时许，广西壮族自治区南丹县龙泉矿区的拉甲坡矿发生重大透水事件，导致井下作业的81名矿工遇难（最终发现80具尸体，失踪一人）。

矿难发生的当日7时许，南丹矿总经理黎东明接到报告，但直到下午17时，黎东明才第一次把事故情况报告给当时分管南丹矿业的县委副书记莫壮龙。县委书记万瑞忠和县长唐毓盛等深感事故重大，一是“弄不好大家都死定了”，二是“如果龙泉被查封，南丹县的财政收入受到极大影响”，于是从7月17日至18日，四名“县太爷”中竟没有任何人提议组织排险抢救，而是忙着和黎东明一起设计“里应外合”掩盖事实真相的计划，企图瞒天过海。

一方面由矿里出资安抚遇难矿工家属，另一方面严密封锁消息。同时矿主们对死难者的家属施加威胁。所有受难者家属都被警告：不许离家，不许与外人接触，不许对外透露任何与死难赔偿有关的消息。在“压下”的同时，他们还不断地“欺上”，不仅对河池地区、广西壮族自治区，就连对中央，

① 参见《中国揭黑记者第一人身陷困境》，《法制早报》2004年11月12日。

他们也隐瞒不报。从 7 月 19 日至 8 月 1 日这段时间里，包括自治区区委、区政府、河池地委、河池地区行署的有关部门的调查组、有关部门领导多次前往现场调查，都没有探明真相。8 月 1 日，自治区的领导亲自到南丹调查时，在有地、县相关部门参加的汇报会上，汇报者仍然坚持“没有发现死人”的认定。在半个月中，南丹县面对全国闻讯赶来的新闻记者，面对自治区的一再追查，面对先期明察暗访的中央媒体，一再坚持没有发生重大透水事故，没有发现事故伤亡。在事故发生的 16 天后，自治区经贸委、自治区安全生产委员会于 8 月 2 日传真给国家安全生产监督管理局的文件仍称“此传闻严重失实……没有发现重大透水伤亡事故的情况，矿区局势平稳。”①

（二）*矿难真相：在媒体的艰难介入下被揭露*

南丹矿难事故发生后，由于南丹当地政府和矿主们采取种种措施进行隐瞒，事故为外界所知，已是十几天以后的事情了。最早为媒体所知，也是在事发后的一周。网络媒体率先撩起了黑幕的面纱。7 月 22 日，大洋网网站开始出现了一些零星的报道。而发表消息还只是使用“据传”、“据不愿透露姓名的人士提供”，以表示对该消息的不确定性。网上最早的简单报道称：“据传南丹拉甲坡矿和龙山矿发生重大透水事故，有重大矿工死难！”② 7 月 25 日前后，网上一个 BBS 里面一篇文章说“南丹可能发生了一起 200 余人遇难的特大矿难”，③但真相扑朔迷离，呼吁媒体调查关注。

最早获知消息的是广西本地的新闻媒体。大约在 7 月 25

---

① 转引自《“这么大的事故都敢瞒报”——本报记者独家专访国家安全监督管理新闻发言人黄毅》，见《南方周末》2001 年 8 月 9 日。

② 展江主编：《中国社会转型的守望者——新世纪新闻舆论监督的语境与实践》，中国海关出版社 2002 年版，第 65 页。

③ 赵世龙：《调查中国：新闻背后的故事》，中国方正出版社 2004 年版，第 61 页。

日，广西电视台、《南国早报》、《八桂都市报》接到南丹发生特大矿难的举报电话，迅即派出记者前往采访证实。由于消息被封锁，记者无法了解更多的情况，只是拍到了拉甲坡矿透水窿口的画面。画面表明，后窿内没有人员进出，没有抽水设备和抢险设施。但此前捂得滴水不漏的“盖子”慢慢地被打开了，虽然受到威胁，但还是有一位矿工在被问及是否死人的时候，明确地说“死了。”

7 月 27 日下午，新华社广西分社也接到南丹发生矿难事故的举报电话。广西分社组织了文字、摄影、网络和摄像记者等六人，以最快的速度赶往南丹矿难发生地。到拉甲坡矿后却被一些身穿迷彩服的护矿队员拦住，矿长黎家西矢口否认有事故发生。记者在矿区进行调查后，发现了若干疑点，但无法得到矿工们的证实和配合。后来，他们到宜州采访到 4 位遇难矿工的家属，并拍摄了录像，了解到厂方给了他们的赔款是 5 万元至 6.5 万元不等。至此，记者拿到了铁证，① 南丹透水事故有大量人员伤亡的消息得到初步证实，此时越来越多的媒体参与调查。上海、广东、江苏、四川等地媒体如《上海青年报》、大洋网、《扬子晚报》、《天府早报》等先后开始涉及这一事件，引起上级有关部门的关注。

此后，包括《人民日报》驻桂记者和新华社广西分社记者在内全国不少新闻媒体的记者聚集南丹，进行采访调查。最终的消息都是：南丹确实发生了特大透水矿难，只是遇难人数的多少一时难以确定。② 因消息不确定，几乎没有媒体进行报道。

---

① 见《南丹事件的真相是这样被揭露的》，《扬子晚报》2002 年 7 月 21 日。

② 赵世龙：《调查中国：新闻背后的故事》，中国方正出版社 2004 年版，第 61 页。

7月31日，人民网登出了记者采写的《广西南丹矿区事故扑朔迷离》的文章，尽管没有说明确切的死亡数字，但是提出了南丹发生矿难的事实。① 与此同时，广西壮族自治区党委、政府得知南丹发生矿难的消息，组织调查组赶到南丹，向县委、县政府进行了询问。8月3日，公安机关依法传讯了黎东明，最后他交待了整个隐瞒过程。此时已是"7·17"矿难发生后的第17天。

事情真相清楚后，《广西日报》有记者想到了做重大批评报道的赵世龙，于是，经当时《羊城晚报》总编的批准同意，赵世龙于8月4日上午飞往南宁，即时采访了参与前期暗访的多家媒体的多名记者，掌握大量情况。当天下午，赵世龙飞回报社，在当天《羊城晚报》上通过组织和约稿发了一个整版的关于"南丹矿难"前期调查的报道，披露了南丹特大矿难被隐瞒的事实，当日晚人民网也发布关于南丹矿难的真相，引起举国震动。② 8月5日，《羊城晚报》刊出了赵世龙采写的《大水淹了南丹七个矿》，正式报道了南丹矿难事件，揭露南丹矿难事故被隐瞒的内幕，这是全国首篇在报刊上正式公开揭露南丹矿难的报道，该报道获得当年全国晚报新闻二等奖。与此同时，人民网记者开始在网上以集体笔名"任桂瞻"（意为《人民日报》广西记者站）发稿，③ 使影响迅速扩大，引起党中央、国务院的高度重视。此后，中央和广西壮族自治区组成的联合调查组终于彻底揭开了南丹矿难之谜，掌握了此次事故的全部真相。南丹矿难真相大白于天下，相关的当事人受到了

---

① 展江主编：《中国社会转型的守望者——新世纪新闻舆论监督的语境与实践》，中国海关出版社2002年版，第66页。

② 赵世龙著：《调查中国——新闻背后的故事》，中国方正出版社2004年版，第62页。

③ 赵世龙著：《调查中国——新闻背后的故事》，中国方正出版社2004年版，第62页。

党纪、国法的严厉惩罚。这里有一个值得关注的事实，那就是揭露南丹矿难真相的，不是司法机关或政府部门，而是可敬的媒体记者。①

（三）舆论监督：一个里程碑式的范例

南丹矿难真相的揭露，无论是从事件的本身还是从隐瞒事件真相的时间来看，都足以震撼人心。从舆论监督的意义来说，它也具有里程碑式的意义。除促进了中国的立法特别是国家安全生产法的立法进程的意义外，它还是我国第一例首先由新闻记者揭露的重大灾难事故，第一次打破了灾难事故在中央知情的情况下进行采访报道的惯例，而由《人民日报》记者冲破铁幕写出内参和报道后，中央才获知真相的，以至于在国内外都产生了巨大反响，甚至英国 BBC 电视记者还专程飞往广西对《人民日报》参与报道南丹矿难的驻地方记者进行采访。② 因为对此次矿难成功的揭露报道，《人民日报》获得了“2001 年十大传播突破奖”。其颁奖辞很好地评价了这次舆论监督的现实意义：“在 2001 年里，作为中国第一大报的记者，在特大责任事故被地方政府遮掩之时，冒着生命危险深入一线采访，利用特殊的网络媒体率先揭开真相；在此，中国新闻界的良知与社会责任感，与政府高层的正确决策形成良性互动，成为舆论监督的一个里程碑式的范例。”③

南丹矿难已经成为历史，但是这一事件真相揭露过程之艰难留给人们沉重的思考和有益的启示：

启示一：新闻记者的社会良知和责任感是舆论监督的动力。舆论监督在很大程度上意味着批评、意味着揭露，它是一

---

① 王雄著：《新闻舆论研究》，新华出版社 2002 年版，第 214 页。

② 郑盛丰：《南丹矿难的成功揭露留给人们的启示》，《新闻战线》2003 年第 9 期。

③ 《2001 年十大传播突破奖》，《南方周末》2001 年 12 月 28 日。

柄射向黑暗的“阳光之剑”，记者便是手握“阳光之剑”的使者。揭露南丹矿难真相的过程是艰难的。尽管地方政府和矿主们沆瀣一气，通过各种手段隐瞒，使用盯梢、威胁的手段阻扰采访，但是，新闻记者想到的不是个人的安危，而是一种责任，一种为死难者讨回公道的正义和良知。《人民日报》记者谈到事故调查采访时的感受时说：“我们对南丹矿难的揭露和报道，只是党报记者的责任和使命使然；面对如此特大事故，我们相信，有责任感的新闻记者，都别无选择，都应当和必须这样做。”① “党报记者的责任感和使命感告诉我们：纵然有天大困难，也必须奋勇向前，尽快摸清并揭示事情真相。”② 正是新闻记者的这种精神，他们才冲破层层伪装和封锁，撕开了被掩盖的黑幕，为死难者讨回了公道。“我们愤怒，因为我们是记者。也许我们的声音还很微弱，也许我们的步伐并不稳健，甚至我们只是初出茅庐的小伙和弱不禁风的女子，但是我们懂得，面对触目惊心的腐败、杀人越货的暴行、欺世盗名的骗局、破坏规则的钻营，我们不能沉默。当我们把真相告诉公众，我们不仅表达了记者的愤怒，我们更表达了社会的良知。”③ 《南方周末》在新中国第一个记者节上发表的宣言，在很大程度上表达了中国新闻记者对社会良知、社会公义和社会责任的无畏追逐，这在南丹矿难真相的揭露过程中，得到了明证。

启示二：应该正确对待负面新闻的报道。事实上，舆论监

---

① 郑盛丰、罗昌爱、庞革平、古亦忠：《不忘党报记者的职责和使命——报道南丹“7·17”特大矿难的经过和感受》，《新闻战线》2002 年第 3 期。

② 郑盛丰：《南丹矿难的成功揭露留给人们的启示》，《新闻战线》2003 年第 9 期。

③ 转引自杨明品著《新闻舆论监督》，中国广播电视出版社 2001 年版，第 155 页。

督的目的是通过新闻媒介对公共权力的督促，以保证公共权力得到合理使用。因此，在这个意义上媒体具有环境监测和“船头上的瞭望者”的职能，应该更多的是观察和发现“海面上的不测风云和浅滩暗礁”，并及时发出警告。我国传媒学者喻国明认为：媒体“守望”的不是社会的正常现象，而是“守望”那些有可能导致社会出现问题、可能影响人民利益实现的负面情况，同时协调社会各种机制来解决问题。媒体多报道一些负面情况，是履行自己在社会中应尽的一种职责。①

但在实际生活中，一些地方政府官员报喜不报忧，往往以负面报道多会影响当地社会的稳定、影响党和政府的威信为由，阻挠媒体对事故的采访。以至于在南丹矿难后，引发了新闻曝光是否影响政府形象的争论。一些人甚至对冒着生命危险坚决揭露南丹“惊天大案”的记者也有不少责骂之声，这显然是片面的。试想，假如没有媒体的坚决、勇敢的揭露，南丹矿难的真相人民何以知晓、死难者的公道何以讨回？正如当时的朱镕基总理对此事所作的评价：“如果没有记者的揭露，就冤沉水底了。”我国的新闻记者是党和人民的“耳目”、“喉舌”，代表着社会正义和良知，如果在人民需要时候缺席，受损害的将是国家和人民的利益，而这种损害“正是肇事者、犯罪者所企盼的”，是“某些居心不正的官员所欢迎的”。值得指出的是，8 月 27 日，《人民日报》的《人民论坛》栏目发表了一篇《假如媒体缺席》的评论文章，文中指出：“假如媒体缺席，上级领导机关处理事故的方针、政策可能在某些人手里走样，人民群众的利益可能得不到足够的保护。”“更可怕的是，产生事故的隐患并没有排除，玩忽职守、藐视法律的肇事者可能再次肇事，不称职的官员还有可能进一步高升，拥有

① 《江南时报》2001 年 9 月 11 日第 3 版。

更大的权力。"① 这篇文章的刊发，被喻国明教授称之为："新闻工作的指导观念上的一个有标志性意义的事件，它在这方面起到了拨乱反正的作用。"

因此，能否正确对待负面新闻报道，是涉及一个政府如何对待人民和国家利益的态度问题。从本质上来说，舆论监督和政府工作具有目的的一致性，共同的目的都是维护人民和国家的根本利益。南丹政府的所为在于他们站在一地和一己之利上，导致了观念上的误区，"把自己塑造成无所不知无所不能的形象，总是一副先知先觉者的超人面孔。于是当它做错事的时候，它不是考虑如何据实以告，而是考虑如何遣词造句以搪塞责任或者是如何掩饰遮盖以不破坏自己的至尊地位，甚至是什么事也没发生似的避而不答"②。这从根本上违背了人民的利益。一个真正对人民负责的政府，也是一个开明的政府，这也才是人民所需要的。"因为开明，才不需要费心去掩饰；因为自信，才会有勇气公开事实。在今天的开放社会中，不幸事件发生以后，没有别的选择，只有理性地放弃掩饰与护短的本能。除非真是牵涉到国家安全，'据实以告'是处理不幸事件最好的，也是惟一的原则。"③

启示三：舆论监督权需要法律的保护。获得信息困难，获得负面新闻的信息更困难是媒体从业人员的共同感受。2003年，某研究机构对全国3000多名媒体从业人员进行了一次问卷调查。在回答"新闻从业人员当前最大的困难是什么"时，几乎所有接受调查的媒体人员都认为是"获取信息"、也就是

① 《假如媒体缺席》，《人民日报》2001年8月27日。

② 周国平：《传媒与知情权》，《西湖评论》第161期。

③ 周国平：《传媒与知情权》，《西湖评论》第161期。

采访难。[①] 这种情况的出现与政府缺乏规范的新闻信息披露机制和新闻采访权缺乏法制化保障有明显的关系，尤其在突发性灾难事故中更为明显。

南丹矿难事件真相之所以在信息传播技术发达的今天仍然能够掩盖了这样长的时间，根本一点，就是新闻媒体采访无法可依，因此无法正常介入事故报道，从而使不法分子隐瞒和掩盖真相成为可能，使得南丹当地有关领导坚持“不采访、不公开、不报道”的“三不方针”能够得逞。这种情况在实际的舆论监督中普遍存在。一些地方甚至以“给当地形象抹黑”、“会影响社会稳定”等为由，千方百计地阻挠新闻媒体的采访和报道，或捂盖子、打马虎眼，或编造和发布虚假信息以欺骗公众，对付媒体的舆论监督。因而，事件真相的揭露只能依靠有责任和有良心的记者冒着危险，与地方保护主义甚至包括恶势力斗智斗勇。这种既无法的保障，又同权力对抗的舆论监督，随时都会处在逆境和险境中，难有作为。

从一定程度上来说，记者的采访权就是公民的知情权。政府对信息的掩盖本质上是对公民知情权的侵犯。中国人民大学喻国明教授指出，媒体的舆论监督是在代表公众行使知情权，而作为公共权力的执行者，政府部门和公共机构有义务公开披露涉及公共利益的信息。在知情者众多，通信技术发达，社会文明不断进步，人民权利不断得到尊重的时代，南丹矿井“7·17”特大透水事故的真相竟然被隐瞒长达半个多月之久，究其原因，就是一些人利用制度的缺陷，用权力剥夺了公民的知情权，以达到逃脱舆论谴责之目的。

因此，要从根本上保障公民的知情权，保障新闻批评和舆论监督权的重要条件就是，要将其纳入法制轨道。国家应当通

---

① 沈城：《三大体制性问题困扰记者频陷“维权无门”之境》，《民主与法制》2004 年第 11 期。

过新闻立法（制定和颁布《新闻法》、《舆论监督法》等法律）来规范和管理新闻批评和舆论监督工作，使其能借助法律来改变没有法律约束的无序状况，真正进入规范化、法制化的运行轨道。

可喜的是，我国自 2003 年以来各级政府和部门已经建立了新闻发言人制度，政务公共信息日益走向透明化，公众的知情权正获得越来越多的尊重和重视。这也为新闻舆论监督创造了良好的外部环境。

三、孙志刚事件：公民权利史上的里程碑

● 孙志刚案的意义在于，它终结了我国实施 20 多年的“收容遣送制度”，启动了违宪审查的先例，在很大程度上促进了民权意识的觉醒。2004 年初，国内各大网站和一些权威媒体在把孙志刚列为“2003 年影响中国十大人物”时这样阐述：孙志刚以身殉恶法，启动了一个新的时代。

（一）事件回放：无证被收容殴打致死

武汉科技学院的大学生孙志刚，2003 年 2 月 11 日受聘于广州达奇服装有限公司。3 月 17 日晚 10 时许，孙志刚因未携带任何证件，在天河区黄村大街被执行清查任务的区公安分局黄村街派出所民警带回询问，随后被错误地作为“三无”人员送至天河区公安分局收容待遣所并转送广州市收容遣送中转站。当晚 12 时许，孙的同学成先生闻讯和另一名同事杨某赶到广州市天河区公安分局所辖的黄村街派出所，把身份证交给孙志刚后，警察就不再允许他与孙见面，并称：“我们有权力将他送到收容站。”18 日，孙志刚称有病，被送往广州市卫生部门负责的收容人员救治站诊治。当天，孙志刚一名姓冯的同事受公司老板俞国棋的委托，带着钱想“保”他出来，但被

告知手续不全而被拒绝。3月19日，孙志刚的同事和朋友再次来到收容站，得知孙已“因病”被送往广州市精神病院设在郊区的一个“广州市‘三无’病人收治点”。19日晚，因孙志刚大声叫喊求助，引起（救治站护工）乔燕琴的不满。在乔燕琴等人的授意下，李海婴等8名被收治人员先后两度对孙志刚轮番殴打。20日上午，孙被发现昏迷不醒，经抢救无效死亡。根据后来法医鉴定，孙志刚系因背部遭受钝性暴力反复打击，造成大面积软组织损伤导致创伤性休克死亡。①

2003年4月25日，《南方都市报》的一篇报道《一大学毕业生因无暂住证被收容并遭毒打致死》首次披露了孙志刚惨死一个多月却无人过问的前前后后，文章引用有关管理条例指出，孙志刚不属于收容对象，并披露了孙志刚死亡的真正原因：遭毒打致死，使人震惊。此后，《中国青年报》、《北京青年报》、《工人日报》、《人民日报》、新华社等主流媒体以及新浪网、新华网、中国新闻网等著名网站先后介入孙志刚案件的报道，并最终导致了一部法规的废止，掀起了维护公民权利的浪潮。

这起事件引起了中央和广东省委领导的高度重视。广东省委指示：一定要依法从严惩处凶手，维护法律的尊严，维护人民群众的合法权益，还孙志刚及其亲属一个公道。公安部专门派出工作组赴广东。5月12日前，警方先后抓获李文星等8名涉嫌行凶者，以及涉嫌指使殴打孙志刚的广州收容人员救治站护工乔燕琴等5人。同时，检察机关已对涉嫌渎职犯罪的有关人员立案侦查。收容救治站的负责人、当晚值班医生彭红军和当晚值班护士曾伟林已被逮捕，天河区公安分局黄村街派出所民警李耀辉等已被刑事拘留。

6月5日，广州市中级人民法院公开审理乔燕琴等12人

① 参见《中国青年报》2003年4月30日。

伤害（致死）孙志刚一案。6月6日，孙志刚被故意伤害致死案在广州市中级人民法院继续开庭进行补充情况的调查。但因故该案推迟公布审判结果。6月9日，广州市中级人民法院［2003］穗中法刑初字第134号《刑事判决书》，就孙志刚被故意伤害致死案做出一审判决：主犯乔燕琴被判处死刑；第二主犯李海婴被判处死刑，缓期两年执行；其余十名罪犯胡金艳、乔志军、李文星、何家红等分别被判处有期徒刑三年至无期徒刑。与此同时，6月9日，涉案的6名公职人员以玩忽职守罪，被分别判处有期徒刑二年至三年。6月10日，涉案的其他23名违反党纪、政纪的有关责任人员，也受到党纪、政纪的严肃处分。上述犯罪分子受到法律制裁，显示了法律的尊严，维护了公民权益，伸张了社会正义。

（二）理性舆论：推进法治进程，开启民权意识

同其他的事件不同，此次事件引发的舆论不仅仅停留在对制造死亡的凶手的谴责，而更多的是在舆论热潮中引导出理性的思考。5月16日，许志永、俞江、滕彪三位青年法学博士，以普通中国公民的名义上书全国人大常委会，要求对《城市流浪乞讨人员收容遣送办法》进行“违宪审查”；5月23日，贺卫方、盛洪、沈岿、萧瀚、何海波五位法学家，同样以中国公民的名义，联合上书全国人大常委会，就孙志刚案及收容遣送制度实施状况提请启动特别调查程序，要求对收容遣送制度的“违宪审查”进入实质性的法律操作层面，对于孙志刚案的最终审判和收容遣送制度的废止起到了重要的推动作用。5月21日，北京的一大批教授和知名学者，还专门就“孙志刚案件及收容遣送制度”进行了研讨。

6月12日，新华社发表时评《孙志刚案反思：“收容站”应当成为“救济站”》，指出收容遣送制度的模糊性和陈旧规定与中央政策以及我国全面建设小康社会的目标背道而驰，认为“以‘自愿出入’为原则，把‘收容遣送站’变为对城市

困难群体包括外来困难者的‘救济站’，让需要救济、应当救济的人享受政府的救济服务，应该是改革现行收容遣送制度的基本思路”。6月14日，《南方日报》刊出报道《吸取孙志刚事件教训，广东政法委研究执法教育》。随后，一些媒体又报道了其他一些省市整顿收容站及其相关管理的情况。

将孙志刚案由地方推广到全国，由特殊案例推广到一般情况，反思的是整个国家的收容制度。这是新闻舆论监督的进一步深化。对于一个健康的社会来说，保持国家理性和民众理性的良性互动非常重要，这是任何一个社会都必须面对和处理好的问题。国务院总理温家宝6月20日签署国务院第381号令，公布施行《城市生活无着的流浪乞讨人员救助管理办法》，标志着收容制度成为历史。紧接着，全国各地的收容所纷纷摘牌，旧的收容遣送制度逐渐被救助管理制度所代替。这表明作为公民表达意见的公共领域——新闻媒体，在政府和公民之间，成为民众理性和国家理性良性互动的桥梁。

2004年初，国内各大网站和一些权威媒体在把孙志刚列为“2003年影响中国十大人物”时这样阐述：孙志刚以身殉恶法，启动了一个新的时代。① 并且与广州市抗击“非典”一同被官方列入2004年的《广州年鉴》，这也说明了孙志刚案件的历史意义和价值。在舆论引导下经过公众的努力，最终废止了一部实行了21年之久的国家法规。从这个意义来说，孙志刚事件已经成为一个里程碑，一个公民权利史上的里程碑。② 因为它终结了实施20多年的“收容遣送制度”，启动了“违宪审查”的先例，促进了民权意识的觉醒。③ 它的历史意义更在于，全社会对依法保障人权和监督政府依法行政表现出

---

① 《京华时报》2004年10月25日第A03版。

② 洪河：《纪念孙志刚君》，载《商务周刊》2004年第1期。

③ 《京华时报》2004年10月25日第A03版。

了空前迫切的要求，它的最终解决，也开创了民间维权和政府改革良性互动的新局面，更促进着中国的宪法发展和法治的展开。我们有理由相信，这个里程碑式的事件，将会促进人们珍视和争取公民应有的每一份权利，推动中国的政治文明建设、法治建设和社会进步，而这也正是新闻舆论监督的目的和意义所在。

（三）媒体联动：形成舆论监督的浪潮

从舆论监督的角度来说，孙志刚事件是媒体积极进行舆论监督，并取得最终成功的典型案例。回顾孙志刚事件的整个过程，新闻媒介的舆论监督功不可没。从《南方都市报》的首次披露，到新浪网转载使其升级为全国新闻，再到《中国青年报》、新华网等官方主流媒体的介入报道，直至《人民日报》、中央电视台的关注，传媒伴随着孙志刚事件的揭发、调查、审判的每一个环节，对事件的报道和评论影响了其发展进程，促使该事件向合理的、良性的方向运行，并使该事件最后得以成功解决。

特别是在5月30日，《人民日报·华东新闻》发表时评《孙志刚案还能走多远》指出："孙志刚案要在完善执法监督上走得更远一些，就不可能回避一些法律之外的问题。如此，不如从完善孙志刚案最基本的元素——详尽的真相、公开的程序、必要的质询等入手，先把孙志刚案圆满了结。"这篇时评起到了舆论导向的作用，逐步深化了传媒舆论监督的效果，反映了广大读者、观众、网民和社会知名专家社会正义的呼声，展现了媒体舆论的力量。从事件报道的整个过程来看，该案例的舆论监督具有如下特点：

1. 新闻媒体的联动提升了舆论监督的力量。孙志刚事件之所以在全国引起了如此强烈的反响，首要的一点就是媒体介入的广泛性。从报纸到网络，从地方到全国新闻媒体的介入，使得孙志刚事件的舆论范围得以扩大和深化，形成了媒体舆论的联合力量。同赵世龙揭露的广州长洲戒毒所戒毒女被迫卖淫案相比，尽管长洲戒毒所的黑幕让人震惊，甚至比孙志刚案件的性质要严重得多，但是这个案件由于其他媒体没有及时跟进报道，没有形成强大的舆论效果，其舆论的影响比较小。甚至在时隔一年后，许多媒体还不知道这个黑幕是记者赵世龙冒着生命危险揭露的。而孙志刚案件自从 2003 年 4 月 25 日《南方都市报》以《被收容者孙志刚之死》的封面新闻报道后，当天上午就被新浪网等网站转载，孙志刚案由地方媒体报道的地方新闻升级为全国新闻，一时间成了全社会关注的焦点，引起网民的强烈反响。随后，《中国青年报》、《北京青年报》等媒体也跟进对此案的报道。特别是中央级媒体的参与报道则凸显了此案的重要性，尤其是新华社、《人民日报》、中央电视台等媒体的报道和评论，极大地扩大了此案的影响，体现了中共中央对此案的重视。众多媒体使得传媒舆论监督的效果逐步深化，媒体联动的力量被凸显出来了。

值得一提的是，在孙志刚案中，五名记者联名在《中国青年报》发表文章质疑“公开”审理徒有虚名，引起很大社会反响，对于司法公开是一种有力的监督。这给新闻媒介及其从业者一个很好的启示，那就是适时运用联合的力量将收到更好的效果。这里的“联合”不仅仅指作为个体的新闻工作者之间的联合，也可以是媒体间的联合、媒体集团间的联合等，只要媒体及其从业者的行为是正义的、合法的，这样做能够收到更好的舆论监督效果，新闻媒介就可以并且应该运用联合的力量。

2. 良好的舆论生态环境是舆论监督不可或缺的条件。应该说，造成孙志刚死亡的制度背景是多重的，除了收容遣送制度作为直接诱因之外，另一个重要的原因是公权行使者滥用公权，不法侵害公民的权利。而后者显然与一些执法、司法等公共权力部门长期缺乏监督，特别是缺乏媒体舆论监督密切相关。很难想象孙志刚事件如果没有《南方都市报》及其他媒体的关注，今天会是什么局面。孙志刚案件并非特例。

很显然，孙志刚事件之所以能够产生如此深刻的社会影响，能够被全国的新闻媒体广泛报道，是因为新闻媒体有了良好的舆论环境，这与我国良好的政治环境密切相关。现在党的各项方针、政策更加科学化、民主化；新一届中央领导集体强调以民为本、关注民生的执政理念，促进了各项工作向民主化、法制化方向发展。正是在这样宽松的政治背景下，各级政府和新闻主管部门，对于传媒关于孙志刚案的报道以及互联网上网友的相关讨论给予了很大的宽容，非但没有制止网友言辞激烈的评论，反而采取果断措施，加大调查力度，执法、司法机关等相关部门积极配合，这是新闻舆论监督达到良好效果必不可少的因素，也是孙志刚案的报道引起如此大的震动的重要原因。

有理由相信，在宽松的民主氛围里，公众可以借助媒体随时了解到制度角落里的黑暗，并发出自己的反对声音，类似的惨剧在广州收容机构或其他行政管理领域一再发生的可能性便会大大降低。这正是构建一个理性的、民主的和谐社会的一个方面。

3. 社会各界人士特别是公众知识分子是舆论监督的重要力量。近年来，在舆论监督中有一个值得关注的现象，就是公众知识分子通过新闻媒体论证立言，形成了前所未有的知识分子议政的局面。① 从 2002 年的“黄碟事件”到“非典”、“黄静事件”、“孙志刚案件”，特别是孙志刚案件尤其如此。一大批学者、社会专家（公众知识分子）通过媒体面对公众发言、为公众写作，运用自己的专业知识就公众关心的政治、社会以

① 石卫岩：《2003 年：公众知识分子参与新闻舆论监督》，《新闻记者》2004 年第 2 期。

及意识形态等热点问题在各种公共媒体和讲台上发表意见，评述观点，作出理性的思考，起着引导舆论的作用。

孙志刚案经媒体报道后，这些公众知识分子，特别是政治学、法律学界和律师界等学者专家，从社会稳定、国家发展、法制建设等方面表达自己的意见和观点。他们或以国家公民的身份上书全国人大常委会，建议对国务院颁布的《城市流浪乞讨人员收容遣送办法》进行“违宪审查”；或提请全国人大常委会就孙志刚案及收容遣送制度实施状况启动特别调查程序；或建议向全国媒体公布此案调查的详细过程与调查中所获取的所有重要证据；或多次组织学术研讨会，在舆论监督方面扮演着重要的角色，发挥着重要的作用，使舆论监督向着更加富有理性的方向发展。《城市流浪乞讨人员收容遣送办法》的废除，在很大程度上来说，是这些公众知识分子努力的结果。

4. 网络媒体是舆论快速传播的有利工具和提供公共舆论的平台。互联网对于孙志刚案的解决发挥的作用是不言而喻的。从新浪网转载《南方都市报》关于孙志刚案的报道，到新加坡《联合早报》网站“早报网”发表的《互联网上的登闻鼓声》文章，其传播过程中所形成的舆论影响绝对不可小觑。因为网络媒体具有传统媒体不可比拟的优点，逐渐成为现代公民发表意见的公共平台，“公意”在这里得到了充分而自由的表达，所以日渐成为现代社会形成舆论的极为重要的场所。特别是当一些传统媒体刊登有难度的时候，网络媒体将起到无法替代的作用。其对当代公民的观念和对现实的舆论导向具有潜在的影响。这可以从“刘涌案件”中得到明证。可以预见，网络舆论监督将日渐成为一支重要的力量，对社会的监督发挥重要的作用。

四、“长洲戒毒所案”：彰显记者的正义、良知与机智

● 记者的职业是正义者、勇敢者的职业，其神圣的使命就是揭露真相。然而在揭露真相特别是揭露阴暗、打击丑恶时，记者甚至不顾自己的生命安全，“深入虎穴”。这种卧底式的采访，不仅需要记者出自本身的正义感和良知，更需要记者的勇气和机智。

（一）事件回放：“公开”买卖戒毒女

2002 年 3 月 14 日凌晨，一个名叫阿文的广州吸毒女，给《羊城晚报》打来电话，述说她及众多在长洲戒毒所戒毒的女子被强卖给鸡头、被迫卖淫的非人遭遇。为了揭露事实真相，也为了解救这些妇女，揭露戒毒所的黑幕，出于媒体的社会责任感和正义感，《羊城晚报》派出了记者赵世龙、邓勃等从 3 月 14 日上午到 3 月 19 日，冒着生命危险“深入虎穴，探寻真相”，对广州市长洲戒毒所强卖戒毒女为娼的事件进行了为期一周的暗访调查，成功地揭露了长洲戒毒所“内外勾结”将戒毒女强行卖与鸡头被迫卖淫的惊天内幕。

戒毒女被强行卖给“鸡头”。2004 年 3 月 14 日，《羊城晚报》记者赵世龙等让报料人阿文在当天上午打电话到长洲戒毒所，说有一位“大哥”要前来选人，并在电话中和自称是所长的姓罗的人谈妥，以每人 1 000 元的价格买几个靓“粉妹”。而由被卖出的“粉妹”回头带“鸡头”来买人的事，在长洲戒毒所并不鲜见。3 月 14 日下午，暗访记者又与报料人阿文来到长洲戒毒所，但值班员说“所长已经下班了，想买女仔要明天上班再来”，并坚持说“没有所长亲自确认不能交易”。

探视室竟成“鸡头”选人室。暗访记者和阿文再次来到了长洲戒毒所，听到接待室里已有六七人在骂所长言而无信，

说："说好1 300元一个人的，到了交钱时却硬要1500元。"阿文出面找到接待室值班的管教，说带她的"大哥"来"挑"几个长得靓的女子。记者说要先看人，一名自称是所长的中年男人（后警方查明为该所所长罗贤文）说："1 300元一个人。"并问："要看几个人?"一名值班员指着墙上贴着的一纸条，说要交了钱才可以挑人。中年女管教邵丽爱收了200元红包后说："你们在外边院子去等一等，到探视室挑人。"10分钟后，她带出两名女戒毒人员，暗访记者和阿文挑了范某和董某，办完了交钱手续后，在接待室领走了范、董二人。所长罗贤文说："过几日你们再来，我们这里还有几个更漂亮的妹仔，也是这个价钱，到时你们再来挑。"

受害人被迫上街"拉客"。14日、15日，暗访记者在几名戒毒女的协助下，还连续对海珠区康乐村中约南某巷的"淫街"进行了暗访，并当场认出了五名近几个月先后由"鸡头"赎出、强迫在此卖淫的戒毒女。他们发现，该巷是一条宽不过两三米、长五十米的小巷，灯光昏暗，有不少站街女拉客，每个站街女附近都有三三两两的"姑爷仔"（控制卖淫女的"鸡头"及打手）盯梢。为了拍得照片，他们相互掩护，并假装搂着"粉妹"扮作女友，进入康乐村中约南某巷。由于在昏暗的灯光下能偷拍照片，可停留稍久，就引起了十数名"姑爷仔"的怀疑，但他们还是机智地摆脱了，安然脱险……①

退休干部写信举报问题。出于对这种现象的义愤，第二工人疗养院的一位退休干部给《羊城晚报》写信举报这一严重问题。这位退休干部反映，戒毒所的领导对贩卖吸毒女的情况全都非常清楚，而且他们就是"实际领导人"。据了解，长洲戒毒所为了追求利润，在这样一个规模不大的戒毒所里最多时

---

① 参见赵世龙著《调查中国：新闻背后的故事》，中国方正出版社2004年版，第90～102页。

曾经容纳了1000多人。并且，这里的管教人员对戒毒人员还进行野蛮的体罚甚至毒打，然而最让女戒毒人员感到恐惧的不是体罚，而是被戒毒所贩卖出去被迫卖淫。

2002年3月19日，广州警方根据阿文和赵世龙的举报和提供的证据，捣毁了长洲戒毒所。先后抓捕了正步行下班的涉案犯陈太中（卖阿文者），女管教邵丽爱，长洲戒毒所所长罗贤文等10多人，并抄出上万元现钞、章、票据账本。长洲戒毒所交由市局禁毒科警员接手善后处理。至此，这一连环大案终于水落石出，真相大白。2002年3月21日，《羊城晚报》第2版刊发了600字的简讯，引起国人震惊。

（二）记者：时代的良心

赵世龙采写过许多大案，而“长洲戒毒所贩卖戒毒女为娼”一案，充分显示了他的正义精神和勇敢机智的优秀品格。他冒着生命危险卧底暗访，被媒体誉为“时代的良心”，2003年他被评选为“中国记者风云人物”之一，专家评价说：“深入虎穴，探寻真相”的勇敢令人佩服，不过更值得赞赏的，是他的正义感和机智。他是千千万万活跃在舆论监督一线的代表，是舆论监督者正义、良知、机智的典型。分析这个事件的成功，主要有以下几点原因：

1. 记者的正义精神和勇气。

2. 记者机智地运用暗访和线人。新闻舆论监督一个重要的目的，就是要抨击丑恶，追求公正，包括揭黑类的批评性报道无疑是最为有力的抨击手段。但由于舆论报道的是“那些被掩盖的信息……是一种对国家官员行为的调查，调查对象也包括腐化的政治家、政治组织、公司企业、慈善机构和外交机构以及经济领域中的欺骗活动”①，而且由于采访对象通常因为

① 李莉：《也谈〈新闻调查〉——调查性报道带来什么》，http：//www. mediachina. net/academic/xsjd_view. jsp? id = 1512。

利益相关而相互包庇，所以采访批评性报道的对象尤其是揭露黑暗现象时，正常的采访是很难或者说是不可能获得第一手新闻素材的。美国《世界报》女记者勒丽·蓓蕾为了查到疯人院虐待患者的真相，自己装作疯子，让人送进疯人院，当了好几个月的“患者”；白人记者约翰·格里芬为了揭露美国的种族歧视，把自己化装成黑人，到美国南部各地调查和体验黑人所受到的侮辱和歧视，写成了《像我一样黑》……这次长洲戒毒所真相的揭露，也是记者假扮“鸡头”获取的真实材料。这种不暴露记者身份的采访，“在采访对象不知情的情况下，通过偷拍、偷录等记录方式，或者隐瞒记者的身份以体验的方式，或者以其他的方式，不公开获取已发生或正在发生而并未披露的新闻素材的采访形式”,① 被称为隐性采访，也称作暗访。

由于隐性采访可以更加真实地、客观地获取第一手新闻事实素材，从而更好地发挥媒体的舆论监督职能，并且可以给受众以最大程度的“可信度”，所以许多媒体在进行舆论监督时特别是进行批评性报道、调查性新闻和社会问题性新闻时，多采用隐性采访。“记者的神圣使命是挖掘事实真相。然而，真相并不是很容易挖掘的。特别是在揭露阴暗，打击丑恶时候，试试隐性采访，或许能收到奇效。”②“长洲戒毒所威胁戒毒女卖淫案”的成功揭露充分说明了这一点。注意内线人员的作用和与警方的配合。和本案类似的具有揭黑性质的暗访式的调查报道，要想在调查中获取真相，能否得到内线人员的帮助往往是一个关键。所谓内线人员，是指那些知道一些内幕消息的

---

① 景晓明：《电视新闻隐性采访的法律规范问题》，载《西部电视》2002 年第 5 期。

② 周克冰主编：《中外经典采访个案解读》，北京广播学院出版社 2003 年版，第 167 页。

明白人，他们与新闻单位的联系大部分时候是自己私心私利所至，当然有时候也会有人是真正关心社会大众的。本案的阿文是因为需要帮助和对邪恶的愤怒而报料的。长洲戒毒所的黑幕之所以能够揭露出来，与阿文提供的确切新闻信息并且积极协助密切相关。一位记者说：阿文不向我们举报这件事情，我们肯定不知道这件事情，不知道这件事情，那肯定就没有后面这些故事。阿文作为报料人，积极协助记者调查和取证，为揭露事件真相，不仅起到了“新闻线人”的作用，而且还起到了“公安线人”的作用。

这说明了一个优秀的记者在揭露丑恶时，除了具有正义和良知，以及自身的勇气和机智之外，还需要善于利用有利条件，争取到内线的支持与配合，争取到必要的外在支持，比如说争取到警方的支持，才能保证安全，完成调查采访。近几年随着各新闻单位暗访手段的经常使用，社会大众对暗访也逐渐熟悉，一些心怀鬼胎的人对暗访存有戒心，暗访的难度也就越来越大。因而，从舆论监督的安全方面来说，这对利用暗访形式进行舆论监督的新闻媒体和新闻记者具有借鉴意义。

记者的正义精神与勇敢。新闻舆论监督是一种有意识、有目的的行为，这种行为的原动力就是某种心理力量，并通过一定的职业态度表现出来。揭露长洲戒毒所真相的记者赵世龙在接到吸毒女揭发戒毒所报料后，第一反应就表现了职业的敏感。“我一听就能判断出这是一个非常好的报料信息，但是想做成它，对记者个人的调查功力要求高，还需要更进一步地核实信息源和更多的内情。”① 尽管知道调查的艰难，但出于记者的责任和良知，他们知难而进，冒着危险，深入戒毒所进行卧底暗访：假扮“鸡头”，出入戒毒所获得证据；面对怀疑，

① 赵世龙著：《调查中国：新闻背后的故事》，中国方正出版社 2004 年版，第 91 页。

机智摆脱盯梢；用自己的勇敢和机智，揭露丑恶，用职业精神激励自己履行媒体的神圣职责，维护社会正义，传承前辈“铁肩担道义，妙手著文章”的优良传统，真正体现了著名青年记者卢跃刚所说的“以天下为己任，以推动社会进步为己任，无论出现什么情况，无论面临怎样的压力，都能保持清醒的头脑，用自己的大脑思考，并作出写什么不写什么的选择”的职业精神和职业意识。①

正是这种职业精神和社会正义感，赵世龙对自己8 000余字的案件全程调查稿件最后只以600字的简讯发表，表示遗憾；对案件深层黑幕依然束之高阁，没有一个负有罪责的领导受到司法追究，感到愤慨。但他依然坚持不懈，案发一年后，赵世龙与央视五位记者联袂深入调查，进一步揭露出戒毒所曾经打死多人、赚取一两千万黑金等更多惊人的犯罪事实。2003年7月14日，央视《新闻调查》播出“阿文的噩梦”，举国震动，引起中宣部部长刘云山、广东省委书记张德江对此案的高度关注。在此高压下，长洲戒毒所原所长罗贤文、广东省第二工人疗养院原院领导刘国华、张一平先后被立案调查。2003年9月20日，《羊城晚报》刊登了该报记者赵世龙所撰写的报道，引题是《滥用职权勾结“鸡头”贩卖戒毒女胁迫卖淫》，正标题是《“长洲戒毒所案”两头头跑不掉了》，副题是《原所长罗贤文被刑拘，原省第二工疗院张一平潜逃正在追捕》。记者用报道表现出了自己对舆论监督和正义力量获得胜利的高兴。

五、“夫妻看黄碟”案：法治社会公民权不可侵犯

● 一个小人物的命运引起全国媒体如此强烈的关注，

---

① 转引自杨明品著《新闻舆论监督》，中国广播电视出版社2001年版，第156页。

这在新中国新闻史上尚不多见。它引发了中国媒体对公民私权与国家公权边界问题的讨论，众多媒体携手，坚定捍卫了公民的权利。“黄碟事件”将会像“德雷福斯事件”永远留在法国人权史上一样留在中国的新闻和司法史上，并永远给人启迪。

(一) 事件回放①：公权滥用引起争议

2002年8月18日晚，延安宝塔区公安分局万花山派出所民警接到举报，称在宝塔区万花村的一个诊所里（诊所面对一条大街，紧邻着一排房屋，诊所有两个商业门面，其中一间放着一张床）有人在播放黄碟，于是四名民警身着警服，但是未佩戴警衔，前去查看。民警从后面的窗户上看见的确有人在看黄碟，他们找借口进入诊所，在查处过程中与诊所主人张某夫妇发生冲突，两民警受伤。民警后以妨碍警方执行公务为由，将张某带回派出所接受处理，并查扣了电视机、影碟机等物品，张某向派出所交了1 000元暂扣款后被放回。8月20日《华商报》对此事率先刊登了《家中看黄碟 民警上门查》的报道，8月21日又刊登了《家中看黄碟违法吗》。此后反响还在继续，但是，当事人张某被释放回家后，事件似乎“不了了之”。

然而，就在黄碟事件过去了两个多月后的10月21日，延安宝塔区公安分局治安大队以“涉嫌妨害公务”为由刑拘了当事人张某。《华商报》10月23日对这一事件进行了连续报道：《“夫妻看黄碟”事件没完 当事人日前再次被刑拘》，黄碟事件再次引起社会的强烈反响。随后，此事件立刻引起了全国媒体的广泛关注，舆论界、法律界对此事持不同的观点。但是无论是法律界、新闻界还是公众，绝大多数都表明了这样的

① 《华商报》2002年8月20日；10月23日。

观点：夫妻在家中看黄碟不违法，民警的行为严重侵犯了公民的隐私权。新浪网上对读者的调查显示：认为在家中看黄碟不违法的占95.2%，而认为违法的仅占2.8%；认为民警的行为不合法的占94%，而认为合法的仅占4%。①

10月24日，北京律师向阳通过网络看到了《华商报》的报道，发表了他对此事的看法，并表示愿意为张某提供法律帮助。随后北京、天津、西安的多位律师也纷纷表示，愿意为张某及其家人提供法律帮助。由于舆论形成的强大压力，法学专家、律师以及司法界有识之士的奔走呼号，延安市检察院依法做出了对看“黄碟”不批捕的决定。延安警方无奈同意将已拘捕15天的张某“取保候审”。10月28日，宝塔区公安分局将这一案件的有关材料转给了宝塔区人民检察院批捕科，报请检察院批准逮捕张某。但11月4日宝塔区人民检察院检察委员会通过审查，以“事实不清，证据不足”为由，做出不批准逮捕的决定，退回公安分局补充侦查。2002年11月5日下午，在办理了取保候审等相关手续后，张某走出了宝塔区看守所，至此，他已经在看守所里度过了15个昼夜。在走出看守所整整一个月之后的12月5日，张某接到了宝塔区公安分局关于解除其取保候审的通知，从而成了一个真正的“自由人”，他的1 000元“暂扣款”同时被退还，至此，在经历了近4个月的身心煎熬之后，张某和他的家人终于长长地舒了一口气，一直悬着的心总算放了下来。然而，自11月5日以取保候审形式被释放回家之后的一个月，张某的精神一直处于反常状态。11月12日，当事人在延安大学附属医院被诊断为急性应激精神障碍。院方建议住院治疗，而他经营的诊所也因此一直无法继续营业。一个普通的家庭和他们的亲人因此陷入了深深的痛苦之中。

---

① 见新浪网：http：//news.sina.com.cn/z/xvideo/

令人欣喜的是，在舆论的监督下，虽几经波折，历经130余天的煎熬，“黄碟事件”终于在2002年的最后一天落下帷幕。延安市公安局宝塔区公安分局领导向当事人赔礼道歉；一次性补偿当事人近3万元；宝塔区万花山派出所所长贺红亮及警长尚继斌待岗察看，警察任杰被清除出公安队伍。延安“夫妻看黄碟”事件终于有了一个比较令人欣慰的结果。当事人张某的律师说：“事情终于圆满结束。”但从整个事件的解决过程来看，事件的每一个变动和波折，均引起媒体的高度关注，而且这次大部分媒体的指向惊人地一致，几乎是异口同声：警方人员涉嫌侵犯公民的隐私权。因此，这个事件的“圆满解决”，似乎并不仅仅来自司法本身的纠错功能，还来自一种强大的外力——社会舆论。或者说，也许正是后者的力量才推动了前者纠错系统的启动，并在这种强大的外力作用下最终实现了纠错功能。

（二）舆论监督：理性导向唤醒公民权利意识

“夫妻家中看黄碟案”并不复杂，然而，这件事情所引起的反响和关注的程度，确实出乎了许多人的意料。其影响之广、反响之强早已超出“闺房之中、床第之间”的道德水准之争，而正如《南方周末》点评中指出的那样：一个小人物的命运引起全国媒体这么广泛的关注，这在新中国新闻史上尚不多见。“《华商报》长达半年地报道‘夫妻家中看黄碟’事件，由其提供的第一手资料引发了中国媒体对公民私权与国家公权边界问题的讨论，众多媒体携手，坚定捍卫了公民的权利。”更有报道指出，“黄碟事件”将会像“德雷福斯事件”永远留在了法国人权史上一样留在中国的新闻和司法史上，并永远给人启迪。有人甚至建议不妨把这个事件写入中国公民读本中。①《华商报》的记者江雪和张小斌因此报道获得了《南

① 参见《南方都市报》2003年1月2日社评。

方周末》"2002年传媒公众服务杰出表现奖"，2003年，在陕西组织的一次公众问答调查中，"黄碟事件"被评为对陕西政法界最有影响的十大事件之一，《华商报》记者江雪也获得了中央电视台"2003年中国记者风云人物"的称号，由此也可以看出人们对这个事件意义的认同。

"黄碟事件"的报道之所以取得了强烈的反响，关键在于《华商报》对事件意义的挖掘，并理性引导公众舆论，实现了媒体理性与社会良知的互动，让读者感受到社会公正对于公民的意义。这个舆论监督的案例体现了如下几个特征：

1. 新闻敏感：媒体关注社会生活的法制秩序。

公民与警察的冲突，在我们这个法制还不完善的国家，现实生活中并不少见，但是，"夫妻在家看黄碟是否违法呢?"这个问题对于处在社会转型期的中国，确实是一个具有争议的问题。就连律师也有两种不同的观点：一种观点认为，目前国家相关的法律法规对此并没有明确的规定，而且夫妻在家中看此类碟片并没有导致传播淫秽物品和借此盈利的结果，不能算违法行为。而另一种观点则认为，淫秽光碟本身就是国家明确规定的非法物品，不应流入社会特别是家庭中，所以，以任何形式贩卖、传播和观看淫秽物品都是违法行为，即使是夫妻二人在自己家中观看也不例外，公安部门有权查处和没收该光碟，并视情节轻重对当事人做出批评教育或相应的治安处罚。①

律师的观点是否代表了公众的意见呢？华商报社的领导敏感地意识到这一事件的新闻性，他们设置了几个供讨论的问题：夫妻在家中看"黄碟"是否违法？民警到居民家中查扣"黄碟"是否应该先办理搜查证等？警方是否有权对这种行为进行制止并处罚？并留下了讨论热线的电话号码。一石激起千

① 参见《家中看黄碟　民警上门查》，《华商报》2002年8月20日。

层浪。这篇报道发出来的当天，《华商报》专设的讨论热线就异乎寻常地火爆，律师、法官、检察官包括警察等司法界人士都积极参与了讨论。但此时的社会舆论都是群情激奋，认为这是粗暴执法的典型案例。《华商报》整理了读者和采访专家的意见，于8月21日刊登了《夫妻家中看黄碟违法吗》，抓住了舆论讨论的关键点，反响仍在继续，大多数人通过媒体或者其他途径对警方的行为表示反对，认为“公权不应该随意干涉私权空间”，一些专家学者也纷纷发表谈话，对警方的行为进行批评。

2. 理性思考：从个体层面提升到整个社会的层面。

面对“黄碟案件”所引起空前的关注，《华商报》并没有去跟风和炒作，而是进行了不断深入的思考。通过读者的反馈，法律专家的讨论，他们逐渐寻找到并展示出舆论的焦点，于是确定了从“私权利不容公权力践踏”的角度进行报道，提出了公民的权利问题，提升了报道的内涵。

正是这个主题的提升，使得“黄碟事件”已经透过黄碟的表象深入到本质，即公民的隐私权和公共权力的边界问题。一边是代表国家机器行使权力的警方，一边是一对以个体经营为生的夫妻，在这一力量对比悬殊的冲突中，一个全社会都无法不给深切关注的主体凸现出来了，那就是公民的私权与国家公权的边界问题，这涉及我们国家的立法原则和基础。这一冲突的最终结果，必然牵动着每一个生活在同一法制空间中的人们的心灵。① 这也是该报道如此牵动全国媒体、民众共同参与的原因所在，其影响远远超过了此前曝光的其他警察滥用权力粗暴践踏公民权的新闻报道。

3. 平民视角：维护弱者权利。

---

① 张维燕：《舆论监督：如何求解最大化价值——华商报“夫妻看黄碟”报道个案剖析》，《新闻与写作》2003年第2期。

在政府坚持以人为本的理念中，关注国计民生是事关社会稳定和发展的重大问题。作为社会公器，媒体的舆论监督已不仅仅是关注国家和社会的重大事件和新闻，关注公民的权益，关爱生命也日渐成为媒体关注的重点。

最后“公安机关正式道歉，看碟夫妇获赔 29 137 元”，“黄碟案件”获得了“圆满解决”。有媒体评论说：“每一个人的命运都和我们相关。每一个人的命运都是我们命运的写照。每一个小人物的命运都能折射我们的命运。也许延安这对夫妻的命运，没有我们的呼喊不会改变。而延安这起事件的最后结果，也许从此给我们每个人的私生活的安宁加了一道保险。”① “每一个人的命运都是我们命运的写照”，正是在这个意义上，普通人的命运具有更大的关注价值，普通人的命运一旦遭受灾难，往往会引发格外强烈的共鸣。在这个日益多元化、日益开放的社会，在这个文明程度日益提高的社会，在一个个性意识、权利意识不断觉醒的社会，关注公民命运是媒体的最终指向和义不容辞的责任。“作为媒体，我们的义务就是这样关注那些受伤害的人，关注那些需要我们关注的事件。因为，关注弱者，关注我们的社会，也就是关注我们每个人自己。”②

而且，公民的利益和命运需要媒体的关注。公民的权利神圣而不可侵犯，虽然现代社会的权力都是处于监督和制约之下的有限权力，但是由于权力自身具有扩张性，以及社会结构和社会制度本身所具有的缺陷，权力总是倾向于无边界的膨胀，倾向于突破它最初所接受的限定。③ 权力滥用的可能性，出现

---

① 参见《南方都市报》2003 年 1 月 2 日社评。

② 参见《夫妻家中看黄碟事件：公民权利终于得到保护》，《华商报》2003 年 1 月 5 日。

③ 王梅芳：《舆论与舆论监督：正义、公正与制衡》，载《武汉大学学报》（人文科学版）2004 年第 3 期。

在公权力进入普通公民的私生活领域时，导致侵犯个人权利的行为就无法避免。而当一个公民在和国家机器比如公安机关进行博弈时，常常是那么的弱势和无助。因为滥用公权的表现，不仅可以不按照完整、合法的程序来处理，并且“找借口进入”张家，粗暴地介入私人空间，而且还可以在事隔两个月，为顾及面子而不怕报复之嫌突然改变了事由，以“涉嫌妨害公务”为由将事主再次刑事拘留。此时，当司法不能自动地给张某以救济时，舆论的力量显得多么的可贵。诚然，舆论的力量不是万能的，但任何缺少监督的权力都是非常可怕的。①许多人对这次“黄碟事件”不禁提出了这样的问题：如果没有舆论的强烈关注，这个事件到底会向哪个方向发展？当事人的权利能不能得到维护？很难想象，这样的事件如果没有媒体的广泛参与和关注，会产生什么样的后果。

4. 公正介入：恪守媒体的角色。

舆论监督的威力并不是来自新闻本身，而是来自新闻背后所代表的民意。在“黄碟事件”近四个月的新闻报道中，《华商报》秉承公正的社会立场，真实报道事实。引起极大反响的《家中看黄碟 民警上门查》，从标题到内容都是客观地反映情况。就在“黄碟案”的报道引起全国舆论强烈反响，在许多媒体和读者对延安万花山派出所大搞“执法经济”义愤填膺的时候，《华商报》也没有热衷于炒作进行“越位审判”和观点评判，而是用客观的报道、理性的思考引发了许多法律专家、学者以及公众的热烈讨论。在舆论监督的过程中，自始至终地谨守自己行使舆论监督权与尊重司法机关独立行使裁量权的边界，正确定位了自己的角色。该报社在回顾整个报道过程中曾披露了一个细节：“在张某被捕后，为了避免给检察院

① 人民网评论：《如果没有舆论监督 “黄碟事件”怎能圆满结束？》2003年1月。

办案造成不必要的干扰，我们暂停报道。直到 11 月 4 日，传来宝塔区人民检察院做出不批捕的决定的消息，我们才将结果报道出来。”

也许，正是这种客观和公正的舆论，才使得作为公权的代表宝塔区公安分局没有一味地沿着错误的方向走下去，最终对自己的作为进行了反思和主动纠正了错误，并主动向当事人赔礼道歉和赔偿，这也是媒体感到欣慰的。在《华商报》的一篇报道中，报道一位公安人员曾对张某的妻子说：“《华商报》的报道在这（指张某被释放）上面起了很大作用，这对我们双方都有好处，对你们是一个公正的结果，对我们也是一次法制教育，可以提高我们的法律素质。”①

六、南京冠生园事件：公共利益支持记者的暗访行为

● 由于没有专门的舆论监督法，隐性采访的合法性一直存在争论。事实上新闻界对其合法性表示认可，只要是基于社会公共利益，勇于批评、揭露违背人民利益的错误而不损害公民利益，即只要是目的具有正当性和合理性，隐性采访的合法性便得到一致的认可。

● 这次成功的电视舆论监督对中国市场经济的健康发展是有利的，电视曝光后倒掉的是一个有严重不轨行为和损害公众利益行为的食品公司，它警示的是全国成千上万的大小企业，它唤醒的则是数以亿计的中国消费者的维权意识和公民意识。

（一）事件回放：为求证据等一年

2000 年中秋前夕的 8 月，南京、成都等地的一些消费者

---

① 《夫妻家中看黄碟事件：公民权利终于得到保护》，参见《华商报》2003 年 1 月 5 日。

陆续反映，他们购买的月饼还没超出保质期却发生了霉变现象，群众反映的情况被地方媒体简单报道了一下后，就不了了之。中央电视台的记者在注意到这一现象后，对其中的一家月饼生产厂家进行了整整一年的跟踪调查，发现在月饼发霉的背后，隐藏着更为触目惊心的事实。

在得知不少消费者对南京冠生园月饼在保质期内发霉的反映后，央视记者于 2000 年 8 月就赶到南京进行了暗访。第一次拍摄从 2000 年 8 月开始，断断续续一直到 10 月份才拍完。央视记者的拍摄是从南京著名的食品企业——冠生园沿街的一幢厂房里开始的，这里有整整一层楼的窗户都被纸蒙得严严实实的。2000 年中秋节过后的第 9 天，冠生园食品厂就将各地没有卖完的价值几百万元的月饼收回来，并运进了这间蒙着窗户纸的车间，然后由工人去皮抠馅，用小铲刮掉月饼皮，剥出里面的豆沙、凤梨和莲蓉等馅料，再运送到半成品车间，重新搅拌、炒制，由一个个独立的饼馅融成了一个整体，最后装进桶和箱子送冷库冷藏，等待来年再做月饼。2000 年 10 月 24 日记者偷拍了这个场景的全过程。

考虑到媒体批评性报道所带来的影响，为了慎重起见，进一步核对事实，央视的记者又耐心地等待了一年。

2001 年 6 月底，记者第二次来到南京。他们在南京冠生园附近租了间房，用了两部摄像机和望远镜等设备。为了不让人发现，也为了与对面蒙上帘子的厂房相匹配以减少不必要的怀疑，他们在房子里挂上了厚厚的窗帘，记者每天从冠生园上班开始盯，一直盯到他们收工。

2001 年 7 月 2 日，离中秋节还有 3 个月的时间，冠生园就开始生产新月饼了。那些被保存了 10 个月的馅料搬出冷库，悄悄地派上了用场。在 20 天内有 24 箱凤梨、莲蓉等馅料从冷库拖进了生产车间，馅料的标签上还依稀标着原生产日期竟是 2000 年 9 月 9 日。总共有几十吨陈年月饼馅，在这些馅料中有不少已经发霉变质，这些发霉的馅料也会在重新使用之前再被回炉处理一下。2001 年 7 月 18 日，一批桶装的豆沙馅就被送进半成品车间接受二次回炉。最终，所有这些馅被送上了生产线，用来加工做成“新”月饼。就在这种车间里，月饼大约以日生产量 9 万个的速度源源不断地“生产”出来，并销往各地。

在以后的几天里，记者又拍到了月饼馅出库并投入生产的镜头。几十天下来，记者一共拍摄了总长达 700 分钟的素材带。此外，在调查过程中，记者还冒着被发现的危险，深入厂区实地拍摄了不少画面。

经过一个多月的整理、剪辑处理，2001 年 9 月 3 日的中央电视台《新闻 30 分》播出了这条爆炸性的新闻。该报道一播出，立即引起全社会的广泛关注，各家媒体都铺天盖地般尾随报道和评论这一事件，在社会上造成了极大反响。此后，从《人民日报》、《新华社每日电讯》、《中国青年报》等中央媒体到《文汇报》、《北京日报》等省级报纸以及《羊城晚报》、《北京青年报》等都市报，都涉及了这个事件的报道。更多的事实被揭露出来，早在 1993 年南京老牌的食品企业冠生园，就用霉变的冷藏馅做月饼；而冠生园的经理吴震中则称，他们是遭到了“知情的同行暗算”，用陈馅当新馅在月饼行业是一种普遍现象，这更令人震惊。这使打得火热的中秋月饼促销大战突遭前所未有的信任危机。消费者对所有月饼的内在质量和食用安全产生强烈怀疑，许多食品店不得不亮出“本店没有冠生园月饼”、“本店原进冠生园月饼已全部退货”等告示。

但是，这种影响还是对月饼行业造成了极大的打击，全国 20 多家挂“冠生园”牌子的月饼厂家都受到连累，销量直线下降，有的商家甚至直接打出“本店绝无冠生园月饼”的招牌。仅上海冠生园一家，在全国 12 个主要市场中退出了 5 个，全年销售损失在 70% ~80%。据估计，中国整个月饼市场销量下降了近四成，中国人对月饼的信心也降到了低谷，有人甚至声称这恐怕会改变中国人吃月饼的风俗习惯。受到该事件影响最大的还是南京冠生园食品厂，被媒体曝光后，销量一落千丈，2002 年 3 月 7 日，南京冠生园正式申请破产①，使得“冠生园”这个老字号成为南京市第一家宣告破产的合资企业。

（二）社会正义和公共利益支持新闻记者的暗访

从舆论监督的效果来看，南京冠生园事件是运用暗访手段揭露事实真相的典型案例，其不可质疑的真实性和现场感显示了暗访的巨大威力：一图胜千言！被称为“电视暗访的杰作”②。南京冠生园案的意义不仅仅在于新闻记者对商家不法行为的曝光，更在于它引导人们深入思考暗访的合法性与合理性问题以及媒体在进行新闻舆论监督时，如何规避新闻侵权的危险问题。

甘惜分主编的《新闻学大辞典》将隐性采访（又称秘密采访或暗访）定义为记者隐瞒记者身份或采访目的，用偷拍偷录等隐蔽手段对事件或人物进行的采访。在美国，隐性采访已经有 100 多年的历史，且新闻界内外人士为新闻媒体使用隐性采访是否正确已经争论了至少 30 年，我国的这种论证最多不过 5 年到 6 年。在显性采访受限的情况下，暗访这种独特的采访方式赋予新闻较强的“可读性”、“可视性”、“可听性”，从而最大限度地逼近事实真相。暗访作为一种特殊的新闻采访手段，有其合理性，如果运用得当，就可发挥积极的作用：一是满足人们的知情权；二是加大舆论监督的力度；三是对正面报道的有效补充。

---

①　展江主编：《中国社会转型的守望者——新世纪新闻舆论监督的语境与实践》，中国海关出版社 2002 年版，第 84 页。

②　展江主编：《中国社会转型的守望者——新世纪新闻舆论监督的语境与实践》，中国海关出版社 2002 年版，第 82 页。

新闻界的一部分学者对暗访的法律依据仍保留看法。一是我国现行法律中找不到隐性采访的法律规定，隐性采访之所以通行，只是依据“隐性采访是采访手段之一”和“法律没有禁止即可为之”这类一般推理，因而其法律保障是脆弱的；二是我国公民借助法律对人身权利保护的意识普遍较为淡薄，隐性采访的过度滥用，极易导致包括名誉权、隐私权等公民人身权利受到无谓侵害。①

另一部分学者认为新闻采访是新闻工作者的天职和权利，暗访作为新闻工作者依法享有和行使的采访权利的一部分，是不得已而为之的手段，其合法性是毋庸置疑的，只要符合调查的四原则：采访的对象严重侵犯公共利益的行为；没有其他途径收集材料；暴露身份就难以了解到真实的情况；得到批准。② 已在2002年4月1日生效的最高人民法院《关于民事诉讼证据的若干规定》的司法解释，其中第68条规定可以认为为暗访提供了法律依据：一是在隐性采访中，以合法手段获取的新闻事实，可以作为合法的证据使用；二是不违反法律禁止性规定和不侵害他人合法权益的采访是合法的行为。③

虽然，隐性采访的合法性一直存在争论，但实践中，新闻界对其合法性表示了认可。只要是基于社会公共利益，勇于批评、揭露违背人民利益的错误而不损害公民利益，即只要是目的上的正当性和合理性，隐性采访就具有合法性。一方面由于需要保证人民群众能通过大众传媒充分参与公共事务管理，监督政府行为；另一方面，我国的舆论监督机制还不够健全，新

---

① 刘吉元：《隐性采访的法律禁区和道德约束》，载《新闻前哨》2002年第5期。

② 徐迅：《电视偷拍采访方式的法律环境》，载《中国记者》2004年第5期。

③ 刘嘉志：《谈新闻记者隐性采访的合法性》，载《记者摇篮》2004年第5期。

闻工作者开展舆论监督相当艰难，新闻自由的环境还需要特别的保护和培育；同时，作为党和政府的喉舌，新闻工作也受到社会的广泛信任和尊重，因此，虽然法律没有明确规定，但在行政、司法实践中，也是向保护新闻自由和舆论监督倾斜的。①

作为一个成功的舆论监督的个案，南京冠生园事件暗访的合法性得到了社会各界的认同，从舆论监督过程来看，冠生园事件暗访的成功主要体现在以下几个方面：

第一，对南京冠生园的暗访，是基于维护公共利益和公共安全和对不法行为的揭露。月饼作为市场公开流通的商品，其安全与否，与人民群众的生命安全密切相关。作为维护公共利益的新闻媒介，有权对涉及人民群众生命安全的食品企业进行监督，这不仅是人民应当享有的知情权，而且是生命安全权的需要。很显然，对于南京冠生园为追逐经济利益而进行的损害公众利益的行为，通过正常的采访是无法获得真实情况的。多年来，在企业和消费者之间，消费者往往因为不知情而处于被动地位。媒体对南京冠生园月饼使用陈馅的报道，使公众了解到日常消费品的卫生、质量情况，并唤起他们的维权意识和公民意识，由此形成的强大的舆论压力对中国市场经济的健康发展是有利的。央视记者通过暗访的形式，最大限度地获得了该企业的生产的真实性，也能最大限度地满足受众的知情权。虽然，这种强大的舆论影响使这个企业倒闭，但是倒掉的是一个有严重不轨行为和损害公众利益行为的食品公司，这也是维护人民群众生命安全的需要，并警示了全国成千上万的大小企业，这其实是舆论监督对维持市场秩序、加强消费者的自我保护意识、加快法制建设的有力促进。

① 王利明、杨立新等编：《人格权与新闻侵权》，中国方正出版社1995年版。

第二，记者暗访所报道的情况是客观真实的，不存在侵权问题。在整个暗访过程中，央视的记者和领导对批评性的报道一直抱着慎之又慎、认真负责的态度。一是谨慎求证的职业态度。“在第一次偷拍了南京冠生园回收月饼的镜头后，当时认为就可播出，但是领导要求我们必须做到丝丝入扣，无懈可击，于是等了一年。其实对一条新闻的兴奋度保持一年真的很难。今年7月2号，我们得到消息，说厂家开工了，我们迅速赶赴南京，在地方台朋友以及线人的配合下，终于拍到了需要的东西。”① 正是考虑了如果事实不清、批评不当所造成的影响，央视等候了一年，以求得更加充分的证据，体现了新闻媒体极其负责和认真的态度。二是正义无私的职业道德。从一开始央视就是从维护人民的权利和媒体的社会责任与良知出发进行调查的，面对南京冠生园发表的针锋相对的严厉指责的公开信，央视底气十足、无所畏惧地表示：“我们本着真实客观和极其慎重的态度，采访、制作、报道了南冠用去年旧馅制作今年月饼的事实，但我们和南冠公司绝无私仇。”② 事实上，央视记者始终恪守着新闻职业道德。三是勇敢顽强的职业精神。在第二次暗访的时候，为了避免引人注意，他们体验着7月南京高温的炙热，躲在一间拉着厚厚窗帘的屋子里，进行“偷拍偷录”。“曾经有几天，为了不漏掉宝贵的细节，我们从早上6点一直工作到晚上10点，这期间一直盯在摄像机旁，午餐、晚餐都是请不相干的人代买的。”③ 如果没有揭批不轨行为的正义感，没有勇担责任的职业精神，在对南京冠生园暗访期间，记者怎么会在像蒸笼一样的房间里，每天从冠生园上班开始盯，一直盯到他们收工？又怎么会为了调查真实真相，冒

① 参见《青年报》2001年9月5日。

② 参见《南方周末》2001年9月20日。

③ 参见《青年报》2001年9月5日。

着风险深入厂区实地拍摄？几十天下来，他们一共拍摄了总长达700分钟的素材带。后来仅是整理、剪辑、做特技，就用了一个月。①

第三，做好了可能吃官司的心理准备。有一位新闻人曾经说过，开展新闻舆论监督，首先就得有可能吃官司的心理准备。这是记者认真核对事实、确保客观真实报道的一个重要原因。由于目前我国新闻舆论监督的环境还不尽如人意，不仅仅是被曝光的南京冠生园食品公司给予媒体极大的压力，也有当地某些部门（曾经要求调看素材带）以及其他各种利益集团的纠缠。“各种压力汇聚在一起，稍有不慎，我们记者就会粉身碎骨，因此开展舆论监督，得有上刀山、下火海的准备。”②因此如果不是谨慎万分的记者在报道中采集到铁证如山的事实，媒体和记者恐怕很容易就被“打倒”。

总的说来，暗访作为一种特殊的采访方式，一方面因其真实性而具有强大的舆论监督力量；另一方面又极易涉及新闻侵权。因此，媒体及其从业人员要依据法律规定和职业道德规范，维护暗访的合法性和合理性，从而更好地行使媒体传播新闻事实、进行舆论监督的功能。同时，媒体及其从业人员还要注重暗访技巧，以规避可能的侵权危险保护自己。

南京冠生园案件同时也给人们提供了这样的思考：在社会主义市场经济条件下，如何处理企业的有序管理和新闻舆论监督之间的关系。对于企业的某些违规行为，媒体是应该本着传播效果最好的原则、采取一切方式使事实真相最大限度地传播给公众，还是应该如南京冠生园在“公开信”中提出的那样，

---

① 展江主编：《中国社会转型的守望者——新世纪新闻舆论监督的语境与实践》，中国海关出版社2002年版，第83页。

② 展江主编：《中国社会转型的守望者——新世纪新闻舆论监督的语境与实践》，中国海关出版社2002年版，第83页。

“媒体对企业的失疏或错误，应本着帮助企业发展的考量，正面的、善意的、及时的给予应有的要求或警戒”，而不是“在漫长时间里静待该企业不断的投入生产。……在月饼市场即将起动之时，一则报道，直扼咽喉，给企业一个致命打击！”①这或许是一个两难的问题。但是，舆论监督就是要通过新闻媒体对某种（某类）事物或现象的披露、评论，唤起社会的关注，促使其变化的一种监督手段。揭露事实真相是新闻舆论监督功能实现的基础，在净化、健全我国企业市场环境的过程中，媒体更多的是充当客观“守望”的角色，而非“协调”的角色。

但是在冠生园新闻舆论监督中，确实存在着一个令人反思的问题：如何降低舆论监督的负面影响。尽管，人们都相信：一个企业出现问题，并不意味整个行业都存在类似问题。但是，许多媒体在进行报道时，忽视了企业域名的精确说明，导致了全国各地的“冠生园”都受到了牵连。结果南京冠生园破产，全国20多家挂“冠生园”牌子的月饼都受到连累，销量直线下降，有的甚至退出当地市场。因此，媒体在进行舆论监督的同时，应该注意“精确新闻报道”，尽最大努力保护其他同行，寻找监督与保护的平衡点，避免株连、殃及无辜。

七、刘涌案：新闻舆论监督促进司法公正

●“刘涌案”作为一个曾经广受社会关注的案件，在中国的法治进程中无疑是一个标志性的事件。由于异乎寻常的舆论风暴，最高人民法院提审了此案，舆论的作用功不可没。这是新中国成立以来最高人民法院第一次对一起普通的刑事案件进行提审。可以说，从来没有一个刑事案

---

① 展江主编：《中国社会转型的守望者——新世纪新闻舆论监督的语境与实践》，中国海关出版社2002年版，第90~91页。

件像“刘涌案”这样令人关注，可能也从来没有一个案件像此案这样能够引起广泛和持久的争议。

（一）案件回放①

刘涌是原沈阳嘉阳集团董事长，自 1995 年以来，他以沈阳嘉阳集团为依托，先后勾结被告人宋健飞等人为骨干成员，组成较稳定的犯罪组织。通过非法经营、欺行霸市等违法犯罪活动或其他非法手段获取经济利益；长期采用暴力、威胁或者其他手段，有组织地多次进行故意伤害、毁坏公私财物、非法经营、行贿、妨害公务、非法持有枪支等违法犯罪活动，严重破坏了当地经济、社会生活秩序。

刘涌于 2000 年 7 月 11 日被沈阳市公安局刑事拘留，同年 8 月 10 日经沈阳市人民检察院批准逮捕。经上级司法机关指定管辖，辽宁省铁岭市人民检察院于 2001 年 8 月向铁岭市中级人民法院提起公诉，指控被告人刘涌犯组织、领导黑社会性质组织罪、故意伤害罪等 13 项罪名。2002 年 4 月 17 日，辽宁省铁岭市中级人民法院对刘涌案公开宣判，刘涌被以组织、领导黑社会性质组织罪、故意伤害罪等多项罪名一审判处死刑，宋健飞以故意伤害罪被判处死刑，剥夺政治权利终身，其余 20 人分别被判处死缓、无期徒刑和有期徒刑。

经审理，一审法院认为，在刘涌黑社会性质犯罪组织中，刘涌参与和单独作案 31 起，不仅作案时间长，而且手段残忍，造成 1 人死亡、多人伤残及巨额财产损失等严重后果。刘涌直接组织、参与实施了一系列犯罪活动，向沈阳市原常务副市长马向东、沈阳市中级人民法院原院长刘实、原副院长焦玫瑰行贿。刘涌在该犯罪集团的形成和发展过程中，在该犯罪集团的一系列犯罪活动中，起组织、领导、指挥作用，系首要分子，

① 见《天津报》2003 年 12 月 23 日。

应对该犯罪集团的全部罪行承担责任。

刘涌不服一审判决提起上诉。2003 年 8 月 16 日，辽宁省高级人民法院对刘涌案公开宣判：撤销原一审判决中对刘涌的死刑判决，并将原判决中刘涌故意伤害罪的死刑判决改为死缓，合并刘涌的其他犯罪刑罚，决定对其执行死缓。同时宣告核准宋健飞死刑。其同伙宋健飞则因故意伤害罪于当日宣判后，被押赴刑场执行死刑。

刘涌二审被改判死缓，8 月 16 日有关媒体对此进行了报道。此前，媒体就高度关注对“刘涌案”的侦查、起诉等各个阶段和环节的情况，并披露了刘涌犯罪集团的种种犯罪事实和黑幕，“刘涌案”引起了极大的民愤。改判的消息经媒体披露后，舆论哗然，引起了众多网民对辽宁高院的质疑。在新华网发展论坛上，一个网友发出的一个以刘涌被改判死缓的消息为内容、题为《悲愤：刘涌改判死缓，公理良心何在》的帖子，在短短数天时间内，即有两千多人跟帖。一个星期之后的 8 月 22 日，《外滩画报》打破了媒体的沉默，以署名文章发表评论文章《对沈阳黑帮头目刘涌改判死缓的质疑》：“作为首要分子的刘涌，应该对集团所有罪行，包括宋健飞所犯罪行承担刑事责任。……但从二人在犯罪集团中所起的作用看，刘涌无疑主观恶性更深，社会危害更大，留下他而送宋健飞‘上路’，很难让人理解。”评论直指辽宁省高院：“如果罪孽深重如刘涌都可以不死，那么，死刑留给谁用?”文章同时指出，辽宁高院的判决开了一个危险的先例。该文一发表，即在网上广泛传播，引起广泛的舆论。紧接着，《南方周末》、《中国青年报》等媒体也陆续发表评论文章，质疑辽宁省高院的判决。互联网上甚至有网友发出了“刘涌不死，则正义必亡”的评论。之后，一些媒体派出记者进行了调查报道。

媒体的调查性报道反映出来的一些情况，如权威法学专家应刘涌辩护律师田文昌的邀请曾出具过“专家意见书”、田文昌曾给中央和辽宁省有关部门和领导写过信、判决书中认定不能排除该案侦查过程中有刑讯逼供的可能，等等，以及律师关于刘涌一审被判死刑是舆论误导的结果、二审改判是因为刑讯逼供、改判是比较客观的等等言论，又引起了新的一轮舆论热潮。在这轮舆论热潮中，除极少数人表示法院的判决应得到尊重从而对法院的判决表示支持之外，绝大多数民众都对法院的判决和“专家意见书”表示质疑。

强大的公众舆论引起了一直关注“刘涌案”的最高人民法院的高度重视。2003 年 10 月 8 日，最高人民法院做出（2003）刑监字第 155 号再审决定，以原二审判决对刘涌的判决不当为由，依照审判监督程序提审本案。12 月 18 日，最高人民法院在辽宁锦州开庭对此案进行审理。20 日最高人民法院做出判决，并于 22 日宣判：判处刘涌死刑。宣判当日，刘涌被执行死刑。

12 月 22 日，媒体报道最高人民法院再审判处刘涌死刑并立即执行的消息。之后网上一片欢呼，很多人认为这是法律的胜利、正义的胜利、舆论监督的胜利。

（二）“刘涌案”形成舆论监督的新格局

由于刘涌案不仅是一起刑事案件，更是一起公众期盼国家司法公正及司法公开的重大公共事件。它备受世人关注并为众多媒体持续报道，引起了一场震荡全社会的强烈舆论也是必然的。从舆论监督的效果来看，“刘涌案”最后能够被最高人民法院提审，媒体的力量无疑起到了十分重要的作用。分析“刘涌案”的整个过程，舆论监督具有如下的特点：

其一，网络媒体舆论彰显出巨大的力量。可以说，2003 年是彰显网络媒体舆论力量的一年，从孙志刚案、刘涌案，再到“宝马撞人案”，一浪接一浪，在互联网上掀起了巨大的波澜，甚至影响到中国社会的各个阶层，网络媒体的监督作用愈来愈得到了社会的认可。作为一种自由表达意见的公共平台，由于网络媒体独特的交流性、沟通性、交互性、及时性以及隐匿性等特点，舆论的形成更迅速、更广泛，而且更接近读者和网民的真实表达，即更体现出民意。从“刘涌案”来看，网络媒体自始至终保持着高度的关注，特别是在二审被改判后，引起了舆论的狂潮，在新浪网、新华网、搜狐网、人民网等网站的留言，一天之内合计就达到30万条，虽然中间有对刘涌案的另类反思，但绝大多数人都是在质疑刘涌的死缓判刑。网络论坛上对刘涌案黑幕的强烈的舆论谴责引起高层注意。最高人民法院介入审判，刘涌被改判死刑，网络舆论监督功不可没。一位名叫“夜色很深”的网友在新华网论坛上发帖说：“当面对辨方律师的狡辩，新华论坛的无数理性网友发表了自己的客观看法，部分知道细节的专家更是在网上进行了有理有节的详细辩驳。相信此案中发展论坛为最高层做出最高人民法院重新提审的决定起了极大的作用，如果我们认为今天的判决是公正的，是维护了法律尊严的话，我想我们一定要记住感谢发展论坛给了大家参与到这个案件中来的机会并引起高层重视的巨大作用。”

其二，网络媒体和传统媒体的互动，形成媒体联合力量。刘涌一案，其影响之大，可谓“众所周知”。当二审从死刑以语焉不详的判词改判为死缓后，报纸等传统媒体曾一度为之失语，而相对具有自由、比较能够充分地反映民意的网络媒体上，质疑之声不绝于耳，这在很大程度上影响了传统媒体。一个星期之后的8月22日，《外滩画报》发表署名评论文章《对沈阳黑帮头目刘涌改判死缓的质疑》起到了议程设置的作用，文章直接发问：“留刘涌一命的根据在哪里?”并指出：“如果罪孽深重如刘涌都可以不死，那么，死刑留给谁用?”该文一发表，即被网络媒体广泛传播，众多网友纷纷跟进质疑。很显然，传统媒体的介入，又反映、影响、引导了社会舆论。在这里，网络媒体起到了“聚合”、“放大”的作用。网络汇聚了来自各媒体的报道，把他们的声音放大；通过网友的即时再创作，凝聚了民意。从而制造出网络新闻和评论的繁荣，把舆论推向最终的高潮，至此产生了空前的影响力。并且报道出了所谓14位权威法学专家应刘涌辩护律师田文昌的邀请出具过“专家意见书”、田文昌曾给中央和辽宁省有关部门和领导写过信、判决书中认定不能排除该案侦查过程中有刑讯逼供可能等事情，又引起了新的一轮关于程序正义与实体正义、刘涌是否应该判处死刑、“专家意见书”是否干扰司法、民愤与“多数人暴政”、最高人民法院是否应该提审刘涌案等问题的辩论。传统媒体和网络媒体形成了互动联合，使得舆论监督的格局发生了变化：我国的媒体监督中，党报不再独自扮演引导舆论、上传民意的角色，其他非党报媒体借助互联网平台也开始与党报“公平竞争”①。“刘涌案”的提审还原于正义，正是这种以报纸和网络为报道的主角，形成媒介合力的监督格局发挥作用的结果。

其三，党报的加入，强有力地支持和引导舆论的发展。党报是我国舆论监督中的主要媒介，具有权威性、指导性的作用。刘涌案二审结束后的八月底九月初，《外滩画报》、《北京青年报》、《新闻周刊》等非党报，发挥了很大的舆论导向作用。《人民日报》在最高人民法院提审后及时刊发关于案件提审的两篇报道，积极、理性地，而且从大局上引导了舆论，从而增强了民众维护社会正义的信心，体现了党和政府一贯重视公众舆论导向，并随时对社会舆论给予强有力的支持，从而加速我国政治文明民主化进程。

但是，从全过程而言，刘涌案在舆论监督方面还有不少值得思考的地方，主要表现为：一是在刘涌案发到判决以前，新闻报道完全一边倒。这种情形的出现首先可能扼杀理性的声

① 吴飞主编：《传媒影响力》，中国传媒大学出版社2005年版，第57页。

音。从法律上来说，作为同样的人权，被告刘涌同样有申诉的权利，他的辩护意见和庭审中控辩双方的交锋的一些内容也应该进行客观的报道。媒体过早地将刘涌描绘成一个罪恶累累、死有余辜的嫌疑犯，确有误导之嫌。二是在对二审改判的讨论中，主流传媒对网络上的理性意见还是反映不够。网上出现某些激烈的言论，要求处死刘涌，责难辩护律师和专家的情绪化喧嚷之后，要求理性讨论的言论也不少，并非舆论一律。除了《希望舆论监督不要变成多数人暴政》① 以外，还有《激情公审才是法治的最大危险》②、《我看刘涌案：民主的胜利抑或法治的耻辱》③、《我还是反对煽情——谈对刘涌案的深入思考》④ 等，这些文章反映了中国民众的民主与法治意识所达到的新水平。但主流传媒并未予以转载。媒体和记者的责任感同一些人对生命的冷漠和轻视形成了鲜明对照。为弱势者伸张正义，爱护并尽力保护每一个生命，让人间悲剧不再重演，我们的媒体在这方面始终在不懈地努力和追求。

（三）舆论监督有利于司法公正

“刘涌案”随着被告人被最高人民法院判处死刑并立即执行而尘埃落定，但作为一个曾经广受社会关注的案件，在中国的法治进程中无疑是一个标志性的事件。由于其案件的特殊性和波折性，它引起的舆论也十分强烈和广泛，可能从来没有一个刑事案件像此案一样令人关注，可能也从来没有一个案件像此案这样能够引起广泛和持久的争议。

而争议的落脚点最终归结为媒体与司法公正的冲突，新闻

---

① 见人民网：www. people. com. cn/GB/guandian/1034/2068906. html。

② 见人民网：www. people. com. cn/GB/guandian/1034/2068906. html。

③ 见人民网强国论坛：www2. qglt. com. cn/wsrmlt/wyzs/2003/09/04/090411. html。

④ 见人民网强国论坛：www2. qglt. com. cn/wsrmlt/wyzs/2003/09/05/090511. html。

媒体是否影响司法公正。随着我国法制建设的不断发展，媒体对司法的监督表现出越来越浓厚的兴趣，新闻媒体与司法公正之间互动或者说冲突也日渐突出。一方面，言论自由是公民的神圣权利，媒体监督，包括对司法的监督受法律保护；另一方面，为了保护司法独立和审判公正，防止媒体过度干预司法，又对媒体监督设置了种种必要的限制。

不可否认强大的社会舆论对“刘涌案”产生了较大的影响。审视刘涌案，有这样一个现象是值得我们注意的：那就是人们对该案的关注热情。对于此案的报道，媒体从侦查、起诉、审判等每一阶段，都进行了大量的报道；而刘涌被改判死缓后，舆论哗然，并引发了从质疑刘涌改判的法律之争到舆论影响司法公正之辩。评说是舆论的权利，但这种权利对法官并不具有约束力，所以提审会受舆论影响，但影响到司法独立判案的担心是没有必要的。《外滩画报》登出《对刘涌改判死缓的质疑》的文章，之所以能迅速被众多报纸和网站转载，响应热烈，成为公众关注的热点，这说明了“不平则鸣”，正如《北京青年报》发表评论指出，刘涌到底应该被判死刑立即执行还是死缓，这是一个法律问题，有着很强的专业性，普通人很难就此发表什么意见。但是，刘涌为什么被从轻发落，尤其是为什么在终审中被改判，却是每一个公民都有权利发问的，而代替公众提问的这个任务，无疑就落到了媒体的身上。代替公众提问，给公众明确的答案，是传媒的职责，这既不是“媒体审判”，也不是干预司法的独立性，而是维护广大人民群众的知情权，是对司法审判所进行的必要监督。①

很显然，“刘涌案”之所以能够被最高人民法院提审，公民舆论的确起了极大的作用。但法院作为国家独立的司法机关，当然必须尊重民意。司法本身的性质决定了法官对民意的

① 参见《北京青年报》2003年8月28日。

尊重，不是直接把多数民众对个案的意见移植到裁判中，司法过程中也不允许对各种可能的裁判事先进行民意测验。严格执行根植于民意的法律并接受民众对于法官是否严格执法的监督，才是法官对民意最好的尊重。最高人民法院对“刘涌案”在终审判决之后的提审，尽管是含有回应舆论的用意，但并不表明法律会受到民意的左右，也并不表明审理的具体过程也将受到舆论的左右。因为提审过程照样需要严格依法进行，即使在提审过程中，舆论反应再强烈，法官也可对“民意的具体要求”置之不理，独立依法律规定审理及作出审判。

对“刘涌案”这一个舆论反应强烈的案件进行提审，反映出审判机关对公民意见的尊重，也是对人权的尊重。由于辽宁省高级人民法院对刘涌案的二审违反公开审判原则而遭到民众的种种质疑，最高人民法院依据刑事诉讼法赋予它的权力对刘涌案提起再审，是一种负责任的表现。而在最高人民法院的提审中，“刘涌案”的判决书，洋洋一万八千余言，罗列被告人所有犯罪事实和证据以及判决的理由，其中特别是对足以判处死刑的“直接或者指使、授意他人持刀、持枪实施故意伤害犯罪，致 1 人死亡，5 人重伤并造成 4 人严重残疾”的罪行，作了详细叙述，并且逐条驳回了被告人和辩护人的辩护理由，这是基于事实和法律作出的独立判决，显然不是“民意干预”的结果。

因此，司法过程一方面要求赋予司法机关独立的地位和权限；另一方面，也应当接受媒体舆论的监督。对于立法权、司法权、行政权之后的“第四种权力”，美国早期杰出的民主派人士托马斯·杰弗逊深刻地指出：“我深信预防此类对人民不正当的干预方法，就是通过公共报道的渠道向人民提供关于他们自己事务的全部情况，并且力争做到使这些报纸深入全体人民群众之中，民意是我国政府存在的基础，所以我们先于一切的目标就是保持这一权利。”① 党的十五大报告明确指出：“我们的权力是人民赋予的，一切干部都是人民的公仆，必须受到人民和法律的监督。”“要从机制上保证发挥舆论监督的作用，对司法的舆论监督，是依法治国、实现司法公正的重要保证。”因此，舆论监督（包括对司法的监督）在我国就有了宪法和政策依据。在由于各种原因还不能完全实现司法公正的背景下，社会舆论的监督应该成为实现司法公正的重要手段。因为当不公正的裁判作出后，舆论通过反映各方面对裁判结果的批评意见，会对不良的司法运作产生强大的舆论压力，促使司法机构通过正当程序纠正不正当的裁判。正是因为媒体舆论和公民舆论（表现在网络上）对“刘涌案”在二审中缺乏透明度和无法令人信服的判决意见提出质疑，才引起了最高人民法院的重视，这是新中国成立以来最高人民法院第一次对一起普通刑事案件进行的再审过程。

对于“刘涌案”的改判，“也许辽宁高院对此案的判决有站得住的依据，但在强调依法治国的今天，法院也有义务对所谓的‘本案的案性和实际情况’作出明确而令人信服的解释”②。“也许，根本就不存在什么‘黑箱’，也没有受到行政干预等外来因素的影响，但正是由于信息披露得不充分，客观上损害了公众的知情权，导致了人们对审判公正性的怀疑，而法律的权威也因此受到了影响。”③ 审判的公开化和透明化，是法制社会发展的要义。同时，因为“并不是法官的认识一定会比其他人更高明，更具有真理性，以致人们不得不服从，而是因为国家基于平定纷争的需要赋予了本身是普通人的法官

① 埃德里·埃默里、迈克尔·埃默里：《美国新闻史——报业与政治、经济和社会潮流的关系》，新华出版社 1980 年版，第 12 页。

② 参见《中国青年报》2003 年 8 月 25 日。

③ 参见《北京青年报》2003 年 8 月 28 日。

以‘法官’这样一个身份和相应的权力。……社会对司法审判的接受，并不是对一种强加的暴力的接受，而是追求自由、尊严与秩序的结果”①。因而司法部门同样也可能因为个人因素的关系，而出现某种评判的偏差。这正说明了司法公正需要舆论监督。当司法评判被公民接受的时候，公民就会保持认可，当这种评判与公民的期望不一致的时候，某种情绪就会通过一定的途径表达出来，而现在自由的互联网为公民提供了这个极为自由而便捷的平台。司法接受监督正是体现公平、促进法制的必然进程。

所以，司法部司法研究所副研究员刘武俊先生说，以传媒为载体的舆论监督，是监督公共权力、遏制权力腐败的“利剑”，也应是保障公民权利免受强权侵犯的“盾牌”。如果说立法、司法、行政等公共权力是构成国家这一政治实体的力量源泉，那么公众舆论这一民间性质的权力监督资源几乎就成为公民社会唯一能够与公共权力对峙和抗衡的力量源泉。倘若说“以权力制约权力”是现代法治国家推崇的一种宪政信条，那么“以舆论监督权力”则堪称现代公民社会弘扬的一种民主理念和高擎的一面民主旗帜。②

八、银广夏事件：舆论监督之于企业的意义

● 同美国的安然事件一样，银广夏事件的最大启示就是财经媒体和市场参与者对上市公司的监督作用，与证监会的行政监管相比，这两种监管渠道更重要、更直接，因为它们是在问题刚发生或正在发生时就可发挥监督作用。

---

① 周泽：《刘涌案全新解读》，见《踏歌行》音乐综合论坛（http://www.tg915music.net/bbs/index.asp）。

② 刘武俊：《刘涌改判案折射司法与传媒的冲突》，《民主与科学》2003年第5期。

（一）事件回放

2001年8月7日，北京《财经》杂志在一篇名为《银广夏陷阱》的长文中，首次披露了广夏（银川）实业有限公司做假账、虚构财务报表、谎报利润等金融违法行为。此文一出，旋即在中国股市乃至整个金融界引起了强烈反响，昔日被誉为中国“第一蓝筹股”的银广夏神话随之破灭，其耀眼光环下隐匿的惊天骗局逐渐揭开了神秘的面纱。

银广夏“神话”　1999年，银广夏的每股盈利0.51元；股价则从1999年12月30日的13.97元启动，一路狂升，至2000年4月19日涨至35.83元。次日实施了优厚的分红方案10转赠10后，即进入填权行情，于2000年12月29日完全填权并创下37.99元新高，折合为除权前的价格75.98元，全年上涨440%，高居深、沪两市第二。2000年年报披露的业绩再创“奇迹”，在股本扩大1倍的基础上，每股收益攀升至0.827元。

“神话”的产生　银广夏的利润神话源自其从德国进口的一种设备——二氧化碳超临界萃取设备。1999年7月，第一条500立升×3的生产线在银广夏天津的子公司天津广夏试行并投入生产。根据银广夏公告，天津广夏在1999年度、2000年度向德国诚信公司出口萃取产品达5610万德国马克（约2.2亿元人民币）、1.8亿德国马克（约7.2亿元人民币）。天津广夏因此在1999年创造的利润占银广夏的75%以上，2000年更几乎囊括了银广夏的全部利润。后来银广夏又在芜湖和银川投资设立了两条1500立升×3和一条3500立升×3的萃取生产线。并自称为“亚洲第一、世界第三的萃取基地”，前景似乎十分光明。2001年3月1日，银广夏发布公告，称与德国诚信公司签订连续三年总金额为60亿元人民币的萃取产品订货总协议。仅仅依此合同推算，2001年银广夏每股收益就将达到2～3元！

“神话”的破灭 财经记者经过一年多的多方调查、跟踪、取证，摸清了银广夏股价从1999年底的13.97元狂升至2000年底37.99元背后那些不为人知的秘密。凌华薇、王烁两位记者，首先即把关注的焦点放在了天津广夏上，因为整个广夏实业75%的利润均来自于天津广夏，而天津广夏独撑大局的资本仅仅来自于与唯一一家德国公司所签订的每年高额出口供货协议，通过从德国购买的所谓二氧化碳超临界萃取设备来完成全部的供货额。

两位记者的常识告诉他们这么大的一家上市公司，不可能将全部主要贸易仅放在与一家外国公司的交易上，这不但非常危险而且不合常理。于是他们凭借专业知识和职业的责任感，开始了漫长的探访取证过程。

在《银广夏陷阱》这篇长文中，记者们拿出了三大疑点：第一，文章指出天津广夏所谓的超临界萃取设备，即使通宵达旦的运作，也产不出其所宣称的数量。记者们为此专门请教了清华大学化学工程系杨基础教授和西北大学陈开勋教授，通过专家们的意见证实了在技术上是不可能完成合同上规定的巨额数量的。第二，天津广夏萃取产品的出口价格高得近乎荒谬，姜精油、姜油树脂、桂皮油等产品的售价，与国际市场的伦敦价格，与众多国内厂家、行业专家提供的参考价有着巨大的差距。第三，记者们了解到银广夏对德出口合同中的某些产品，根本不能用二氧化碳超临界萃取设备提取。两位记者走访了国内相关问题的多位专家，得到的都是相同的答案。

此外记者们还就德国客户之谜进行了穷追不舍的调查，从因特网和银广夏自己提供的资料中查出，银广夏的主要客户德国诚信公司不过是一家于1990年注册、注册资金仅几万德国马克的小型贸易公司，是不可能与银广夏签下年度金额达20亿元人民币、总金额达60亿元的合同的。

为了调查银广夏与德国客户的交易是否属实，两位记者将触角伸向了能够提供最有力证据的天津海关，按照2000年天津广夏共出口1.8亿马克的说法，出口退税收入将不下7000万元人民币，而且这肯定会在财务报表里有所体现。记者一再检索银广夏2000年的年报，但财务报表上甚至找不到退税收入这一栏，而且从天津市国税局进出口分局的官员处证实，天津广夏从未办理过出口退税手续，甚至连出口退税的税务登记都没有。随后记者从给银广夏做财务审计的深圳中天勤会计师事务所了解到，报关单上的编号居然是假的，而且出口商品编号也是空白。①

至此，一切真相大白于天下，《财经》记者经多方调查取证，运用其专业的财经知识及各方业内人士的佐证，凭借着详尽确凿的证据，戳穿了一个惊天大骗局，银广夏实业股份有限公司董事局在犹豫了数天后不得不发布风险提示公告，并经中国证监会批准，从2001年8月9日起停牌30天。随后中国证监会对银广夏正式立案稽查，银广夏董事局的主要成员和中天勤会计师事务所负责人被刑事拘留，中天勤会计师事务所实际上解体。2002年2月，银广夏正式发布重组公告，但有关小股民利益赔付的问题仍在继续。

（二）新闻媒体——培育健全市场的重要力量

“银广夏事件”虽然就此告一段落，但其中所折射出的公众对金融市场知情权问题和媒体对企业尤其是上市公司的舆论监督的问题却是深刻的。作为上市公司的监督者之一，在会计审计失灵的情况下，新闻媒体仍能够独立行使其监督职责，在一年多的调查取证中不畏艰难，最终揭开了这一持续时间长、数额惊人、破坏面广的造假案，就是最好的证明。

长期以来，一种充满着“善意”的，而且很普遍的传统观点深深地烙在人们的记忆中：新生的事物有诸多进步的意

① 参见《财经》2001年第8期。

义，难免会出现错误。然而，这种一味迁就的方法却成为一些企业作“恶”的屏障。一些新的领域成为人为的禁区，没有监督，幕后操作。《银广夏陷阱》揭示的一个基本问题便是："在金融市场上媒体的批评权和公众的知情权究竟应该放在何种地位？"不少人认为，中国股市的健康发展大局是首要的，"但是有什么理由认为媒体之于市场的批评权和公众之于市场的知情权就是相对次要的？""媒体的批评权与公众的知情权作为公开性的保证，其重要地位必然优于市场上某个利益集团自赋或者他赋的‘历史使命’。"① 众所周知，新闻媒体作为社会环境的监测者，其目的是告知和预警。市场经济追求公开、公正与公平。"公众有权知晓相关新闻（包括事实与数据），进而作出判断。这将有助于社会的合力推动市场向健康方向发展。"② 这不仅是维护作为投资者的知情权，而且为政府维护市场秩序也起着守望的功能。

银广夏的造假故事触目惊心，引发了国内许多人对于监管的批评和反思。其凸显出一个极为迫切的问题：市场经济下新闻媒体对企业的舆论监督。由于追逐利益的本性，一些企业往往做出一些不当甚至是违法行为，有些企业恶意逃避银行债务，一些上市公司法人治理结构不完善，不能准确、及时、全面地披露相关信息，严重损害投资者的利益，有的甚至发展到从事内幕交易与市场主力联手操纵股票价格牟取非法利益等违法活动。"银广夏事件"的发生，一方面与中国证券市场长期处于封闭的状态、证券企业的信息不能公开，缺乏公开的监督密切相关；另一方面与政府对证券市场企业的监管体系还不健全、不完善同样有关。事实上，在《财经》杂志未揭露之前，

---

① 展江主编：《中国社会转型的守望者——新世纪新闻舆论监督的语境与实践》，中国海关出版社 2002 年版，第 78 ~ 80 页。

② 《财经》2000 年 10 月 19 日声明。

证券企业的违法违规就是公开的秘密。由于利益的驱动，上市公司与投资银行、会计师事务所、律师事务所等中介机构和证券分析师等市场参与者之间，可能结成某种联盟，共同操作，因此中介机构能否有效发挥监督作用值得怀疑。因为当独立性要求以及职业道德与自身利益发生矛盾时，靠行业规范和法律约束来平衡道德风险的制衡机制可能会失灵。① 事实上，为银广夏出具财务审计的深圳中天勤会计师事务所没有发挥应有的监督作用，相反还扮演了“为虎作伥”的角色。美国的安达信公司为安然公司出具的财务审计也是虚假的。

同时，行政性的监督过多地集中在职能部门身上，例如证监会和司法机构，但这主要还是事后的监管，而在整个事件发生过程中，若要较早地阻止或揭露造假行为，使市场的公正和效率得以体现，媒体及公众舆论的制衡力量很重要。事实上媒体监督在社会监督体系中扮演着越来越重要的角色，发挥着越来越重要的作用。美国安然公司的倒闭证实了媒体监督的巨大力量。这个 2000 年位居《财富》杂志全球 500 强第七位的企业，其造假丑闻被媒体曝光后，《华尔街日报》、《商业周刊》、CBS 财经节目和 CNN 新闻报道穷追猛打、究根寻底，在这种舆论氛围下，安达信公司助纣为虐的问题很快浮出水面，公司诸多高级管理人员被依法追究责任，公司经营中的一些关联问题也很快大白于天下。国内新闻媒体对重大财经问题的揭露已有很大进步，此前的 2000 年 10 月，《财经》杂志关于基金黑幕的披露也曾引起业界一片哗然，对政府监管部门下决心整肃基金公司内部的管理、进一步规范基金市场秩序发挥了重要作用。而与“银广夏事件”一样的“蓝田事件”，首先也是由财经媒体揭开冰山一角后引起政府监管部门和广大投资者的普遍关注，使问题得到及时处理的。

---

① 熊良俊：《媒体监督的力量》，《深圳金融》2003 年第 3 期 。

因此，金融学家、美国耶鲁大学的终身教授陈志武在谈到安然事件时说："我认为安然事件的最大启示就是财经媒体和市场参加者对上市公司的监督、监管作用，这两种监管渠道甚至比证监会的行政监管更重要、更直接，它们在问题刚发生或正在发生时就可发挥作用，而证监会的行政监管往往是到事件的尾声时才起作用。如果没有财经媒体和市场参加者，安然事件可能到现在还没被揭露出来。"①

至于新闻媒体，其对企业的监督既是可能的，同时又是有效的。一是由于媒体与企业之间基本上不存在明显的利益关系，即使一家企业与一些媒体的关系十分"暧昧"，它也不可能收买所有的媒体，因此媒体的独立性得到了可靠的保证。二是媒体拥有敏感的嗅觉、究根寻源的职业习惯、无处不在的网络优势以及法律赋予的特别权利，这些都为媒体有效监督企业创造了条件。现代新闻媒体的影响力不仅表现在其所提供信息的及时和全面等方面，而且表现在它们往往拥有一支强大的信息分析队伍，其中的成员中不仅包括记者，还包括了社会上的知名人士、专家学者和金融投资者。这些人或者对现行的金融监管政策发表评论和诠释，或者提出自己的政策建议和主张。政府部门在制定政策、规范管理、维护市场秩序等方面提供参考，这显然有助于其实施有效的金融监管。"银广夏事件"就是由《财经》杂志这一新闻媒体首先披露内幕，才引起证监会等行政监管部门的重视，进而引入司法程序，提起刑事诉讼的。三是媒体的生命力最终来自新闻报道的可信度和准确性，"求真"成为大多数媒体的追求。《财经》杂志主编胡舒立一再宣称：新闻记者的社会使命就是要担当社会良心的守望者。这种守望者的功能展现的是记者客观、公正、真实的报道的职

① 参见《监管 VS 监督——财经媒体对证券市场的监督功能》，《经济观察报》2002 年 3 月 8 日。

业道德和职业精神。在“银广夏事件”中，两位记者正是凭着追根溯源的职业习惯、追寻真相的职业操守以及专业的金融知识，才冲破了层层迷雾，最终发现了隐藏在事件背后的真相。这也同样来自杂志社“求真求实”的创刊办社理念。在充满着短期利益诱惑的中国股市里，《财经》杂志的记者从维护市场秩序、维护股东知情权和利益出发，坚持良知，弘扬正义，坚持媒体应有的社会职责，报道人民应知欲知而未知的信息，为社会进步的航船预警瞭望。从《股市忧思录》、《庄家吕梁》、《谁在操纵亿安科技》到《银广夏陷阱》，人们读出的是公正的报道，理性的分析，得以感同身受的舆论正义的力量。

当然，新闻舆论监督是一把“双刃剑”，新闻媒体的监督也存在着缺陷。在市场经济条件下，媒体本身就是企业，大多数媒体依赖广告收入来维持运行，而这笔收入主要来自于企业，因而与企业的关系就比较复杂。目前我国的新闻媒体虽然不完全是商业化经营，但客观上存在着在商言商的“私利”，如对一些热点问题过分渲染和炒作以增强新闻效应，少数新闻工作者为追求一己之利背弃职业操守，利用媒体串谋、造势、与不法行为者沆瀣一气等，都会加大金融风险，这就在一定程度上给媒体监督企业设置了障碍。随着我国传媒产业化、市场化步伐的加快，这一利益冲突会日益显现出来。

因此，必须防范新闻舆论监督的负面效应。政府必须加强和改善对新闻媒体的监督、管理，努力引导媒体从积极的方面针砭时弊，揭露问题，传播公众所需要的真实信息。通过立法保障投资者的利益和媒体的报道权。市场经济是法制经济，法律制度的不完善，一方面使“基金黑幕”无法从根本上进行解决；另一方面，公民的知情权和新闻媒体的采访权、报道权、评论权、批评权和新闻自由缺乏保障。与此同时，建立和完善新闻行业的自律机制，从禁止“有偿新闻”和对金融交易信息有“先知先觉”优势的新闻从业人员做出必要的限制性规定入手，培育良好的职业道德和专业精神，以充分保证媒体监督的正确方向，最大限度地发挥新闻媒体在加强金融监管、防范和化解金融风险方面的积极作用。

九、殷新生案：舆论监督呼唤法律保护

● 保护记者的采访权就是保护公众的知情权，就是保护正义的监督权！

● 法律的缺位，不仅使媒体的舆论监督权利无法保护，而且新闻记者的人身安全也无从保证。

● 尽管记者维权还存在着法律缺位，但人们有理由相信，真正的记者是永远不畏艰险的，客观公正地报道事实真相的信念是不会动摇的。

（一）案件回放①

郑州晚报社记者、群工部副主任殷新生，在郑州市新闻界有“犟牛”之称。因为在群工部工作，殷经常打交道的对象是那些受了冤屈后要求伸张正义的苦主。为了替他们讲话，殷不畏权势，敢于碰硬，他曾八次获得河南省和郑州市好新闻奖，连续多年被评为郑州市优秀新闻工作者。挂在殷新生卧室里的30多面锦旗，显示了他多年来作为一个坚持社会正义、不畏权贵、敢于直言的记者为民请命、履行舆论监督使命的赫赫成果。

1989年12月，殷新生经过数月的深入调查后，在《郑州晚报》上连续三期曝光了郑州市检察院越权介入一宗企业合同纠纷案的违法行为，并针对此事展开了一场小有规模的讨

① 王雄著：《新闻舆论研究》，新华出版社2002年版，第241～242页。

论，最后引起有关领导部门的重视，恢复了由于郑州市检察院介入而被强行终止的合法合同，维护了企业及企业承包人的合法权益，维护了刚刚推行不久、当时正在大力宣传普及的国家《合同法》的尊严和严肃性。然而，殷新生的这一次舆论监督举动，却引起了郑州市检察院的强烈不满。郑州市检察院某副检察长欲与殷新生“交换意见”，表达不满。之后，原郑州市委政法委秘书长找到殷新生转达市检察院的意见：“你的稿子对企业恢复生产和群众的情绪都产生了不良的影响。”一周后，郑州市政法委某领导把殷新生召到办公室，见面就说：“你怎么把检察院的意见给推翻了？人家给我反映了多次，对你意见大着呢。你这样做很不合适嘛！”明确表示了对殷新生报道的不满。此事给殷新生后来的“倒霉”埋下了祸根。

1989 年 9 月，殷新生和其他两家媒体的记者联合调查了一起拐卖儿童案，为了帮助儿童返回家园，殷新生会同公安干警奔走各地，调查取证，涉嫌当事人孟某等被公安机关收容审查。不料，孟某等人控告殷新生诬告陷害，殷被郑州市检察院“诱骗”到郑州市看守所，并被刑事拘留。先期 10 天的拘留结束后，1990 年 4 月 16 日，殷新生被正式逮捕入狱，案由为：诬告陷害。从这一天起，殷新生便开始了近 9 个月的牢狱生活。而郑州市检察院批捕殷新生的全部理由和根据是：殷所写的那张字条触犯了《刑法》第 138 条，构成诬告陷害罪。这张由殷新生执笔的字条写道：“最近两个月来，我们三个新闻单位调查了一起拐卖儿童案，案情复杂，牵涉人员较多，柘城县大孟庄村的孟庆德、李雪芝、孟庆勤、孟凡祥等四人，在很大程度上被怀疑是拐卖儿童同伙，现在这四个人都在郑州，我们请求你们帮助审查，以求得此案早日结案。”为了证明这一点，郑州市检察院进行了长达三年多的反复侦查，调查、传讯了数十位证人，做了数百页的询问笔录，积累了六大本案卷，总页数达 1040 页。工程之大，耗费的人力、物力之巨，令不少法律界、司法界人士慨叹不已。在全国人大、河南省委、省政府、省人大和最高人民检察院等部门的多次催办和督促下，郑州市检察院又历经数次补充侦查后，才于 1993 年 3 月 9 日，“依据省检察院的意见”对殷做出免予起诉的决定。殷拒绝在免诉书上签字。从此，殷新生开始要为自己讨个清白！尽管经过 14 年的申诉，中央和省、市有关领导 30 多次批示，全国人大、全国记者协会、有关司法部门 10 多次反复调查，但直到 2004 年 10 月仍未获得公正的解决。全国记协一位负责人在一次记协工作会议上愤然指出殷新生一案，是新中国成立以来最严重、最突出、最典型的打击迫害记者事件。

（二）舆论监督权、公民知情权需要法律维护

殷新生案件是较早的一个记者受迫害的案件，其时间之长、打击迫害之深，实为罕见，让人震惊。这也是典型的利用权力对敢于伸张正义的记者进行打击报复的案件。虽然随着我国法制建设的发展，法律的不断完善，人民的法制意识不断提高，类似的严重案件已少有发生。但是，武力阻碍记者采访，威胁恐吓甚至殴打记者的事情却时有发生。虽然原因很多，但是，追究本质就是新闻法规的缺位。目前，从我国的新闻舆论监督的现状来看，新闻批评和舆论监督常常处于法律的两难境地。一难：现有的政策规定是粗线条的、笼统的，可操作性不强，同时往往在政治气候中摇摆不定，以致政策不连贯、不统一。二难：在新闻官司中，由于名誉权拥有完备的法律保护规范，而新闻舆论监督权却没有完备的法律保护规范，法律的天平因此失去平衡。① 这在实践中常常会带来严重的危害：

其一，无法确定媒体的社会地位。由于缺乏明确的法律规定，新闻媒体的社会地位和法律地位无法确定，媒体的活动范

---

① 杨明品著：《新闻舆论监督》，中国广播电视出版社 2001 年版，第 112～113 页。

围和社会职能暧昧不清，媒体的权利和义务得不到有效的保护和规范。这使得人民群众对新闻媒体产生两种态度：要么是把媒体看成是政府单纯的“宣传工具”和粉饰太平的“帮闲”角色，而对媒体没有信心；要么是产生一种“过度期待”和“过度依赖”，认为媒体能够“包打天下”。这也是在实践中出现人民群众遇到难事不找政府，而去找媒体的现象的原因。从这一点来说，人民对媒体的舆论监督期望过高。

其二，无法保护记者的舆论监督权。我国的新闻舆论监督是一种宪法权利，新闻记者的舆论监督权是公民的监督权利的一种递延。这使得新闻记者成为一个特殊的群体，特殊性不仅在于他们的劳动成果，还在于他们处于边缘状态的身份。新闻记者似乎是一群充满正义而又“孤立无援”的人群。他们在权力和部门利益集团人为地制造事端面前，缺少支持。“在某些当权者的护短、遮丑意识和活动面前，在法律堂皇的拖延和拒绝面前，新闻媒体显得软弱无力——尽管媒体得到了群众有力的声援，无数的读者来电、来信表达着他们的愤怒和困惑。”①然而，在被迫害后没有法律作为武器，这便是殷新生的悲剧。他可以激浊扬清、针砭时弊，他可以为民伸冤、打抱不平，但是他在被“诱骗”刑事拘留后，正义的人们却没有法律的武器为他讨回公道。

法律的缺位，不仅使媒体的舆论监督权利无法保护，而且新闻记者的人身安全也无从保证。随着我国舆论监督的视野越来越宽、领域越来越广、力度越来越大、对新闻事件的挖掘越来越深入，不可避免地触及某些集团的利益，“冒犯”权威，“影响”形象，这便是殷新生落下的“祸根”。然而，像殷新生这样的悲剧，并没有就此终止，而只是变化了另一种方式：干涉正常采访，封闭新闻消息，殴打甚至强制拘留记者，破坏

① 王雄著：《新闻舆论研究》，新华出版社 2002 年版，第 244 页。

设备器材，诉讼新闻媒体等，这侵犯的不仅仅是舆论监督权利，还有他们作为公民的最基本的人身生存权利。

2004 年 1 月 14 日，新华社音像记者应曲川正在浙江临海市大田街道下沙屠村现场采访，遭到二十多人阻挠、殴打，头部、脸部等多处软组织挫伤；2004 年 8 月 1 日，南京四家媒体近 10 位记者在一次正当的采访过程中，遭到江苏省教育厅数十名保安和工作人员围殴、毒打，一名记者当场被打昏，其他记者均不同程度受伤；2003 年 10 月，《重庆商报》的女记者罗侠到重庆市渝堰夜总会采访被打伤住院治疗；2003 年 11 月 12 日，中央电视台记者在山西省保德县采访一家污染企业时被殴打；2002 年，《羊城晚报》、《南宁晚报》、《北京青年报》等新闻单位的记者，都在不同的采访中被粗暴阻挠，殴打辱骂……这还仅仅是近年来新闻记者因正常采访而遭到人身伤害事件中的几例。据中国记协统计，自 1998 年设立新闻工作者维权委员会以来，受理的关于记者受害的投诉就有 300 多起，其中包括很多非法拘禁和殴打记者等恶性案件。可以说，记者权益受侵害事件的发生呈逐年上升趋势，用《工人日报》发表的一篇文章的话说就是：“没完没了，愈演愈烈。”

而受到威胁、恐吓的情况，对许多进行批评性报道的记者来说，就更频繁了。揭露北京出租车垄断黑幕的朱克勤、揭露长洲戒毒所黑幕的记者赵世龙等都曾受到威胁、恐吓。其中赵世龙说“我做记者 10 年来第一次真正感到害怕，央视《新闻调查》都报道了，他们还敢这样嚣张，公开和暗地威胁我。”以至于他后来不得不在西祠胡同“记者的家”网站上发出呼救帖：“本人在广州素与人为善，如遇不测，定为长洲戒毒所所长罗贤文所为。”而像他这样人身安全受到威胁的记者岂止一个？这不仅仅是新闻记者的悲哀！

这些现象的频繁出现，一方面使记者身心俱疲；另一方面使得“被批评者”气焰更加嚣张，由此导致舆论监督的弱化、批评精神的压抑。批评精神的压抑必然减弱社会道义、压制社会公正。

其三，无法保障公民的知情权。

新闻媒体作为反映人民群众意志和呼声的通道和窗口，在实现社会公平和正义的过程中，发挥着极大的影响力和重要的监督职能。新闻采访权、报道权和舆论监督权是公民的社会知情权、批评建议权、监督权的代表和延伸。作为具体的公民，其上述权力是通过新闻记者的具体采访报道行为来实现的。在现实生活中，越来越多的公众尤其是弱势群体，遇到困难和不平就盼望记者出来主持公道，伸张正义。①

从殷新生的被“诱捕”到愈演愈烈的记者被打，本质上是地方保护主义在作祟。在我国目前现实社会中，有一个现象不容忽视，就是存在不当的特殊利益问题。有些政府部门，有些地方机构有着作为一个集团的自身利益追求，实际上形成脱离公共利益的或明或暗的利益实体。这种现象不仅表现在立法过程中②，而且表现在执法过程中，表现在部门主义和地方主义的各种行为中。新闻媒体在直接的行政干预和利益保护主义阻力面前，常常无能为力，难有作为。这使得舆论“失语”，监督“失位”，本质上是公民知情权的丧失。

《重庆商报》副总编邱远勋、张宪民认为，保护记者的采访权就是保护公众的知情权，就是保护正义的监督权！试想，如果这些权力遭到践踏受到破坏，那罪恶的东西怎会在阳光下枯萎死亡？而正义的东西又怎能在阳光下茁壮成长？

尽管记者维权还存在着法律缺位，但人们有理由相信，真

---

① 顾立林：《2003：记者采访权受到挑战》，《新闻实践》2003 年第 12 期。

② 参见刘运龙《论地方立法中“部门利益”倾向及防范对策》，载《人大研究》1997 年第 6 期。

正的记者是永远不畏艰险的，客观公正地报道事实真相的信念是不会动摇的。《新京报》的发刊词表明了我国媒体的骄傲："责任感总使一些人出类拔萃！《新京报》至高无上的责任就是忠诚看护党、国家和人民的最高利益。《新京报》的口号是：'负责报道一切。'《新京报》致力于对报道的新闻负责，一切新闻和一切责任。有责任报道一切新闻，追求新闻的终极价值和普世价值；更有责任对报道的新闻负一切责任，包括政治责任、经济责任、文化责任和社会责任。"

由此观之，尽管新闻记者的正常采访权，实行舆论监督权，是党和人民赋予新闻工作者的崇高职责，是符合党心民心的。但这种权力同时也需要法律的保护，需要全社会的支持。新闻界诸多人士在讨论舆论监督的社会环境、法律保障以及功能定位时都迫切感到，没有法律的准绳，舆论监督以及新闻工作者的权利在很多情况下无法得到保障，也得不到应有的规范和制约。作为和平时期非军事性职业中风险第二大的职业，有敬业精神的记者们，并不惧怕职业决定的危险和牺牲。无论滔滔洪水、烈烈大火等灾害，还是炮火纷飞、硝烟弥漫的战争，无论是缉毒、打黑、反走私，还是探险、登山、极地考察，这些都堪称高风险的活动，但都不能阻挡新闻记者义无反顾地冲上前去。能为全国观众、听众和读者提供最新、最快、最好的报道，他们甘愿冒最大的风险，这是职业的要求和荣耀。但是，我们的社会不能漠视一桩桩、一件件的对记者的无理取闹，肆意辱骂，粗暴殴打的事件。这不仅是对我们个人，更是对党和人民赋予我们的神圣责任的蔑视，是对新闻的神圣权利的侵犯。新闻舆论监督呼唤法律，刻不容缓。这是新闻记者的呼喊，也是公民和正义的呼喊！舆论监督需要突破，建设政治文明需要突破，现实的困境迫切需要出台一部相关的新闻法律。

十、繁峙受贿事件：舆论监督也需要监督

● 繁峙特大矿难事故的影响不仅在于通过一些记者面对危险无所畏惧，勇敢地揭露事故真相，更在于作为新闻事业发展历程中所出现的舆论监督也需要被监督的个案。在采访过程中包括四名新华社记者在内的11名记者违背职业道德，收受当地有关负责人及非法矿主贿送的现金、金元宝，对事故真相不予报道，“集体失语”引发了社会对规范新闻记者职业道德和对舆论监督者的监督的思考。

（一）事件回放①

2002年6月22日14时30分，山西省繁峙县义兴寨金矿区王全全矿井发生一起特大爆炸事故，38名金矿矿工不幸罹难，造成直接经济损失达1 000余万元。矿难发生后，非法矿主不是积极设法进行抢救，而是与个别地方官员沆瀣一气，隐瞒事故真相。据有关媒体报道，事发当晚，涉案的非法矿主殷三、杨海龙、杨治兴、王建勇等商定统一了“2人死亡、4人受伤”的口径，同时几人做了明确分工：王建勇负责做繁峙县县长王彦平的工作；杨海龙负责做其他县领导的工作；殷三负责应付领导、记者的调查和遣散民工；杨治兴负责转移、藏匿尸体及与死难矿工家属的私了事宜。同时，殷三等指使其他矿井的10名民工冒充逃生工人，向繁峙县调查人员作伪证。当晚11时，矿主将遇难矿工尸体进行转移、掩埋。在此后的23日至28日这几天里，非法矿主一方面召集王全全矿井工人开会，恐吓工人和家属不得说出事情真相，遣散民工和家属；

① 参见《新华每日电讯》2003年9月16日第4版《繁峙矿难：金元宝没能瞒住真相》；《南方周末》2003年10月16日《金元宝岂能遮住新闻眼　新华社严处“山西繁峙矿难”受贿记者》。

另一方面组织工人封盖、填埋副井，破坏现场，焚烧、掩埋遇难者尸体。30多具遇难者尸体被二次分散灭迹：或焚尸于田野，或抛尸于废弃窑洞，或掩埋于沟壑……极力隐瞒真相。同时，非法矿主给繁峙县县长王彦平打电话做工作，要求不要把事情搞大。

繁峙县委、县政府在组织事故调查时，轻信矿主报告，并于6月22日事故发生当天21时左右按“2死4伤”的口径向忻州市委、市政府报告了事故伤亡情况。此后，繁峙县政府在县长王彦平的指示下，繁峙县公安局在已知事故死亡人数超过2人的情况下，28日仍按“2死4伤”出具了关于事故伤亡情况的材料。6月30日，矿难事故发生8天后，山西省根据举报成立了“6·22”矿难调查组，开始多方查找遇难者的尸体。两天之内，调查人员在碱峪、浪涧山、中虎峪等埋尸点发现矿工尸体，真相才被揭露出来。

与此同时，为了隐瞒死亡人数，当地负责人和金矿矿主通过金钱收买采访事故的新闻记者，达到封口的目的。2002年6月23日，《山西经济日报》记者苏勇和《山西法制报》驻忻州记者站站长刘玉柱以及刘的另外两个同事白建芳、阎珍寿赶到矿难现场。由于采访受阻，刘玉柱等四人回到了砂河镇，一通讯组的人告诉他们调查结果是“2死4伤”。6月24日，四人到了附近的代县办事，繁峙矿上的一个人追到代县，送三万元钱给苏勇等人。苏勇对刘玉柱说：“繁峙方面托关系，请你们千万不要做公开报道。”苏自留8 000元，同时将剩下的2.2万元现金，分给刘8 000元、白7 000元、阎7 000元。新华社山西分社在得知繁峙发生矿难的消息后，特意派出一支四人采访小分队，负责人是有矿难报道经验的采编部副主任鄯宝红，其余为摄影部副主任安小虎、音像部主任王东平和政文部记者谭旭。6月24日晚，采访小分队赶到繁峙县。县委书记王建华对小分队热情接待。当晚及25日凌晨，王建华分别到鄯宝红和安小虎的房间。寒暄过后，通报了“2 死 4 伤”的情况，并请求予以关照，随即往两人的手提包中各放了两万元现金。24 日晚 9 时，县委书记王建华还嘱托忻州市委宣传部副部长胡有恒：“矿上出事，有记者去了，请胡部长去协调一下。”胡有恒第二天一早赶到繁峙，与新华社记者会面，并一起参加了县委、县政府召开的情况汇报会。随后，新华社记者与胡有恒等人去了砂河镇的矿难现场。就在这一天的采访中，几位记者得到了一份 117 名下井矿工的名单。这是一个重大的线索。但是当天，收受了两万元现金的鄯宝红和安小虎并没有顺着这个线索调查下去。就在采访小分队返回之前，繁峙县又送给每个记者重 28 克、价值2 400元的金元宝一个。另外，《山西生活晨报》的三名记者魏停、樊武杰、郭龙也分别收受了5 000元的贿赂。据上海《东方早报》的报道，当时繁峙有关负责人和非法矿主只给了三名记者一万元，但这三名记者以三人分不开为由，打电话给繁峙方面，要求能否给 1.2 万元或 1.5 万元，最后繁峙方面又补拿5 000元，每人平分5 000元了结。

时隔一年之后，2003 年 9 月 15 日，新华社报道 11 名新闻记者在采访事故过程中收受当地有关负责人及非法矿主贿送的现金和金元宝事件。9 月 26 日，新华社再次详细公布了 11 名涉案新闻记者名单和处理结果，并以此为警示，向全社会做出承诺：坚持报实情、讲真话，维护新闻的真实性、公正性；清正廉洁，公道正派，坚决抵制有偿新闻、虚假报道，恪守新闻职业道德。

一石激起千层浪。新华社的报道迅速被全国各大媒体转载，引起了社会的广泛舆论和新闻界的震动，全国各大媒体发表了相关评论，网上也对此反响甚大。“记者收黑钱”一时间成为舆论的焦点。

（二）舆论监督记者不能丧失职业道德

作为舆论监督的个案，繁峙事件的影响不仅在于面对非法矿主和当地政府隐瞒真相，面对采访过程中的盯梢、威胁，《中国青年报》、《华商报》等富于职业良心和社会责任感的记者无所畏惧，使繁峙矿难的真相得以曝光，还死难者一个公道。我们为有这样的新闻记者，这样的舆论监督勇者而感到骄傲。但同时，作为新闻事业发展历程中舆论监督实践来说，我们也为在采访过程中包括4名新华社记者在内的11名记者违背职业道德，收受当地有关负责人及非法矿主贿送的现金、金元宝，对事故真相不予报道，“集体失语”的状况而感到失望和担忧。并由此产生深刻的反思：新闻记者怎么了？新闻界怎么了？其影响不仅在于此，更在于记者受贿事件凸显了当前新闻界进行舆论监督所必须面对的两大问题。

1. 舆论监督中记者的职业道德问题。

“繁峙金矿记者受贿”事件的发生，严重暴露了当前一些新闻记者的职业道德的缺失，而令人忧虑的是，这只是新闻界一个放大的缩影。2003年，《京华时报》记者孙振利用掌握的部分新闻线索，向当事人敲诈十多万元；湖南娄底市所谓“名记”伍某，布下色情陷阱，引君入瓮，并以此来要挟和控制领导干部，从中牟取私利；而更令人震惊的是《鄂东晚报》报社居然以曝光当事方丑闻的方式强拉广告……屡屡出现的记者“丑闻”，使新闻媒体公正和正义的形象由此受到严重影响。

“记者，一个本该与社会良心、匡扶正义联系在一起的，如今却成了不光彩的受贿者。以往曝光别人，现在却被曝光——这种角色间的转换，令人深思。”① 透视这些记者的所作所为，一个明显的事实就是，这些记者在社会转型期的复杂背景下，面对各种物质利益的诱惑，无法把握自己，在个人利益和公共利益的冲突面前，背离职业精神，违背职业道德，损

① 见人民网2003年9月23日《繁峙矿难11名记者为何倒下》。

害公众利益，滑向个人私利的泥潭。“记者道德的归依，应该取向于社会大众的归依，一旦背离这种取向，那就危险地使自己陷于难以自拔的境地里。”① 服务人民，保护公民的知情权，是记者的职业理念；报道真相，还原事实，是记者的职责；深入事故现场调查，是记者的职业态度；不得索要、接受钱财是记者的职业纪律。然而这 11 位记者或者接受当地领导“盛情款待”、“吹吹拍拍”，不深入现场调查，或者形式上看看，知难而退；或者受了钱财一走了之；或者碍于情面，装聋作哑……在金钱和金元宝的利诱下，把这个职业所特有的神圣感、社会责任感、历史使命感完全抛于脑后，完全失去了记者的正义和良知，失去了新闻工作者的职业道德，极大地损害了新闻工作者的声誉和形象。

恩格斯在《路德维希·费尔巴哈和德国古典哲学的终结》一文中指出：“每一个阶级，甚至一个行业，都各有各的道德……”②新闻事业也不例外，而且由于新闻工作的特殊地位和作用，新闻工作者的职业道德更为重要。美国新闻学者约翰·赫尔顿曾经说过：“在新闻领域里，没有哪个问题比新闻道德问题更重要，更难以琢磨，更带有普遍性。事实上，如果新闻工作一旦丧失道德价值，它即刻便会变成一种对社会无用的东西，就会失去任何存在的理由。”这是因为新闻事业是一项公共事业，不仅担负着宣传政策、交流信息、传授知识等任务，而且拥有对社会的舆论监督权，是社会正义和良知的化身。

新闻记者是一种职业，更是一种事业。最基本的要求就是从业者需要具有崇高的职业精神和良好的职业道德，也是记者

① 江作苏：《新闻道德的哲学思考》，《新闻战线》2004 年第 1 期。

② 转引自雷跃捷著：《新闻理论》，北京广播学院出版社 1997 年版，第 193 页。

做好舆论监督的基础。著名报人邵飘萍谈到记者的职业精神时说："故新闻记者精神上之要素，以品性为第一。所谓品性者，乃包含人格、操守、侠义、勇敢、诚实、勤勉、忍耐及种种新闻记者应守之道德。贫贱不能移，富贵不能淫，威武不能屈，泰山崩于前，麋鹿兴于左而志不乱，此新闻记者之训练修养所最不可缺者。"① 新闻界老前辈范长江也说了一句警世名言："有了健全的人格，才配做新闻记者。"被镌刻在美国哥伦比亚大学新闻学院普利策铜像基座上的一段名言是这样说的："我们的国家与报业休戚相关，升沉与共。报业必须具有能力，大公无私，训练有素，深知公理并有维护公理的勇气，才能保障社会道德。否则，民选政府就会徒有虚名，成为一种赝品。报业的谩骂、煽动、虚伪、专横将使国家与报业一同堕落。塑造国家前途之权掌握在未来新闻记者的手中。"从国家的高度来说明了新闻媒体的精神与职业的重要性。

繁峙金矿矿难中，在一些记者拜倒在金钱之下的同时，却有《中国青年报》等报社的记者冒着危险，勇敢地揭开事情的真相。同样是记者，却出现了正、反两方面的典型，这一事件警示我们：在利益主体多元化的今天，新闻工作者时刻都要面对各种诱惑，新闻记者的队伍建设、作风建设还面临着艰巨的任务，遵纪守法教育和职业道德教育必须紧抓不懈。也说明了作为舆论监督的实施者的记者，要做好社会的守望者的角色，及时发现"海面上的浅滩暗礁"，必须弘扬职业精神，恪守职业道德，具备良好的职业素质。

一是要坚持全心全意为人民服务、献身公共利益的职业理念。这是新闻工作的宗旨。记者的天职就是客观公正地向广大读者、听众、观众作报道，除了政治理论水平之外，关键是要

---

① 邵飘萍：《实际应用新闻学》，见《新闻文存》，中国新闻出版社1987年版，第388页。

去私心，大公无私，把自己的工作看作是为人民服务，对社会负责，对党和人民负责。确立正确的世界观、人生观和价值观，讲党性，讲道德，自觉抵制各种诱惑，不能利用职业条件谋取一己之私利。二是要有立业为公的精神和高度的社会责任感。责任感是记者用更高层次的要求来约束自己，对社会公德产生认同感，拥有正义感和同情心。献身于国家民族的抱负，为促进国家进步和民族发展所做的贡献。这也是记者高度的社会责任感的要求。它使得记者在困难时百折不挠甚至舍生取义。新闻工作者要时刻牢记自己的社会角色以及承担的责任道义，要时刻牢记新闻记者的职业道德规范，要时时警醒自己，也就是要自律，自己对自己进行监督。三是要有敢于坚持真理的精神。敢讲真话、讲实话，敢于探究实情。真正优秀的记者是公众良心的代表和社会正义的化身，新闻工作也是一项具有神圣使命感的事业，而不仅仅是谋生的手段。在任何阻挠和压力下都不退缩，把“应该做的”转化为“自觉的履行”，变成工作者内心的自觉要求，新闻工作责任转化为新闻道德责任。四是要培养记者的良知和正义感。新闻工作者的良知是其从事新闻事业的前提，它往往左右着新闻工作道德的各个方面，贯穿于新闻工作行为过程的各个阶段，成为新闻工作者思想和情操的重要精神支柱。五是要培养新闻职业荣誉感。新闻职业荣誉感是新闻工作者的精神生命。新闻工作者应通过自身的形象和行动去塑造优秀的职业形象，以获得良好的声誉和荣誉，决不做与自己的职业身份和职业形象不相符合的事情，更不能做降低新闻职业身份和形象的事情。

2. 对新闻舆论监督的监督问题。

媒体舆论监督的力量来源于民意，其舆论监督权的最终归属是人民群众，记者是因服务于公民的言论出版自由才拥有采访和报道自由权的，舆论监督就是这种权利的一种形式，它体现了传媒和传媒人的责任和使命。但由于我国媒体所具有的政治属性，传媒的舆论监督在某种程度上是党政权力的延伸或补充，因而，传媒的记者虽然不是公务员，但是手中掌握的发稿权一定程度上变成了某种“权力”。特别是在舆论监督方面，我国的传媒比任何国家的传媒都具有更大的话语权，这极易让记者产生一种错觉：自己似乎也有某种“权力”。11 位收受现金和金元宝的记者，利用舆论监督进行“权力”寻租的行为，其实是对传媒伦理所倡导的专业主义的一种误读和背弃。

这种“权力”的误读，使得记者的角色发生错位，导致了舆论监督发生畸变，必然导致传媒责任和使命的迷失。当个人利益的欲望越过道德樊篱时，公共的利益就会受到侵害。“权力产生腐败，绝对的权力产生绝对的腐败。”同其他权力相比，虽然，媒体的“权力”只是建立在公开“曝光”的基础上，但是被监督的权力出于维护自身利益的诉求，也会通过阻挠或者收买的手段，来达到自己的目的。广西南丹矿难就是通过各种手段对舆论监督加以阻挠，而在繁峙金矿矿难中收买读者成为他们维护自身利益的手段。

由于新闻记者掌握着话语权，一些幕后的交易就不会轻易被公开曝光。单位缺少管理，行业没有约束，媒体就可能会越走越远。为了维护公共权力和公共利益不被自身拥有舆论监督权力的新闻媒体所侵犯，关于“对于舆论监督的监督”问题的提出也就自然而然了。陈力丹认为：“舆论监督本身也需要监督，如果没有适当的制约，无论什么权力，即使具有无可质疑的正当性，也会变得压迫人和剥夺人。”① 《南方都市报》以《矿难处理“黑名单”记者有份是好事》为题说：“由代表公众利益的媒体来对公权力的行使和社会运行进行舆论监督，这是现代社会一项成功的制度设计。但是，作为监督者的媒体

① 参见《山西矿难记者失职反思：舆论监督本身也需监督》，《南方都市报》，2003 年 9 月 28 日。

自身是否需要监督，怎样进行监督，这显然是一个问题。”因此，如何对媒体自身进行监督也是一个迫切需要解决的问题。在当前政治和经济效益的博弈中，一些宣传部门只关心媒体在政治上和经营中大的问题上是否违规，但对媒体的职业道德建设却疏于管理，也并无有效的章法。

“传媒的力量应当在于它自身的影响力。减少传媒对权力的依附，只以自身的影响力和自身组织的功能来实行监督，可以在相当程度上减少这方面的腐败发生。”

首先是要建立相应的自律机制或体系是比较现实的选择。机制设计应以既能实现对传媒人行为的约束，又不伤及舆论监督等制度性权利的实现为原则。这一自律体系的功能主要体现在两个方面：一是监督约束，尽管这种约束并不具有像法律那样的强制力，更多是对非道德行为的谴责和批评，但就道德问题而言，这对一个具有专业精神的新闻从业者来说已是相当严重的惩罚，它意味着职业生存的危机；二是培植教育，即以理性程序在业内宣扬专业精神和社会责任，这是一种示范效应，也是新闻业逐渐成熟的必由之路。①

但是仅仅有自律是不够的，还有一项更为重要的是对新闻媒介及其从业人员进行社会监督，这里的社会监督是指政府、社会团体（或政党）以及受众通过社会舆论或行动对新闻媒介形成压力，对传媒及其从业人员进行外在强制性管理。11 名记者收受礼金的违纪事实，正是由于群众的举报而引起有关单位的高度重视、下令彻查，这才有了今天的严肃处理结果。记者收黑钱内幕被揭露后，不少新闻单位向社会作出承诺，欢迎社会各界对记者、编辑进行监督，并公布举报电话，显示的正是这样一种坦诚健康的职业理念。同时，可以考虑行业协会的

① 参见 2005 年 3 月 21 日《学习时报》，《权利？工具？责任？——以传媒伦理的视角解读舆论监督的畸变》

监督。通过建立行业评议会之类的组织，规定一些新闻工作中必须遵守的细则并强化监督机制，对媒体的职业道德建设进行监督和评比，最后落实到评级、评奖、评比等与利益相关的活动中去。

最后，也是最重要的，政府和新闻单位要为那些职业道德责任感强的记者提供一个良性的工作大环境，通过一系列赏罚分明、褒贬清楚的做法来指导和纠正人们在新闻活动中的工作行为，旗帜鲜明地提倡什么、反对什么是构筑新闻职业道德的基础，否则会使人丧失和不明确追求的目标。

我们有理由相信大多数记者能够恪守新闻道德和新闻法规，他们不怕各种阻挠和艰险，能够经受住各种诱惑，勇于揭露事实真相，真正发挥“社会公器”的作用，对人民群众负责，真正起到了舆论监督的作用。在山西繁峙矿难中，正是许多新闻工作者恪守职业道德，困难面前不低头，恐吓面前不退缩，利诱面前不动心，及时、客观地采写了大量内部报道和公开稿件，为揭开矿难黑幕做出了积极贡献，忠实地履行了新闻记者的责任！

值得欣慰的是，面对记者受贿事件，新华社敢于自曝家丑，并以此次记者违纪案件为警示，向社会公开承诺，坚持报实情、讲真话，维护新闻的真实性、公正性，坚决抵制有偿新闻、虚假报道，恪守新闻职业道德，欢迎社会各界对新华社记者、编辑履行承诺的情况进行监督，显示了一种正视问题和积极反思的勇气。

应该清醒的是，从我国目前新闻界的现状来看，要使每个新闻从业者牢记和自觉遵守新闻职业道德规范，建构新闻职业道德体系，从而维护新闻的真实性和新闻职业的纯洁性，还有很长的路需要走，需要全体新闻工作者和全社会的共同努力，但愿像山西繁峙矿难中那样的记者集体受贿作假、严重损害新闻记者形象的事件不再发生！

附录一
舆论监督与社会正义简论

曾　凡

近些年来舆论监督实践活动空前活跃，这在促进社会稳定、进步、张扬社会正义，增强民族凝聚力方面起到重要作用。舆论监督工作也因此受到百姓的欢迎，引起国家领导人的高度重视，江泽民同志在十五大报告中特别强调："要深化改革、完善监督机制、建立健全依法行使权力的制约机制，把党内监督、法律监督、群众监督结合起来，发挥舆论监督作用。加强对宪法和法律实施的监督，维护国家法制统一。"1998年，朱镕基同志到中央电视台《焦点访谈》视察时说："舆论监督、群众喉舌、政府镜鉴、改革尖兵。"有学者认为这"标志着中国新闻舆论监督开始走向理性发展"①。与此同时，地方政府也对舆论监督给予高度关注，甚至制定相应的舆论监督法规，如珠海市颁布了《珠海市新闻舆论监督办法（试行）》、《珠海市新闻舆论监督采访报道的若干规定》，明确规定记者进行舆论监督时任何单位、部门和个人都必须接受采访；北京市检察机关规定各级检察院渎职侵权，监察部门要积极与新闻机构建立联系制度，互相配合，并自觉接受新闻媒体对检察工作的监督；吉林省政府作出规定：行政机关不得阻碍新闻舆论监督；青海省委、省高级法院都表示支持新闻舆论监督，并提

① 参见王闽京：《舆论监督新论》，载《中国广播电视学刊》1999年第3期。

出新闻监督与司法监督相联系，互相协作解决问题；而安徽省更是明确表示，舆论监督的主要对象是权力机关和公务人员。① 2003年2月12日安徽省政府还举行“接受新闻监督恳谈会”，省长王金生在会上提出：各级政府首先要转变观念，以高度的自觉性，树立监督就是支持的观念。② 这些都是弥足珍贵的。但是，总结几年来舆论监督的实践和理论探索，不难发现，对于舆论监督的理解多数人的讨论是停留在工具的层面上。事实上，舆论监督除了可以作为惩治腐败的手段、批评社会不良现象的工具、一种向权力机关反映情况的渠道外，作为政治体制、意识形态的重要成分，舆论监督本身所具有的法正义、伦理正义、社会正义的内涵和力量、对社会（公众）的价值指导作用将超出其对现实生活的批评监督作用。因此，笔者所作的努力是试图从价值体系的角度阐述舆论和舆论监督的社会内涵，并期望舆论监督将随着社会进步能够提升为一种文化力量或成为一种文明标志。

一

舆论是公众的意见。舆论监督则是公众对社会表达意见的一种方式，所以，舆论监督具有以公众意见监督权力的意味。

在中国古代，权力从理论上说只属于皇帝自己。所以，他不需要舆论监督。即使是地方官，也仅仅是代表皇帝在行使权力，所以，他也不需要舆论的监督。虽然古代有舆论监督性质的“言官”（御史），但那应该说是皇帝个人的一种姿态，这种姿态既不牵涉到国家的权力结构，也不牵涉到民众与国家的

---

① 参张西明《新闻舆论监督沉重的话题》，载《新闻与传播》2001年第2期。

② 参见《光明日报》2003年2月14日A3版。

关系。从另一方面来说，舆论或舆论监督的存在，无论它是实质性的还是形式上的，都是对执政者或统治者的一种潜在威胁，是一种社会控制机制，使之不至于失控发展到极端。所以，统治者并不欢迎舆论的存在。

到了现代社会，由于民主政治体制的出现，舆论监督作为社会契约的一种保障机制越来越具有实质性的地位和功能。

在改革开放后的中国，舆论监督实践活动引人注目，舆论监督工作也受到党和国家领导人的高度重视。特别是最近十年来，舆论监督活动在中国人的政治生活和日常生活中发挥着越来越重要的作用。连生活在边远地区的农民受了委屈时也知道通过舆论机构帮助自己解决问题，这是中国社会的最重大的进步之一。从人治到法治，从带有封建色彩的因言得罪到言论自由，物质生活的提高带来了精神文明的进步，当然也带来文化观念的变革和进步。

这种变化意味着社会法制环境的变化和人民生活空间的变化，意味着党和政府是把人民的利益放在了自己工作的中心地位，真正把人民当成了社会的主体和主人。

二

但是，在现实生活中，无论是一些普通老百姓还是某些执掌权力的政府工作人员，对“舆论监督”还存在着误解。

从国家的角度而言，舆论监督通常被作为政府有关部门用以指导某项工作的工具。也就是说，“舆论监督”在事实上成为一种宣传手段，或是直接被认定为对大众的“引导”。比如说要“建设花园城市”，要“建设文明社区”，要打击车匪路霸，要搞好计划生育……那么舆论（监督）就成了引导人们去进行某项具体活动的先导。

从大众的角度而言，舆论（监督）更多的是被老百姓作为对某些社会现象发泄不满情绪的通道。在报纸上发发牢骚，在收音机里提个建议，在网络上骂骂人，在××座谈会上表示某种正义的姿态……

也就是说，无论在理论层面还是在实际工作中，人们都还没有真正认识到舆论监督的深刻社会历史内涵和巨大文化价值。

事实上，对舆论的这种理解已经滞后于舆论在现代社会所显示出的文化力量和价值意义。舆论监督是公民天然的权利。

三

与这种现状相联系的是，在人们的意识中，所谓“舆论监督”还有一个几乎可以随意置换的同义词——新闻监督。好像“舆论”就只是来自新闻媒介的批评性意见。这也与我们在过去几十年的社会主义建设过程中，整个社会的公民意识、社会契约意识不发达有关。

舆论监督不是新闻监督。新闻只是舆论的一种形式。对于这个简单的事实很多人没有注意并加以思考。形成这种状况的原因，首先是因为在中国几千年的社会生活中，舆论监督一直是一种隐性的或假性的存在。舆论的力量得不到各方面的重视。其次则由于在最近的若干年以来，社会的不断开放、民主建设的不断进展和新闻媒介作为民间声音的不断壮大，本来是作为舆论集散地的新闻媒介反而被看成了舆论的化身。管理者需要舆论时就把新闻媒介当作舆论来用，民众需要舆论时也把新闻媒介当成自己的代表。在这种状态下，“舆论监督”就被简化成对新闻媒介的利用和依靠了。

所以，我们应当纠正对于舆论和舆论监督的简单化、片面化理解。

舆论是民众的声音。那么，所有代表和表达民众声音的事物，都应当被看作是舆论。也就是说，那些以各种方式在民间流传的流言、民谣、书籍、文告，甚至民歌、笑话等，都是舆论。有人以为，只有在自己的视野范围内甚或在自己的管理控制范围内的言论才是“舆论”。这如果不是出于无知，那就一定是一种极不负责任的误解。

舆论，每时每刻都在以不同方式传播着的公众意见。即使是在一些非常特殊的极端的情况下，舆论也是广泛存在的。所谓“千夫所指”，所谓“唾沫星子淹死人”，等等，都是指舆论的普遍性和舆论的公众性。

正是因为舆论的广泛性，所以舆论监督才能称之为“社会正义的象征”。

四

我们在这里研究和强调舆论监督，绝不希望人们仅仅把舆论监督作为一种向权力机关反映情况的渠道，也不是要人们把舆论监督作为一种发泄情绪的工具来批评社会不良现象。我们需要由此进入一种现代文化的建设过程，由此来探寻多元化社会中能够被大多数人所接受的社会评价尺度。在这样的过程中，我们希望增强社会公众的主人翁意识，建立一种法制基础上的社会沟通渠道，推动社会主义民主建设。

舆论监督是代表社会公意的，也就是代表一种最广泛的社会意愿的。因此，舆论监督所凭借的价值观念和道德尺度就很重要。

在封建社会，舆论主要来自统治者的正统意识形态，是封建皇权的意志体现。现代社会，特别是 20 世纪量子力学的出现、地球村概念的出现及政治多极化的出现，不仅打破了政治上极权统治的局面，而且打破了人们观念上自亚里士多德和牛顿以来的线性思维的习惯。在文学、历史、文化学、民族学、哲学、美学以至政治和经济领域，更多的人开始接受多元文化的观念，即承认这个世界是由许多平等的区域和民族构成的，这些平等存在的民族和地区有各自不同的文化传统、价值信仰和生存方式，每个人、每个民族、每种文化和每种意识形态都有其独特的价值和权利。

因此，在这样一个开放的时代和社会里，舆论也必须有文化的包容性和政治的开放性，必须是一种建设性的发展性的文化体系的一部分。

所以，我们需要重新建立一种社会评价体系，这种社会评价体系不是单向的，不是封闭的，不是政治权力或经济势力的附属物，而是来自文化多元化的观念，来自社会发展和人的自由生长的观念，当然也来自权利平等和利益平等的观念。

五

作为现代文化观念和现代政治制度的体现，舆论监督提倡平等观念、公民观念和社会契约观念，这与中国传统的价值观念具有深刻的冲突。不仅是理论的冲突，而且是一种非常激烈的实际的冲突。应该承认中国现在的社会结构在一定程度上仍然受到官本位的影响，一些官员在某种程度上只对上级负责而不对社会公众负责。所以，某些地方官员在内心深处不欢迎、不提倡、不允许平等观念、公民观念和社会契约观念，他们所要的只是听话的老百姓，包括听话的记者。

实际上，中国共产党在建党之初就把追求全社会各阶级的平等作为一个根本目标，中华人民共和国的建国纲领中也包含了对阶级平等的追求。但由于中国传统价值观是建立在封建等级秩序基础上的，所以，官为民之父母、上级是下级的主宰、民可使由之不可使知之的观念就作为常识，并且以潜意识的方式流传下来。即使经过二十多年的改革开放，中国加入世贸组织，地球村和全球化观念已经成为时尚的今天，这种政治上的等级秩序观念仍然根深蒂固地存在于中国人现实生活的各个领域和各个层面，而“平等”则仍停留在精神层面和理想层面。

改变是必须的。改变也是困难的。这将是一个漫长的时间过程。其中，既有观念的改变，也有制度的和习俗的改变。而舆论监督在这个改变过程中，可能会起到相应的推动作用，尽管这种推动可能会微不足道。

首先，应当通过舆论监督，向整个社会灌输社会正义的观念，提高公民的自觉权利意识。

中华人民共和国成立后的半个世纪，中国人民有了“当家作主”的概念，也有了“人民”、“群众”这些初步的公民意识。但这里的“人民”和“群众”都是一种集合概念而不是具体的有所指向的个体集合。现在，当我们通过舆论监督的渠道来推动社会主义文明建设的时候，我们可以通过具体的事例来强调社会正义的观念，强调公民的个体存在价值，以对具体的个人权利的落实，来替换以往的抽象的“人民”权利。通过这样的一种权利的置换和权利的落实，使社会公众切实感受到个人作为社会成员的重要性，使每个人都从中学会保护自己，也学会尊重他人。这样，我们的社会才有可能真正成为“人民”的社会。

在提高公民权利意识的同时，舆论监督作为一种社会沟通机制，必然会增强各级领导者平等的观念和社会公正的观念，进一步提高管理者的社会服务意识。

所谓舆论监督毕竟主要是社会公众对社会管理者的监督，那么，当社会不同层面、不同角度的意见经由舆论的方式传递给各级领导者时，这些被置于公众目光下的社会管理者自然会提高对公众意见的重视程度。而且，如果舆论监督能够被作为一种正常有效的民主建设机制的话，社会管理者在舆论（即公众）面前将不得不改变自己的领导者视角，而以一种更加平等的姿态来看待公众的意愿。

六

当我们提出通过舆论监督来消解或弱化中国传统价值观中的等级秩序观念时，我们并不是把它作为一种针对领导者的政治行为，而是把它作为一种推动社会文明的文化过程来理解的。

一个发展的社会，一个有健全的社会监督机制的社会，一个有精神推动力的社会，才有可持续发展的能力。所谓现代化，不仅仅是一个经济过程，更重要的是一个精神过程、文化过程。在这个过程中，既有体制的建设也有文化的建设，既有经济的发展也有文明的发展。

经过二十多年的改革探索之后，已经有越来越多的人注意到了社会发展的不平衡问题，一些人信仰的丧失、价值系统的瓦解和金钱权力欲望的极速膨胀，已经成为全社会的精神负担。“现代化的陷阱”这样的口号在学术圈子和大众传媒中广泛流传，以法治国和以德治国并重的思路也被作为执政纲领正式提出。在这样的背景下，如果我们把舆论监督作为一种社会平衡机制，一种对社会公正的外部保障机制，那么，我们会发现，舆论监督的过程，其实往往就是某种维护社会平衡和维护社会正义的价值观念被普及、被传播、被接受的过程。在这个过程中，不但社会正义的事实得以确认、得以实现，而且社会正义的观念也将被作为某种文明形态、作为文明成果而纳入历史发展进程中，形成某种文化的基础成分。

所以，应当在全社会形成一种共识，那就是舆论监督不是一种社会对抗行为，而是一种社会协调状态，不是为了由外至内的批评而是为了由内至外的建设，不是做减法而是做加法。只有形成了这样的社会氛围，舆论监督才能真正成为一种文化建设行为。

七

我们的国家还处于社会主义初级阶段，社会发展的不平衡、不平等是必然的、绝对的。在这样的社会阶段，马克思主义的基本观点“经济基础决定上层建筑”仍然是我们认识社会的基本理论武器。根据这种观点，舆论永远是经济基础的现实反映。也可以说，在社会主义初级阶段，舆论是有阶级性和倾向性的。不管是在社会主义国家还是在资本主义国家，舆论总是占社会统治地位的阶级和阶层的沟通工具。中国共产党是中国社会的执政党，所以，舆论必然要代表党的利益、代表党对社会发展方向的要求。这是历史赋予执政党的天然权力。

资本主义社会在理论上把舆论置于高于一切的位置，鼓吹新闻的客观公正，力图给人一种新闻绝对客观、舆论绝对自由、观点绝对平等的印象。但在实际的社会活动中，貌似强大的新闻媒介却始终是权力的附庸和奴隶，从来没有真正成为独立的客观存在。舆论总是权力者手中的工具，舆论永远处于打工的地位。① 当民众试图通过所谓自由、客观、公正的新闻媒介了解某些重要的事实真相时，他们得到的往往是权力者给予他们的观念。

所以，作为社会的普通一员而言，我们不可能要求绝对的平等，也不可能要求超越党派利益和阶级利益之上的所谓客观公正的舆论。

但作为党的各级领导者又必须认识到，在任何时候和任何

① 参见大卫·哈拍斯塔姆著《掌权者——美国新闻王国内幕》，四川文艺出版社 1988 年版；J·赫伯特·阿特休尔著《权力的媒介》，华夏出版社 1989 年版。

情况下，党都是人民利益的代表者，所以，党和政府作为社会的管理者有责任、有义务认真倾听人民的声音。人民是社会利益的主体，而舆论监督则是人民利益、人民意志的直接体现。如果不承认人民的利益，就得不到人民的支持；如果不尊重人民的权利，人民就会通过舆论表达他们的不满。

舆论监督通常是被作为一种民间观点来看待的，而党的领导则意味着对民间观点的引导和规范。那么，一种正确的态度就是坚持党的领导，遵守宪法确定的社会规则，但同时以一种平等的姿态倾听来自民间的声音，以一种积极的眼光来认识舆论所代表的社会意识。对这个问题的准确解释和界定，将会减化矛盾，理顺社会关系，推动社会的政治民主化与决策科学化。

舆论监督是一个实践性很强的课题，但也同时是一个具有很高理论价值的课题，值得理论工作者、新闻工作者和各级机关工作者认真思考和探讨。对于社会和历史而言，人们不可能没有注意到舆论监督对推动法制建设的意义，对建立多元化的社会评价尺度所具有的深远理论意义。只要不是出于特别强烈的私心，每个人都应该承认舆论监督对社会公正与公平的监督作用，对社会政治文明进程的推动作用。同样，只要不是出于特别强烈的私心，每个人都会从内心赞成制度化、经常化、普遍化的舆论监督。

种关联在一些理论探讨中已被注意到，本次调查进一步提供了实证依据。我们注意到，所有被调查的媒体从业人员均无一例外地反映他们曾经收到群众主动向其反映违法乱纪情况、要求公开曝光的来信、来访（尽管在本次调查中，报社记者与电视台记者在很多方面都表现出较大差异，然而在这一点上他们是完全相同的）。处于激烈竞争中的新闻媒体不可能无视广大受众的这种社会需求。

顺便指出，本次调查中所发现的报社记者与电视台记者在舆论监督上的一系列不同表现，根源于新闻传播市场化程度上的差异。换句话说，电视媒体固然也追求受众的最大化，但主要手段并不是提供新闻信息和进行舆论监督，而是靠投放精彩的娱乐节目来吸引观众，因此，电视媒体极力提高收视率的举动并不违背媒介市场化促进舆论监督的基本规律。

我们可以拿其他一些调查结论进行比较。河北省新闻舆论监督调查组发现，该省42.4%的受众认为河北电视台、《河北日报》的舆论监督搞得不错，另外分别有36.1%、16.9%的被调查者认为《燕赵都市报》、河北人民广播电台的舆论监督搞得不错。① 此处的结论与我们的调查不一致。我们认为，这可以解释为河北电视台、《河北日报》的舆论监督确实卓有成效，受众比较满意，但同时也应看到市场化程度最高的《燕赵都市报》的满意率同样高达36.1%，与河北人民广播电台16.9%的满意率根本不在同一个水平上。同时还需要指出的是，河北省调查的受众中有相当部分来自农村，他们有可能看不到《燕赵都市报》，这肯定在很大程度上影响了人们对它的评价。

---

① 舆论监督调查小组：《河北省新闻舆论监督调查报告》，《河北大学学报》（哲社版）1999年第12期。

三、媒介从业人员对舆论监督的兴趣

调查数据显示，有 21% 的被调查者表示自己对舆论监督非常感兴趣，68% 的被调查者表示比较感兴趣，9% 的人觉得自己说不上感兴趣，明确表示自己不感兴趣的仅占 3%。这表明绝大多数媒介从业人员对进行舆论监督有很大的积极性和主动性。有的被调查者说："对于批评报道，不能用有无兴趣来衡量，应该说它是一种责任，对社会的责任。"把进行舆论监督视为媒体及其从业人员的一种社会责任，在认识上更加深刻了。尽管这只是个别意见，但从一个侧面反映了我省媒体从业人员具有相当高的政治修养和思想素质。

表 4　　　　**媒体从业人员对舆论监督现状的兴趣**

评　价	非常感兴趣	比较感兴趣	说不上	不感兴趣
人　数	21	72	9	3
百分比	20%	68%	9%	3%

记者对舆论监督感兴趣的原因是什么？从表 5 中可以看出，排在第一位的原因是"有利于党和政府解决腐败问题"，中选率为 46%；排在第二位的原因是"有利于行使公民权利，弘扬社会正义"和"有利于扩大新闻媒介自身的影响"，中选率同样为 40%；排在第三位的原因是"有利于发挥记者个人的职业潜能"，中选率为 26%。大部分媒体从业人员对舆论监督感兴趣的原因是因为它"有利于党和政府解决腐败问题"以及"有利于行使公民权利、弘扬社会正义"，说明我们的记者具有良好的职业道德和个人品质，他们从事舆论监督不是为了个人名声，而是社会责任感使然，他们是值得信赖的。

表 5　　媒体从业人员对舆论监督现状感兴趣的原因（可选多项）

评　价	解决现实问题	促进民主进程	扩大媒介影响	发挥个人潜能
人　数	48	42	42	26
百分比	46%	40%	40%	26%

值得注意的是，“有利于扩大新闻媒介自身的影响”的中选率达到40%，这表明在激烈的新闻竞争中，对广大公众关注的热点问题进行及时有效的监督是新闻媒介树立形象、赢得受众的重要手段，而许多新闻工作者对此已有较充分的认识。我们从中可以得出的结论是，新闻媒介的市场化对舆论监督具有促进作用。上文中我们已经指出，市场化程度越高的媒体在舆论监督上的表现越是让人满意（依据是可以赢得同行的尊敬）；反之，人们对它这方面的评价越低。社会评价和市场回报是媒介竞争的目标，而媒介在公众中的形象以及市场中的表现又直接影响着记者的个人收入。所以，媒体及其从业人员的社会责任感与现实利益互为表里。由此可以看出，舆论监督并非空洞的新闻理念，而有其深刻而复杂的社会背景。或许惟其如此，它才能获得稳固的社会基础，才能承受巨大压力而不断向前推进。

四、新闻工作者的舆论监督观

当问到“你对舆论监督怎么看”时，6%的被调查者选择“行政权力的延伸”，57%的受访者回答是“人民的民主权利”，31%的调查对象认为是“独立的监督力量”，6%的人认为是“其他”（如社会减振器）。这个结果表明，新闻工作者对舆论监督本质的理解与理论界基本上是一致的，意味着舆论监督观念的普及和程度的提高。例如，国家社科基金研究项目“舆论监督与新闻纠纷”课题组指出，舆论监督是宪法规定的公民言论自由的具体化，是人民大众的民主权利，但由于人民大众是一个抽象的群体概念，不仅不能承担义务（责任），而且如果不通过传播者，也难以有效行使自己的权利，所以舆论监督只有通过新闻媒介才得以实现。简言之："人民的利益和愿望，人民的意志和情绪，通过新闻媒介反映出来，形成舆论，受到党和政府的重视和考虑，这就是舆论监督。"①

表6　　媒体从业人员对舆论监督性质的认识

评　价	人民民主权利	独立监督力量	行政权力延伸	其他
人数	60	33	6	6
百分比	57%	31%	6%	6%

尽管新闻实务界与理论界对舆论监督本质的认识比较接近，然而也有31%的新闻工作者把它看作是"独立的监督力量"。对这种现象可以有两种解释：一种是这些新闻实践者受到西方新闻学理论的影响，将媒体视为一种独立力量，希望它能够对行政、立法、司法权力起到制约作用。另一种是此处的"独立"应理解为"孤立"，有时新闻媒介在开展舆论监督之际，很少得到相关部门的配合与支持，障碍重重、阻力多多，这种现状不能不使新闻工作者有一种孤立无援之感。应当说，两种因素都有影响。而从本次调查来看，新闻媒介市场化对媒介从业人员观念上的影响是不容忽视的。

当被问及"你认为记者在批评报道中的角色是什么"时，60%的被调查者选择"事件的客观记录者"，46%的受访者认为是"正义力量的代表者"，3%的人回答是"问题的解决

① 杨明品：《新闻舆论监督》，中国广播电视出版社2001年版，第107页。

者”，选“其他”项的占6%。将近一半的新闻工作者将舆论监督中的记者角色理解为“正义力量的代表者”，这是意料之中的。值得注意的是，客观报道观念在新闻工作者当中相当有影响。这显然是媒介市场化的结果。在这个问题上，我们又一次发现了报社记者和电视台记者认识上的分歧。电视台记者大部分认为新闻工作者在批评报道中的角色为“正义力量的代表者”（57%），而报社记者中更多的人则选择“事件的客观记录者”（86%）。我们知道，电视台记者对舆论监督的参与程度不深，所以容易理解他们的角色观念中理想成分居多，通常情况下，他们有媒介优越感，现实中，有的电视台记者高高在上，架子十足，指手画脚，这一点地方台表现得尤为突出，与中央电视台记者形成较大差别。相反，参与程度较深的报社记者，职业意识、专业意识较强，看法更为务实一些。

表7　两类媒体从业人员对记者的舆论监督角色的认识（可选多项）

角色认识	事件记录者	正义代表者	问题解决者	其他
报社记者	86%	38%	0	10%
电视记者	21%	57%	5%	0

五、媒体从业人员的舆论监督行为

有的研究者指出，在我国现有的新闻法制中，对于舆论监督只有禁止性规范，直接的义务性规范和授权性规范几乎是一片空白。例如，刑法、民法等法规中对公民的名誉权、姓名权、肖像权等人格权作出了非常详细的保护性规定。与之相应的是，除宪法第四十一条的原则性规定外，人大和政府基本上没有关于舆论监督的规定。因而在实践中，新闻媒体的舆论监督权还停留在习惯性权利的水平上，没有成为法定权利。这种

“法律真空”容易导致一些部门和个人容易以保护名誉权为借口抵制舆论监督。① 本次调查基本上印证了这种观点。当被问及“在从事舆论监督报道的过程中，你是否遇到过采访对象不合作的情况”时，表示“有”的占71%，回答“没有”的只有29%。表明大部分记者在进行舆论监督的过程中，都遭遇过采访对象不合作的情况。其原因就在于舆论监督只是一种由宪法中的公民权利派生推演出来的权利，这种不完整的权利在现实中经常显得苍白无力，被批评者很容易以各种借口抵制来自媒体的监督。在进行交互分类后，我们发现，遭遇被批评者不合作的情况在报社记者中更为普遍：报告有此经历的电视记者占50%，而报社记者中这个比例则高达86%。这显然是报社记者更经常、更大量地进行舆论监督的缘故。

表8　　**新闻工作者在舆论监督活动中的压力**

对舆论监督的压力	被批评者不合作		暴力干扰		稿件被“枪毙”		新闻官司	
	有	没有	有	没有	有	没有	有	没有
报社记者	86%	14%	67%	33%	86%	14%	95%	5%
电视记者	50%	50%	14%	86%	57%	43%	21%	79%
合　　计	71%	29%	46%	54%	74%	26%	66%	34%

媒体从业人员在进行舆论监督时，所面临的压力不仅有采访对象的排斥，还可能受到当事人的直接对抗甚至施暴。当问到“你或你的同事在采访中是否遇到过遭围攻、扣押、被破坏采访设备的情况”时，回答“有”的被调查者占46%，表示“没有”的调查对象占54%。而在交互分类后发现，报社记者中有此经历者高达67%（电视记者的比例为14%）。将近

① 李成连：《新闻官司防范与应对》，新华出版社2002年版，第303页。

一半的新闻工作者在舆论监督活动中遭到过暴力侵扰，这是一个令人警惕的数字。新闻工作者在努力维护公众的知情权和传达正义呼声的同时，自身安全却无法保障，这不能不说是一个巨大的悖谬。

调查还表明，大部分记者都有过批评报道被“枪毙”的情况。74%的被调查者报告他们有此经历，表示没有的仅占26%。这种压力同样更“青睐”报社记者：电视记者中这一比例的数字为57%，而报社记者中则高达86%。批评报道难以刊载，这是舆论监督最为直接的威胁，然而在媒体从业人员特别是报社记者中批评报道被“枪毙”似乎已经是家常便饭了。

近年来，新闻官司屡见不鲜，记者和媒体动辄被送上被告席。这同样是法律上的疏漏带给舆论监督的尴尬后果。目前，我国对新闻官司的立案几乎是一告就准，使新闻记者和新闻单位很容易成为被告且处于被动地位。加上法律对民事诉讼中的原告不追究责任，即使是恶意诉讼且输了官司也只需负担诉讼费。于是，一些自身有短处的被新闻单位曝光的人和单位，把向新闻单位发难作为对抗舆论监督的手段。① 在本次调查中，当被问及“你所在新闻单位是否曾经卷入新闻纠纷”时，选择“有”的占66%，表示“没有”的占34%，说明新闻官司是非常普遍的。对于如此众多频繁的新闻官司，媒介从业人员认为，其主要原因是“被批评者无理取闹”。

六、新闻舆论监督的理论与实践

在我国新闻界，常常有理论与实践脱节的情况。关于舆论监督同样存在这种问题。有些认识是直接阻碍舆论监督的，比如由于批评报道是对社会阴暗面的揭露，因此又被称为“负

---

① 童兵：《传媒监督与执法公正》，《新闻传播》1999年第4期。

面报道”，以与歌颂光明面的正面相对应。这种以报道内容的积极或消极性质而对报道形式进行分类，国内新闻研究者一直乐此不疲。于是舆论监督经常自觉或不自觉地被划入了“负面报道”的范畴。众所周知，相当一段时期，反映和暴露社会灰暗面的消息就像乌鸦的鼓噪一样为国民心理所难以认同。几经转折之后，负面报道中除了包含事实本身的消极因素外，似乎还可以探测出报道者的“不良意图”与“险恶用心”。对这些问题，舆论监督的实践者是如何看待的呢？

在被问及“有人说，负面报道多了不利于社会稳定，你同意吗”这个问题时，表示“同意”的被调查者占17%，表示“不同意”的占69%，另有14%人表示“说不清”。与之相关，当被问及“有人说，批评报道是给党和政府脸上‘抹黑’，你同意吗”这个问题时，所有被调查者均表示不同意。在很多方面表现都不一致的电视记者和报社记者在此时看法完全相同，正如他们中的所有人都曾经收到过群众主动向其反映违法乱纪情况、要求公开曝光的来信、来访一样。如前文中所指出的，舆论监督本质上是人民群众的民主权利，让那些被刻意捂着盖着的丑人丑事暴露于光天化日之下、众目睽睽之中，更主要的也是群众的愿望和要求，而非记者的一厢情愿。那种认为对好人好事的报道有好的影响、而对坏人坏事的报道会产生不良后果的看法显得过于想当然了。

然而，负面报道概念对中国新闻界的影响仿佛一道挥之不去的阴影。近些年来一些学者试图扩大舆论监督概念，使之不再那么让人感到尖锐、生硬和刺耳。他们认为舆论监督不仅应包括对不正确事物的批评，还应包括对正确事物的表扬。如童兵指出：“舆论监督是公众依据法律赋予的权利，并以法律和公共道德为标准对人们，尤其是对政府和公务员行为实行的社会公判，它包括对模范行为的褒扬和对不法行为的批评及直接间接的制约和制裁。"① 郭镇之也认为，舆论监督包括批评和建议，批评是负面的，建议是正面的，批评包括对决策和行为的批评，对行为的批评多一些，建议则往往是对决策的建议，并不一定是批评的内容。在本次调查中，对"舆论监督不仅包括对不正确事物的批评，还包括对正确事物的表扬、对决策的建议等"表示"同意"的占60%，表示"不同意"的占31%，表示"说不清"的占9%。并且，电视台记者与报社记者的看法基本一致。舆论监督概念正在变得中性化，这已不仅仅是理论上的鼓动。更令人欣慰的是，近几年舆论监督实践的活跃和丰富，舆论监督观念已经深入人心。过去舆论监督只是政府部门的宣传工具，只有上对下的监督而没有下对上的监督，如今舆论监督已经成为公众维护自身权利、维护社会正义的自然行为，甚至舆论监督将成为我们政治文明、文化建设的重要标志。

① 郭镇之：《关于舆论监督与新闻法制问题的访谈》，《新闻记者》2000年第2期。

主要参考文献

［美］约翰·罗尔斯著：《正义论》，中国社会科学出版社 1988 年版。

［美］塞缪尔·亨廷顿、劳伦斯·哈里森主编：《文化的重要作用——价值观如何影响人类进步》，新华出版社 2002 年版。

［俄］谢·卡拉·穆尔扎著：《论意识操纵》，社会科学文献出版社 2004 年版。

［英］尼克·史蒂文森著：《认识媒介文化》，商务印书馆 2001 年版。

慈继伟著：《正义的两面》，三联书店 2001 年版。

王玉樑著：《当代中国价值哲学》，人民出版社 2004 年版。

陈新汉著：《社会评价论》，上海社会科学院出版社 1997 年版。

李德华著：《价值论》，中国人民大学出版社 1987 年版。

冯平著：《评价论》，东方出版社 1995 年版。

司马云杰著：《价值实现论》，陕西人民出版社 2003 年版。

唐代兴著：《公正伦理与制度道德》，人民出版社 2003 年版。

魏英敏著：《当代中国伦理与道德》，昆仑出版社 2001 年版。

杨明品著:《新闻舆论监督》,中国广播电视出版社2001年版。

陈力丹著:《论我国舆论监督的性质和存在的问题》,《新闻与传播》2003年第9期。

陈力丹著:《舆论学——舆论导向研究》,中国广播电视出版社1999年版。

刘建明著:《舆论传播》,清华大学出版社2001年版。

廖永亮著:《舆论调控学》,新华出版社2003年版。

顾潜著:《中西方新闻传播:冲突·交融·共存》,复旦大学出版社2003年版。

王强华、魏永征主编:《舆论监督与新闻纠纷》,复旦大学出版社2000年版。

田大宪著:《新闻舆论监督研究》,中国社会科学出版社2002年版。

周克冰编著:《中外经典采访个案解读》,北京广播学院出版社2003年版。

《南方周末》主编:《经典头版及背后的故事》,珠海出版社2002年版。

何扬鸣、张健康编著:《20世纪中国新闻学与传播学·宣传学和舆论学卷》,复旦大学出版社2002年版。

后　记

书稿虽已交付出版，但心里一直是沉甸甸的，感到惴惴不安。这本书是教育部人文社科“十五”规划的研究项目，凝聚着笔者长久以来的思考，其内容具有广阔的研究视野，涉及多个学科领域，因此，笔耕中不断体会着探索的愉悦和使命意义的责任感。但是，由于时间过于仓促，留下了许多不应有的遗憾，在此敬请专家、学者以及诸位读者多多原谅并予以指正。

本课题组的其他两位成员是河南省社会科学院的曾凡先生和我的同事高海波老师。曾凡先生对本课题的研究思路、研究方法提出了十分可贵的建议，为本书的撰写提供了大量资料，并完成《舆论监督与社会正义简论》一文。高海波老师在课题中参与社会调查工作，合作完成了《湖北省新闻舆论监督现状调查报告》，并执笔本书中的第五章。在此对曾凡先生和高海波老师表示感谢。

这本书在写作过程中得到了湖北省新闻工作者协会主席、湖北省新闻学会会长李德华先生和武汉大学新闻与传播学院副院长张昆教授的热切鼓励，使我备受感动，谨在此致以衷心的感谢。

特别应该提到的是武汉大学新闻与传播学院院长罗以澄教授，其为人为学令我起敬，今能在百忙之中为本书作序，感激之情无以言表，此致深深的谢意。

另外，还要感谢武汉大学出版社的王雅红、陶洪蕴编辑，是他们的努力使本书得以顺利出版。

作　者

2003 年 2 月 20 日